Pressefreiheit und Persönlichkeitsschutz

Völkerrecht, Europarecht und Internationales Wirtschaftsrecht

Herausgegeben von Peter Hilpold und August Reinisch

Band 23

PL ACADEMIC RESEARCH

Elisabeth Parteli

Pressefreiheit und Persönlichkeitsschutz

Ein Leitfaden für die journalistische Praxis

Das Spannungsverhältnis zwischen der Freiheit der Äußerung und dem Schutz der Persönlichkeitsrechte unter besonderer Berücksichtigung der Abgrenzung von Tatsachenbehauptung und Werturteil der Rechtsprechung des Europäischen Gerichtshofs für Menschenrechte zu Artikel 10 EMRK

PL ACADEMIC RESEARCH

Bibliografische Information der Deutschen Nationalbibliothek
Die Deutsche Nationalbibliothek verzeichnet diese Publikation in der Deutschen Nationalbibliografie; detaillierte bibliografische Daten sind im Internet über http://dnb.d-nb.de abrufbar.

ISSN 1862-457
ISBN 978-3-631-71669-4 (Print)
E-ISBN 978-3-631-71670-0 (E-PDF)
E-ISBN 978-3-631-71671-7 (EPUB)
E-ISBN 978-3-631-71672-4 (MOBI)
DOI 10.3726/b10754

PL Academic Research ist ein Imprint der Peter Lang GmbH.

Peter Lang – Frankfurt am Main · Bern · Bruxelles · New York · Oxford · Warszawa · Wien

Diese Publikation wurde begutachtet.

www.peterlang.com

Inhaltsverzeichnis

Anmerkungen zu Rechtschreibung und gendergerechter Formulierung

Bei allen Bezeichnungen, die auf Personen bezogen sind, betrifft die gewählte Formulierung selbstverständlich beide Geschlechter, auch wenn aus Gründen der leichteren Lesbarkeit die männliche Form gewählt wird.

Ebenfalls aus Gründen der leichteren Lesbarkeit wird auch bei Zitaten aus Texten, die vor Inkrafttreten der Rechtschreibreform veröffentlicht wurden, die neue deutsche Rechtschreibung verwendet. Rechtschreib- oder Grammatikfehler werden nicht übernommen.

Vorwort

Zugegeben, als ich vor fast acht Jahren mit dem Verfassen dieser Arbeit begonnen habe, war mir nicht klar, wie lange mich dieses Thema beschäftigen würde. Im Laufe dieser Zeit wurde nicht nur mein Zugang zum Thema immer praxisbezogener, auch die Fragen wurden immer komplexer.

Dass auch der Europäische Gerichtshof für Menschenrechte mit seiner Rechtsprechung in diesen Jahren eine Art „Trendwende"[1] vollzog und laufend neue Publikationen zu diesem offenbar sehr beliebten Thema erschienen, ließen mein Vorhaben in regelmäßigen Abständen nicht bewältigbar erscheinen und meine Motivation oft schwinden. Auch wiederholte Jobwechsel und der damit verbundene Einarbeitungsaufwand stellten mich immer wieder auf die Probe.

Nun aber geht dieser Lebensabschnitt doch noch zu Ende und umso mehr möchte ich mich bei einigen Menschen bedanken, die mich in dieser Zeit und durch diese Zeit begleitet haben und ohne deren Hilfe ich diese Arbeit nicht abschließen hätte können. In erster Linie bedanke ich mich bei Prof. Dr. Peter Hilpold für wichtige Inputs, dafür, dass er entscheidende Fragen gestellt und aufkommende Panik im Keim erstickt hat.

Ganz besonders bedanke ich mich aber bei meiner Familie, die mich in diesem Vorhaben, und nicht nur in diesem, sowohl finanziell als auch ideell unterstützt hat, sowie bei meinen Freunden, die mich an vielen eher einsamen Arbeitstagen immer wieder auf andere Gedanken gebracht und dadurch indirekt auch zum Weitermachen motiviert haben.

Last but not least bin ich auch meinem früheren Arbeitgeber und dem österreichischen Sozialversicherungssystem zu Dank verpflichtet, denn ohne ein Jahr Bildungskarenz hätte ich diese Arbeit vermutlich nicht – zumindest nicht in dieser Form – abschließen können.

1 Siehe dazu unten die Urteile in den Fällen von Hannover Nr. 2 gegen Deutschland, S. 130, und Pfeifer gegen Österreich, S. 187.

Zusammenfassung

Im Mittelpunkt dieser Arbeit steht die Lösung des Spannungsverhältnisses zwischen Pressefreiheit und Persönlichkeitsschutz im Rahmen der Rechtsprechung des Europäischen Gerichtshofs für Menschenrechte.

Ihrem Wesen nach geraten die Pressefreiheit und der Schutz der Persönlichkeitsrechte fast zwangsläufig miteinander in Konflikt. Da beide Rechte als Säulen des demokratischen Gefüges – die Persönlichkeitsrechte sogar als das Grundrecht *par excellence* – gelten, kann dieser Konflikt nicht nach einem Schema x gelöst werden. Aufgrund des technischen Wandels unterliegt vor allem das Recht auf Meinungs- und Informationsfreiheit zudem einer stetigen Veränderung; immer wieder entstehen neue Konfliktfelder.

Auch die vorliegende Arbeit kann daher nicht abschließend sein. Sie versucht aber, einen Teilaspekt dieses großen Feldes zu beleuchten, der noch recht wenig analysiert wurde. Während die unterschiedliche Behandlung von Prominenten und Nicht-Prominenten immer wieder thematisiert wird, geht die Abgrenzung zwischen Tatsachenbehauptungen und Werturteilen oft unter. Vielleicht, weil sie abstrakter ist, man die Begriffe nicht so leicht fassen kann. Dennoch spielt diese Abgrenzung für die Zulässigkeit einer (medialen) Äußerung bisweilen eine wichtige Rolle. Nicht zuletzt ist sie auch ausschlaggebend dafür, ob auf innerstaatlicher Ebene straf- oder zivilrechtlich vorgegangen wird.

Als Referenzwert wird in der vorliegenden Arbeit dennoch nicht eine nationale Rechtsprechung herangezogen, sondern die Spruchpraxis des Europäischen Gerichtshofs für Menschenrechte. Da es sich um die Abwägung zweier Grundrechte handelt, können die Unterlegenen nach Abschluss eines nationalen Verfahrens immer auch die Straßburger Richter anrufen, und viele machen das auch. Der EGMR ist zwar nicht – wie vielfach kritisch angemerkt – eine vierte Instanz,[2] der Europarat hat es sich aber zum Ziel gesetzt, durch diesen Gerichtshof einen einheitlichen Menschenrechtsschutzstandard in Europa zu etablieren, diesen Schutzbereich weiterzuentwickeln und dabei auch den gesellschaftlichen Veränderungen Rechnung zu tragen. Wichtig ist eine internationale Schutzinstanz in diesem Zusammenhang auch, weil die Verbreitung medialer Äußerungen aufgrund des technischen Fortschritts schon lange nicht mehr auf ein staatliches Gebiet eingegrenzt werden kann. Außerdem nimmt die Bedeutung der Europäischen Konvention

2 Siehe dazu auch unten, S. 86.

zum Schutz der Menschenrechte und Grundfreiheiten auch über die Grenzen des Europarats hinaus stetig zu.

Diese Arbeit verfolgt das Ziel, den Journalisten einen praktischen Leitfaden an die Hand zu geben, nach dem sie ihre gesellschaftliche Aufgabe als Kontrollinstanz kritisch wahrnehmen können, sich aber nicht ständig Klagen ausgesetzt sehen oder sich gar in einem Strafverfahren verantworten müssen. Auch die schwache Konkretisierung des allgemeinen Persönlichkeitsrechts und die Tatsache, dass es sich bei der Rechtsprechung des EGMR um eine Art *Case Law* handelt, machen es schwierig, den Ausgang eines solchen Verfahrens vorherzusehen. Durch die Analyse der Abgrenzung von Tatsachenbehauptungen und Werturteilen soll in einem wesentlichen Punkt Klarheit geschaffen und dieser Rechtsunsicherheit entgegengewirkt werden.

Was den Journalisten als Orientierung dient, kann auch allen Personen, die sich in der medialen Öffentlichkeit falsch dargestellt fühlen, zu einer ersten Einschätzung verhelfen, ob und wie sie sich dagegen zur Wehr setzen können.

Abkürzungsverzeichnis

Abs.	Absatz
ABl.	Amtsblatt
AEMR	Allgemeine Erklärung der Menschenrechte
AKP	Adalet ve Kalkınma Partisi (deutsch: Partei für Gerechtigkeit und Aufschwung), türkische Regierungspartei
Art.	Artikel
BGBl	Bundesgesetzblatt BVG Bundesverfassungsgesetz
BverfGE	Bundesverfassungsgericht
bzw.	beziehungsweise
DDR	Deutsche Demokratische Republik
ECG	E-Commerce-Gesetz
EG	Europäische Gemeinschaft
EGC	Europäische Grundrechtecharta
EGKS	Europäische Gesellschaft für Kohle und Stahl
EGMR	Europäischer Gerichtshof für Menschenrechte
EGV	Vertrag der Europäischen Gemeinschaften
EKMR	Europäische Kommission der Menschenrechte
EMRK	Europäische Menschenrechtskonvention
EP	Europäisches Parlament
EU	Europäische Union
EuGRZ	Europäische Grundrechtszeitschrift
EuGVVO	Verordnung des Rates über die gerichtliche Zuständigkeit und die Anerkennung und Vollstreckung von Entscheidungen in Zivil- und Handelssachen
EUV	Vertrag der Europäischen Union
EWG	Europäische Wirtschaftsgemeinschaft
FPÖ	Freiheitliche Partei Österreichs
G	Gesetz
GG	Grundgesetz
GH	Gerichtshof
GRC	Grundrechtecharta
GV	Generalversammlung
GZ	Geschäftszahl
HG	Handelsgericht
Hg.	Herausgeber

i.g.F.	in geltender Fassung
IPbpR	Internationaler Pakt über bürgerliche und politische Rechte
IPM	Institut zur Forderung der Psychologischen Menschenkenntnis
iSd	im Sinne des/der
iSv	im Sinne von
iVm	in Verbindung mit
JBl	Juristische Blätter
LG	Landesgericht
Lit.	litera
MedienG	Mediengesetz
NJW	Neue Juristische Wochenschrift
Nr.	Nummer
NS	Nationalsozialismus
NSDAP	Nationalsozialistische Deutsche Arbeiterpartei
NZZ	Neue Zürcher Zeitung
OGH	Oberster Gerichtshof
o.J.	ohne Jahr
OLG	Oberlandesgericht
ORF	Österreichischer Rundfunk
o.S.	ohne Seite
ÖVP	Österreichische Volkspartei
Par.	Paragraph
ROG	Reporter ohne Grenzen
S.	Seite
SPÖ	Sozialdemokratische Partei Österreichs
SS	Sturmstaffel
StGB	Strafgesetzbuch
StGBl	Staatsgesetzblatt
StPO	Strafprozessordnung
VerfO	Verfahrensordnung
Vfg.	Verfassung
VfGH	Verfassungsgerichtshof
Vgl.	Vergleiche
VPM	Verein zur Forderung der Psychologischen Menschenkenntnis
VwGH	Verwaltungsgerichtshof
Z	Ziffer
zit.n.	zitiert nach

Einleitung, Vorgehensweise und Ziel der Arbeit

Geht es um das Spannungsverhältnis zwischen Persönlichkeitsschutz und Pressefreiheit, denken viele spontan an einen Menschen, der gegen seinen Willen in das „grelle, gnadenlose Licht der Medienöffentlichkeit gezerrt“[3] wird. Weil wir ein Ungleichgewicht zwischen diesen beiden Akteuren vermuten, scheinen die Betroffenen den Medien schutzlos ausgeliefert. Dies verstärkt die Sorge davor, dass die Medien die Privatsphäre und auch die persönliche Ehre und den guten Ruf einer Person verletzen könnten.

Dennoch darf die Freiheit der Berichterstattung in einer demokratischen Gesellschaft nicht zur Diskussion stehen.

Würde die Presse in ihrer Arbeit behindert, würde die öffentliche Willensbildung, ein Wesenselement demokratischer Gesellschaften,[4] eingeschränkt oder gar unterbunden. So bezeichnete etwa die österreichische Journalistengewerkschaft die Teilsperre der Wiener Innenstadt vor und während des Akademikerballs 2014 als eine „Zensurmaßnahme“ und einen „Anschlag auf die Pressefreiheit.“[5] „Alarmierende Verstoße gegen demokratische Grundprinzipien und das Recht [...] auf Informationsfreiheit“[6] sah damals auch die Organisation Reporter ohne Grenzen (ROG) im Vorgehen der Polizei.

Während es sich in Wien um eine einzelne Maßnahme handelte, kritisierte die Organisation in der Türkei Anfang 2014 ein ganzes Gesetz, mit welchem das Parlament die Telekommunikationsbehörde unter anderem dazu ermächtigte, Webseiten auch ohne richterlichen Beschluss zu sperren. Die Opposition kritisierte das Gesetz als einen Zensurversuch.[7] Es kam zu Ausschreitungen.[8] Ministerpräsident Erdogan solle begreifen, dass er Kritik an seiner Politik nicht mit

3 Berka, 1999, Persönlichkeitsschutz auf dem Prüfstand: Verfassungsrechtliche Perspektiven, S. 9.
4 Vgl. Spiegel-Urteil, Bundesrepublik Deutschland, 1966; siehe dazu auch unten, S. 163.
5 Österreichischer Gewerkschaftsbund, 23.01.2014, Akademikerball: Journalistengewerkschaft kritisiert „Zensurmaßnahme“. Presseaussendung, o.S.
6 Reporter ohne Grenzen Österreich, 24.01.2014, Ende der Pressefreiheit: Scharfe ROG-Kritik an Polizei-Zensur, o.S.
7 Vgl. z.B. faz.net, 06.02.2014, Türkei will das Internet stärker zensieren, o.S.
8 Vgl. orf.at, 09.02.2014, Krawalle bei Protesten gegen Regierung, o.S.

immer weiteren Einschränkungen der Presse- und Meinungsfreiheit beenden könne, sagte dazu zum Beispiel der deutsche ROG-Geschäftsführer MIHR.[9]

An diesen Beispielen wird deutlich, wie wichtig es für eine demokratische Gesellschaft ist, einen tragfähigen Ausgleich zwischen Pressefreiheit und Persönlichkeitsschutz zu finden. Zu einer funktionierenden Demokratie gehören sie beide nämlich in gleicher Weise.

Ziel dieser Arbeit ist es, die Kriterien darzustellen, die der Europäische Gerichtshof für Menschenrechte in seiner Spruchpraxis entwickelt hat, um diesen Konflikt zu lösen.

Neben der besonderen Stellung von Politikern und Prominenten wird auch analysiert, an welchen Kriterien es der EGMR festmacht, ob eine Tatsachenbehauptung vorliegt oder ein Werturteil. Diese Abgrenzung kann für die Zulässigkeit einer Äußerung entscheidend sein, besteht die Aufgabe der Medien in einer Demokratie doch darin, die Menschen, von denen die Macht in diesem Gefüge ausgeht, mit allen nötigen Informationen zu versorgen, damit sie sich ein möglichst differenziertes Bild der Lage machen und ihr Wahlrecht bewusst einsetzen können. Die Verbreitung von Unwahrheiten verfälscht dieses Bild und ist daher nicht von der Pressefreiheit gedeckt, während ein (kritischer) Kommentar sehr wohl erlaubt sein muss.

Die Bedeutung dieser Abgrenzung liegt vor allem darin, dass Behauptungen nachgewiesen werden müssen, während die Gedanken und deren Äußerung, wie es schon eine alte Volksweise nahelegt,[10] frei sind.

Bevor diese zentrale Frage der vorliegenden Arbeit einer Klärung zugeführt werden kann, werden im ersten Teil der Arbeit Struktur, gesellschaftliche Bedeutung und historische Entwicklung von Pressefreiheit und Persönlichkeitsschutz aufgezeigt, damit die Tragweite des Themas klar wird.

Im Anschluss daran werden die internationalen und europäischen Rechtsquellen dieser Schutzguter dargestellt und der menschenrechtliche Kontext, in dem Pressefreiheit und Persönlichkeitsrechte wirken, erläutert. Auch auf die Bedeutung der internationalen Schutzmechanismen wird Bezug genommen.

Im zweiten und dritten Teil der Arbeit werden die Bedeutung der Europäischen Menschenrechtskonvention und die Verankerung von Pressefreiheit und Persönlichkeitsschutz in diesem Vertragswerk genauso erläutert wie die darauf beruhende Rechtsprechung des EGMR, und es wird der Frage nachgegangen, ob

---

9 Vgl. Reporter ohne Grenzen, 21.01.2014, ROG: Neues türkisches Internetgesetz wurde Informationsfreiheit massiv einschränken, o.S.

10 Vgl. Anonym, 1810–1820, Die Gedanken sind frei, o.S.

und wenn ja, warum die Abgrenzungspraxis des EGMR für den Schutz von Persönlichkeitsrechten und Pressefreiheit in Europa maßgeblich ist. Der vierte Teil schließlich sucht Antworten auf die Frage, was sanktionslos veröffentlicht werden darf und was nicht und orientiert sich dabei wie der fünfte Teil der Arbeit, der die Grenze zwischen Tatsachenbehauptung und Werturteil aufzuzeigen versucht, an der Rechtsprechung des Europäischen Gerichtshofs für Menschenrechte.

Im abschließenden sechsten Teil werden die Ergebnisse zusammengefasst und es wird versucht, einen Leitfaden zu erstellen, an dem sich Medienschaffende orientieren können, ist das Feld des Persönlichkeitsschutzes doch „zu einem äußerst unübersichtlichen Terrain geworden, zu einer Landschaft, die zahlreiche Verwerfungen, Bruche und dunkle Flecken aufweist […], in der auch verantwortungsvolle Journalisten oft ohne brauchbare Orientierung umherirren."[11]

11 Berka, 1999, in Mayer, Persönlichkeitsschutz und Medienrecht, S. 3, zit. n. Kommenda, 2005, Der Persönlichkeitsschutz gegenüber Massenmedien. Die Sicht der Massenmedien, S. 401.

Teil 1: Gesellschaftliche Bedeutung und gesetzliche Grundlagen von Pressefreiheit und Persönlichkeitsschutz

Mit der Pressefreiheit und dem Schutz der Persönlichkeitsrechte stehen sich zwei bedeutende Säulen demokratischer Gesellschaften gegenüber. Einleitend soll ein kurzer Abriss der historischen Entwicklung beider Rechte das Verständnis für deren Bedeutung für Demokratie und Gesellschaft schärfen.

Zudem werden in diesem Teil der Arbeit beide Rechte und ihre jeweiligen Besonderheiten erläutert, und es werden jene internationalen und supranationalen Instrumente zu deren Schutz dargestellt, die es abgesehen von der Europäischen Menschenrechtskonvention, der als zentraler Bestandteil dieser Arbeit ein eigener Teil gewidmet ist, gibt.

1. Die Pressefreiheit

Als sie seine Druckerpressen in der 1830er Jahren versiegeln ließ, verklagte der deutsche Publizist Philipp Jakob Siebenpfeiffer die Regierung. Er begründete dies damit, dass das Versiegeln der Presse genauso verfassungswidrig sei wie das Versiegeln eines Backofens.[12] Für Heribert PRANTL steckt in dieser Aussage die Erkenntnis, dass die „Pressefreiheit das tägliche Brot ist für die Demokratie."[13]

Rund 100 Jahre später, im Jahr 1937, betonte US-Richter Benjamin CARDOZO die wichtige Rolle der freien Presse für eine demokratische Gesellschaft. In seinem berühmt gewordenen Urteil im Fall **Palko gegen Conneticut** bezeichnete er die Pressefreiheit als *„the matrix, the indispensable condition of nearly every other form of freedom."*[14] Nicht nur die Grundlage der Freiheit, sondern auch die Basis des Friedens sah Papst Pius XII. im Jahr 1950 in der Freiheit der (medialen) Äußerung: *„In verità la dove l'opinione pubblica cessa di funzionare liberamente, è lì che la pace è in pericolo"*,[15] schrieb er in seiner Rede zum Abschluss des 3. Internationalen Kongresses der katholischen Presse, die er aufgrund einer Erkrankung

12 Vgl. Prantl, 2010, Pressefreiheit – das tägliche Brot der Demokratie. Wert und Gefährdung eines Ur-Grundrechts, S. 17.

13 Prantl, 2010, Pressefreiheit – das tägliche Brot der Demokratie. Wert und Gefährdung eines Ur-Grundrechts, S. 17.

14 US Supreme Court, 1937, Palko gegen Conneticut, S. 302 U.S. 327.

15 Papst Pius XII., 18.02.1950, La stampa cattolica e l'opinione pubblica, S. 217.

nicht hielt, die aber im *Osservatore Romano* veröffentlicht wurde. Die Allgemeine Erklärung der Menschenrechte, in der die Pressefreiheit zum ersten Mal kodifiziert wurde, war zu diesem Zeitpunkt etwas mehr als ein Jahr alt,[16] die Europäische Konvention zum Schutz der Menschenrechte und Grundfreiheiten (EMRK) sollten die Mitglieder des Europarats noch im selben Jahr verabschieden.[17]

Auch der mit der EMRK eingerichtete Europäische Gerichtshof für Menschenrechte (EGMR) sollte diesen Auffassungen folgen: Im Urteil im Fall **Handyside gegen Großbritannien** im Jahr 1976 bezeichneten die Straßburger Richter die Freiheit der Kommunikation als *„one of the essential foundations of such a society"*[18] – gemeint ist eine demokratische Gesellschaft – und als *„one of the basic conditions for its progress and for the development of every man."*[19] Und im Urteil im Fall **Observer und Guardian gegen Großbritannien** erkannten sie der Presse eine *„vital role"* als *„public watchdog"* zu.[20]

Unabhängig von der Technologie, mit der Inhalte aufbereitet werden, ist der Wachhund Presse heute ein selbstverständlicher Bestandteil westlicher Demokratien.

Die freie Berichterstattung ist besonders deshalb von großem Wert, weil demokratische Gesellschaften, in denen alle Macht vom Volk ausgeht, auf die Mitwirkung aller abstellen. Nicht nur Politiker machen Politik. Diese entsteht in einer Demokratie vielmehr „aus dem Diskurs der möglichst vielen. Burger reden mit, Unternehmer, Verbände, Gewerkschaften, Medien. Alle äußern ihre Vorstellungen von Politik, und die Politiker nehmen das auf, fügen eigene Ansichten hinzu und setzen das Ergebnis in politische Handlungen um. Dazu sind nur sie legitimiert. Mitreden dürfen aber alle."[21]

Damit die Bürger mitreden und den demokratischen Wettstreit der Ideen bewusst entscheiden können, brauchen sie aber objektive Informationen. Diese zu liefern ist Aufgabe der Medien.[22] Dies macht schon der Begriff „Medien" deutlich: Er stammt aus dem Lateinischen und bedeutet „das Dazwischenstehende". Die Medien stehen zwischen den Menschen, sie ver- „mitteln", sie transportieren Gedanken und Inhalte. Massenmedien sind jene Medien, die sich an alle richten,

---

16 Siehe dazu unten, S. 41.

17 Siehe dazu unten, S. 52.

18 EGMR, 1976, Handyside gegen Großbritannien, Par. 49.

19 EGMR, 1976, Handyside gegen Großbritannien, Par. 49.

20 EGMR, 1991, Observer und Guardian gegen Großbritannien, Par. 59.

21 Kurbjuweit, 2014, Schuld oder Schande, S. 33.

22 Vgl. Seethaler, 2010, Öffentliche Aufgabe und Wahrhaftigkeitspflicht in der Berichterstattung, S. 65.

an eine unüberschaubare, heterogene, anonyme Gruppe von Menschen.[23] Die Presse gehört dazu genauso wie Rundfunk, Fernsehen, Film und Internet.

Dass in dieser Arbeit dennoch von Pressefreiheit die Rede ist und nicht der scheinbar übergeordnete Begriff der Medienfreiheit verwendet wird, liegt an den Inhalten, die untersucht werden.

Es geht um Äußerungen von Journalisten, darum, ob eine Behauptung aufgestellt werden darf, darum ob eine Äußerung von der Pressefreiheit gedeckt ist. Was die Beurteilung dieser Tätigkeit betrifft, unterliegen auch TV- und Radiojournalisten der Pressefreiheit.[24] Der Begriff der Medienfreiheit dagegen wurde auch die Freiheit des Rundfunks mit einschließen. Diese beschäftigt sich jedoch nicht mit den Inhalten, die ein Medium verbreitet, sondern vor allem mit Organisation und Struktur der Rundfunkanstalten, also mit den Verbreitungsmodalitäten.[25]

Während die Pressefreiheit darauf abzielt, mediale Äußerungen und den Empfang von Meinungen vor möglichen Sanktionen zu schützen, also ein Individualrecht ist, hat die Rundfunkfreiheit eine öffentliche Aufgabe und unterliegt daher auch einem anderen verfassungsrechtlichen Regime.[26] Dieser Unterschied zeigt sich zum Beispiel darin, dass die Staaten für TV-, Radio- und Kinounternehmen eine Genehmigung vorschreiben dürfen, für Presseunternehmen nicht.[27]

Ein wichtiges Urteil zur Rundfunkfreiheit sprach der EGMR gegen Österreich. Der **Informationsverein Lentia** hatte Beschwerde eingelegt, weil es ihm nicht erlaubt worden war, Radiostationen bzw. ein Kabelfernsehsystem in einer Wohnanlage zu errichten.[28] Österreich verlor dieses Verfahren, liberalisierte das Rundfunkrecht[29] und kam damit seiner Verpflichtung nach, es nicht zu unterbinden, dass ein geäußerter Gedanke seine Zielgruppe erreichen kann. Würde nur ein Sender grundrechtlich geschützt, wäre die Äußerungsfreiheit eingeschränkt.[30]

---

23 Vgl. Grundzüge des Rechts der Massenmedien, S. 3.
24 Siehe dazu zB Urteil EGMR H.N. gegen Italien, unten, S. 104.
25 Vgl. dazu auch Grabenwarter & Pabel, 2012, Europäische Menschenrechtskonvention, S. 306.
26 Vgl. Gering, 2012, Pressefreiheit in regionalen Menschenrechtssystemen, S. 77.
27 Vgl. Europarat, 1950 i.g.F., Die Europäische Menschenrechtskonvention, nicht verbindliche deutsche Übersetzung, Artikel 10; siehe dazu auch unten, S. 101.
28 Vgl. EGMR, 1993, Informationsverein Lentia et al. gegen Österreich.
29 Vgl. Karl, 2004, Der europäische Menschenrechtsschutz, S. 301–302.
30 Vgl. Gering, 2012, Pressefreiheit in regionalen Menschenrechtssystemen, S. 68.

1.1 Die historische Entwicklung der Pressefreiheit

Viele Länder, in denen die Freiheit der Berichterstattung heute durchaus als befriedigend bis gut eingestuft wird,[31] haben einen langen Kampf für Pressefreiheit und gegen Zensur hinter sich. Im Rahmen dieser Arbeit kann dieses lange Ringen nur skizziert werden.

Begonnen hat dieser Kampf im Wesentlichen mit der Erfindung des Buchdrucks im 15. Jahrhundert. Diese neue Technologie machte es möglich, Informationen an ein Massenpublikum zu verbreiten.[32] Erst rund 200 Jahre später, im 17. Jahrhundert, erklärten die Aufklärer die Pressefreiheit dann aber zu einem eigenständigen Ziel. Sie wollten einen „Marktplatz der Ideen"[33] schaffen, auf dem es möglich sein sollte, Meinungen frei auszutauschen.[34] Der englische Dichter und Staatsphilosoph John MILTON etwa forderte schon im Jahr 1644 die Abschaffung der Zensur,[35] hatte damit vorerst aber wenig Erfolg: Mit dem *Printing Act* führte England 1649 strenge Bestimmungen zur Reglementierung der Presse ein. Dennoch gilt England heute als das Mutterland der Pressefreiheit. Sie wurde hier schon im Jahr 1695, wenn auch nur implizit, hergestellt, als das Parlament den *Licensing Act* nicht erneuerte.[36]

Während es sich in England also um eine stillschweigende Gewährung dieses Grundrechts handelte, bezeichnete die französische Erklärung der Menschen- und Bürgerrechte im Jahr 1789 die Redefreiheit ausdrücklich als *„un des droits le plus précieux de l'homme"*.[37] Wie zuvor auch schon die *Virginia Declaration of Rights* aus dem Jahr 1776[38] erkannte diese Erklärung die Freiheit von Druck und

---

31 Siehe unten, Abb. 1, S. 24.

32 Noch heute definiert Artikel 1 MedienG Medien als „jedes Wort zur Verbreitung von Mitteilungen oder Darbietungen mit gedanklichem Inhalt in Wort, Schrift, Ton oder Bild an einen größeren Personenkreis im Wege der Massenherstellung und Massenverbreitung."

33 Vgl. Kotzur, 2012, Gewissens-, Religions-, Meinungsfreiheit, S. 253.

34 Vgl. Gering, 2012, Pressefreiheit in regionalen Menschenrechtssystemen, S. 5.

35 Vgl. Gering, 2012, Pressefreiheit in regionalen Menschenrechtssystemen, S. 5.

36 Vgl. pressefreiheit-wissen.de, o.J., Das Mutterland der Pressefreiheit: England, o.S.

37 Erklärung der Menschen- und Bürgerrechte, Paris, 1789, Artikel 11: „Die freie Mitteilung der Gedanken und Meinungen ist eines der kostbarsten Menschenrechte. Jeder Burger kann also frei schreiben, reden, drucken, unter Vorbehalt der Verantwortlichkeit für den Missbrauch dieser Freiheit in den durch das Gesetz bestimmten Fällen.", zit. n. Neuhold et al., 2004, S. 258.

38 US National Archives and Records Administration, o.J., o.S. Virginia Declaration of Rights, 1776, Section 12: „That the freedom of the press is one of the great bulwarks of liberty, and can never be restrai ned but by despotic governments." Verfügbar unter:

Presse als einen Teil der Äußerungsfreiheit an. Schon wenige Jahrzehnte später wurde die Freiheit der Meinungsäußerung aber gerade hier und in den anderen Gebieten, die Napoleon Bonaparte besetzte, wieder eingeschränkt.[39] Der Nürnberger Verleger Johann Philipp Palm zum Beispiel wurde 1806 festgenommen und ohne Beweisaufnahme erschossen, weil er die antinapoleonische Flugschrift „Deutschland in seiner tiefen Erniedrigung“ verbreitet hatte.[40]

Wenig später, im Jahr 1819, wurden in Deutschland die Karlsbader Beschlusse gefasst, die viele Möglichkeiten beinhalteten, gegen die Presse vorzugehen.[41] Auch der österreichische Staatskanzler Metternich bezeichnete die Presse zu dieser Zeit als eine Gewalt, die geregelt werden müsse, um nicht gefährlich zu sein.[42] Erst im Jahr 1848 gingen die Menschen auch in Wien und in Berlin für ihr Recht, ihre Meinung frei äußern zu dürfen, auf die Straße. Auch sie waren – ähnlich wie später Cardozo[43] – davon überzeugt, dass alle anderen Grundrechte automatisch folgen würden, wenn erst einmal die Presse frei ist.[44]

Nicht einmal 100 Jahre später versuchte das NS-Regime, die Kontrolle über die öffentliche Meinung wieder zu gewinnen. Im Jahr 1934 trat das Reichsschriftleitergesetz in Kraft, das von den Journalisten politisch zuverlässiges Verhalten verlangte. Zudem durfte nur noch tätig sein, wer in das entsprechende Verzeichnis bei der Reichspressekammer eingetragen war – dieses war dem Reichspropagandaministerium unterstellt –, und in dieses Verzeichnis wurde nur eingetragen, wer neben einer entsprechenden Ausbildung auch seine arische Abstammung nachweisen konnte.[45] Der „Reichsverband der Deutschen Presse“,

---

www.archives.gov/exhibits/charters/print_friendly.html?page=virginia_declaration_of_rights_content.html&title=NARA%20%7C%20The%20Declaration%20of%20Independence%3A%20A%20Transcription [07.11.2013].

39 Vgl. Wilke, 2002, Gewalt gegen die Presse. Episoden und Eskalationen in der deutschen Geschichte, S. 134–136.

40 Vgl. Riegel, Martin, 1938, Der Buchhändler Joh. Phil. Palm mit einem vollständigen Abdruck der Schrift „Deutschland in seiner tiefen Erniedrigung“, zit. n. Wilke, 2002, Gewalt gegen die Presse. Episoden und Eskalationen in der deutschen Geschichte, S. 135.

41 Vgl. Wilke, 2002, Gewalt gegen die Presse. Episoden und Eskalationen in der deutschen Geschichte, S. 134–136.

42 Vgl. Hoefer, 1983, S. 49, zit. n. Wilke, 2002, Gewalt gegen die Presse. Episoden und Eskalationen in der deutschen Geschichte, S. 129.

43 Mehr dazu siehe oben, S. 19.

44 Vgl. Unterberger, 2010, Das Ende des Medienzeitalters, S. 7.

45 Vgl. Deutsche Reichsregierung, 07.10.1933, Reichsgesetzblatt Teil 1, Reichsschriftleitergesetz, §§ 1–10, alex.onb.ac.at/cgi-content/alex?aid=dra&datum=1933&page=

die Berufsorganisation der Journalisten, unterstützte das Gesetz genauso wie der „Verein Deutscher Zeitungsverleger". Ein Jahr später verkündete man, dass man sich auf diesem Wege von mindestens 1.300 jüdischen und marxistischen Journalisten befreien habe können.[46]

Die Gefahren, denen die Freiheit der Berichterstattung und die Journalisten selbst in vielen Teilen der Welt auch heute noch ausgesetzt sind, beobachtet unter anderem die Menschenrechtsorganisation *Reporter ohne Grenzen*. Jedes Jahr erstellt sie eine Rangliste der Pressefreiheit.

Abbildung 1, Ranking der Pressefreiheit 2015; Quelle: Reporter ohne Grenzen.

Aktuell stehen Finnland, Norwegen und Dänemark, das die Niederlande im Jahr 2015 vom Podest verdrängt hat, an der Spitze dieser Rangordnung. Zurückgeführt wird dieses Ergebnis vor allem darauf, dass es in diesen Ländern liberale

838&size=45, alex.onb.ac.at/cgi-content/alex?aid=dra&datum=1933&page=839&size=45, alex.onb.ac.at/cgi-content/alex?aid=dra&datum=1933&page=840&size=45, alex.onb.ac.at/cgi-content/alex?aid=dra&datum=1933&page=841&size=45, alex.onb.ac.at/cgi-content/alex?aid=dra&datum=1933&page=842&size=45 [10.09.2014].

46 Vgl. Kieser, 2008, Auf Linie. Die Kölner Tagespresse im Nationalsozialismus, o.S.

Regelungen über den Zugang zu Behördeninformationen und zum Schutz journalistischer Quellen gibt.[47] Dass der Schutz der Quellen eine der wichtigsten Grundlagen der Pressefreiheit ist, bestätigte auch der EGMR im Urteil **Goodwin gegen Großbritannien**. Ist diese nicht gewährleistet, kann die Presse ihre gesellschaftliche Aufgabe nicht im erforderlichen Ausmaß wahrnehmen.[48]

Schlusslichter im aktuellen ROG-Ranking sind Eritrea, Nordkorea und Turkmenistan.[49] Als bedenklich gilt die Lage der Presse auch in China. Medienberichten aus dem Jahr 2013 zufolge müssen chinesische Journalisten in Zukunft eine marxistisch ideologisch geprägte Prüfung ablegen, um arbeiten zu dürfen. Zudem soll es verboten werden, Kommentare gegen die Linie der herrschenden Kommunistischen Partei zu veröffentlichen.[50]

1.2 Der Begriff der Pressefreiheit

Im Jahr 1818 erklärte der Oldenburgische Gesandte von Berg vor der deutschen Bundesversammlung, dass Denk- und Pressefreiheit ein und dieselbe Quelle haben.[51] Dennoch ist die Pressefreiheit mehr als ein Unterfall der Meinungsfreiheit, gewährleistet sie doch auch die institutionelle Eigenständigkeit der Presse.[52]

Was die Pressefreiheit von der Freiheit der Meinungsäußerung unterscheidet, ist neben ihrer demokratiepolitischen Bedeutung auch die Tatsache, dass sie nicht nur die Freiheit des Sendenden gewährleistet, sondern auch dem Empfänger das Recht verleiht, sich Informationen zu beschaffen. Nur in Verbindung mit dieser Empfangsfreiheit bildet die Meinungs-(äußerungs-)freiheit die Kommunikationsfreiheit. Die Empfangsfreiheit ist also das „notwendige Gegenstuck zur Freiheit, Informationen und Ideen weiterzugeben."[53]

Die Politik bekennt sich also nicht nur dazu, dass alle Bürger eine Meinung haben, sondern auch dazu, dass sie diese ungehindert äußern dürfen. Der für die demokratische Gesellschaft notwendige Wettstreit der Ideen wäre anderenfalls ja auch gar nicht möglich.

---

47 Vgl. Reporter ohne Grenzen, 12.02.2015, Rangliste der Pressefreiheit 2015 veröffentlicht, o.S., mehr zum Schutz journalistischer Quellen; mehr dazu siehe unten, S. 163.

48 Vgl. EGMR, 1996, Goodwin gegen Großbritannien, Par. 39.

49 Vgl. Reporter ohne Grenzen, 12.02.2015, Rangliste der Pressefreiheit 2015 veröffentlicht, o.S.

50 Vgl. orf.at, 2013, Medien als Sprachrohr der Partei, o.S.

51 Vgl. Berka, 1982, Medienfreiheit und Persönlichkeitsschutz. Die Freiheit der Medien und ihre Verantwortung im System der Grundrechte, S. 107.

52 Vgl. Schwetzler, Personlichkeitsschutz durch Presseselbstkontrolle, S. 99.

53 Gering, 2012, Pressefreiheit in regionalen Menschenrechtssystemen, S. 68.

Aus dieser Betrachtung wird deutlich, wie wichtig es ist, zwischen Meinungsfreiheit und Äußerungsfreiheit zu unterscheiden.

Ungenauigkeiten und Missverständnisse entstehen auch daraus, dass diese Begriffe vielfach nicht nur in einem Atemzug genannt, sondern bisweilen sogar zu einem einzigen Begriff zusammengefasst werden.[54] Artikel 10 EMRK spricht zum Beispiel von der „Freiheit der Meinungsäußerung“, der IPbpR vereint die Meinungs- und die Äußerungsfreiheit in Artikel 19, widmet beiden Rechten aber einen eigenen Absatz. Artikel 19 AEMR handelt von der „Meinungs- und Informationsfreiheit“. Diese Bestimmung wird aber schon im ersten Satz dahingehend konkretisiert, dass es um die Äußerung einer Meinung geht, nicht um deren bloßes Haben.[55] Gegen diese Interpretation spricht allerdings, dass diese Norm auch „die Freiheit, Meinungen unangefochten anzuhängen“ schützt.

Auch die Freiheit, seine Meinung nicht zu äußern, muss nämlich geschützt sein; KLÖPFER spricht von einem „Meinungsinnehabungsrecht“.[56] Wichtig ist dieses Recht vor allem dann, wenn ein Betroffener zu Vorwürfen nicht Stellung nehmen möchte.[57] In diesem Zusammenhang ist auch zu bedenken, dass das *forum internum* des Menschen vor allem von der Glaubens- und Gewissensfreiheit erfasst wird.[58]

So hat ein Verleger zwar das Recht, die Blattlinie, also die inhaltliche Tendenz seines Produkts, festzulegen und zu bestimmen, was veröffentlicht wird und was nicht,[59] die Gewissensfreiheit des Journalisten aber hat er zu respektieren.[60] Dieser kann sich weigern, einen Artikel zu veröffentlichen, den er mit seinem Gewissen nicht vereinbaren kann oder unter dem er seinen Namen aus einem

---

54 Artikel 10 EMRK spricht von der „Freiheit der Meinungsäußerung“, vgl. Europarat, 1950 i.g.F., Die Europäische Menschenrechtskonvention, nicht verbindliche deutsche Übersetzung, Artikel 10.

55 Vgl. Vereinte Nationen, 10.12.1948, Allgemeine Erklärung der Menschenrechte, Art. 19, In A/RES/217 A (III). Verfügbar unter: www.un.org/depts/german/menschenrechte/aemr.pdf [10.09.2014].

56 Klopfer, 1996, „Innere Pressefreiheit“ und Tendenzschutz im Lichte des Artikels 10 der Europäischen Konvention zum Schutz der Menschenrechte und Grundfreiheiten, S. 89.

57 Vgl. Fechner, 2006, Medienrecht, S. 35.

58 Vgl. Matscher, 2001, Medienfreiheit und Persönlichkeitsschutz im Sinne der EMRK, S. 3.

59 Vgl. Gering, Pressefreiheit in regionalen Menschenrechtssystemen, S. 95–96.

60 Vgl. Klopfer, 1996, „Innere Pressefreiheit“ und Tendenzschutz im Lichte des Artikels 10 der Europäischen Konvention zum Schutz der Menschenrechte und Grundfreiheiten, S. 148.

anderen Grund nicht lesen mochte.[61] Zum Verhältnis der einzelnen Beteiligten in einem Medienunternehmen oder Pressehaus äußerte sich auch die Parlamentarische Versammlung des Europarats, die betonte, dass „*it must be borne in mind that it relies on the media, which are part of a corporate structure within which a distinction must be made between publishers, proprietors and journalists. To that end, in addition to safeguarding the freedom of the media, freedom within the media must also be protected and internal pressures guarded against.*“[62]

2. Das Persönlichkeitsrecht

Damit sie die wichtige Rolle, die sie in Gesellschaft und Demokratie spielt, wahrnehmen kann, darf die Presse nur dann eingeschränkt werden, wenn ein kollidierendes Recht als schützenswerter eingestuft wird. In erster Linie haben sich die rechtsprechenden Organe in diesem Zusammenhang mit dem Recht auf Schutz der Persönlichkeit auseinanderzusetzen. Diesem Recht zugrunde liegt

---

61 Vgl. dazu z.B. Republik Österreich, 1981 i.g.F., Mediengesetz:
§ 2, Schutz der journalistischen Berufsausübung; Redaktionsstatuten, Überzeugungsschutz.
1. Jeder Medienmitarbeiter hat das Recht, seine Mitarbeit an der inhaltlichen Gestaltung von Beiträgen oder Darbietungen, die seiner Überzeugung in grundsätzlichen Fragen oder den Grundsätzen des journalistischen Berufes widersprechen, zu verweigern, es sei denn, dass seine Überzeugung der im Sinn des § 25 veröffentlichten grundlegenden Richtung des Mediums widerspricht. Die technisch-redaktionelle Bearbeitung von Beiträgen oder Darbietungen anderer und die Bearbeitung von Nachrichten dürfen nicht verweigert werden.
2. Aus einer gerechtfertigten Weigerung darf dem Medienmitarbeiter kein Nachteil erwachsen.
§ 3, Schutz namentlich gezeichneter Beiträge Wird ein Beitrag oder eine Darbietung in einer den Sinngehalt betreffenden Weise geändert, so darf die Veröffentlichung unter dem Namen des Medienmitarbeiters nur mit seiner Zustimmung geschehen. Der Angabe des Namens des Verfassers ist die Bezeichnung mit einem von ihm bekanntermaßen gebrauchten Decknamen oder Zeichen gleichzuhalten.
§ 4, Kein Veröffentlichungszwang Die vorstehenden Bestimmungen räumen dem Medienmitarbeiter nicht das Recht ein, die Veröffentlichung eines von ihm verfassten Beitrages oder einer Darbietung, an deren inhaltlichen Gestaltung er mitgewirkt hat, zu erzwingen.

62 Vgl. Europarat, Parlamentarische Versammlung, 01.07.1993, Resolution 1003/1993 on the ethics of journalism (1993), Punkt 10. Verfügbar unter: assembly.coe.int/Main.asp?link=/Documents/AdoptedText/ta93/ERES1003.htm [27.02.2014].

die Menschenwürde, die allen Menschen kraft ihres Menschseins zukommt[63] und als das Grundrecht *par excellence* gilt. Diese muss nicht erworben werden und kann auch nicht verloren gehen; AHRENS bezeichnet sie als „Mutter- oder Quellrecht".[64]

Gerade weil dieses Recht eine so große Bedeutung hat, ist es schwierig, es zu kodifizieren. Jeder Versuch könnte zu kurz greifen, jeder Versuch, die Würde zu definieren, könnte sie ungewollt einschränken.[65] Ihre daraus folgende oft mangelnde Kontur ist eine der Schwierigkeiten bei der Durchsetzung des Persönlichkeitsrechts. Vor Gericht nämlich kann nur positiviertes Recht durchgesetzt werden. Aus diesem Grund versucht der Gesetzgeber, das Persönlichkeitsrecht in seinen Grundzügen festzuschreiben.

Der wichtige Teilaspekt des Schutzes des Privatlebens wurde völkerrechtlich sowohl als klassisches Freiheitsrecht als auch als soziales und kulturelles Recht der zweiten Generation verankert. Eingefordert werden kann dieses Recht etwa über den in Artikel 12 AEMR festgeschriebenen Schutz der Privatsphäre, über den in Artikel 10 IPbpR verbürgten Familienschutz und über das Recht auf Eheschließung. Was die EMRK betrifft, so „bündelt Artikel 8 den Schutz des Privat- und Familienlebens sowie der Wohnung und der Korrespondenz in einem einheitlichen Tatbestand."[66]

Um zu definieren, was vom Persönlichkeitsrecht gedeckt ist, gibt es zwei unterschiedliche Wege, den kontinentaleuropäischen Weg und den angelsächsischen. Beim Recht auf Schutz der Persönlichkeit handelt es sich zwar um ein gemeineuropäisches Rechtsprinzip, dieses wird in den einzelnen Staaten jedoch unterschiedlich verwirklicht. Auch daran wird deutlich, wie komplex dieser Rechtsbereich ist.

Im kontinentaleuropäischen Recht wird, bezogen auf das jeweilige Rechtsgut, zum Teil von einem allgemeinen Persönlichkeitsrecht ausgegangen, zum Teil von einem besonderen, während es im angelsächsischen System stärker um verhaltensbezogene Einzeltatbestände geht.[67] Die Lehre vom allgemeinen Persönlichkeitsrecht geht davon aus, dass das Persönlichkeitsrecht umfassend

---

63 Vgl. Hoffmann-Riem, 2002, Beleidigende Werturteile und wahrheitswidrige Tatsachenbehauptungen, S. 36.

64 Ahrens, 2002, Persönlichkeitsrecht und Freiheit der Medienberichterstattung, S. 30.

65 Vgl. Michael & Morlok, 2008, Grundrechte, S. 95.

66 Kotzur, 2012, Schutz des Privatlebens, S. 250; mehr zu Artikel 8 EMRK siehe unten, S. 110.

67 Vgl. Karner, 2014, Menschenrechte und Persönlichkeitsschutz in Österreich und Europa, S. 23.

geschützt ist, muss aber dennoch in jedem Einzelfall prüfen, ob, unter welchen Voraussetzungen und wie weit das Persönlichkeitsrecht tatsächlich Schutz genießt. Die Lehre von den einzelnen Persönlichkeitsrechten dagegen untersucht, ob überhaupt in ein geschütztes Recht eingegriffen wurde.[68] Rechte wie jenes auf Leben, auf körperliche Unversehrtheit und Freiheit sind leichter festzustellen als das Recht auf das Interesse am eigenen Bild oder die Wahrung der Privatsphäre. Diese sind weniger klar konturiert, weniger offenkundig.[69]

Im Zusammenhang mit der Freiheit der Berichterstattung schützt das allgemeine Persönlichkeitsrecht vor allem die Selbstbestimmtheit und die Integrität des Einzelnen und gesteht jedem Menschen einen Bereich zu, in dem er „seine Individualität unter Ausschluss anderer entwickeln und wahrnehmen kann."[70] Dieser unmittelbare Freiheitsbereich des Menschen soll sowohl vor staatlichen und auch vor privaten Eingriffen geschützt werden.[71]

Beschrieben wird auch das allgemeine Persönlichkeitsrecht durch eine ganze Reihe konkreter, klar umgrenzter Rechte.[72] CANARIS spricht sich dennoch für die Anerkennung des allgemeinen Persönlichkeitsrechts aus, weil dieser Ansatz den umfassenden Schutz der Persönlichkeit betont, die Gefahr von Schutzlücken und Wertungswidersprüchen vermindert wird.[73] DAMM ist der Auffassung, dass ein allgemeines Persönlichkeitsrecht auch für neue Entwicklungen offener ist.[74]

2.1. Die Ausprägungen des allgemeinen Persönlichkeitsrechts

Festgeschrieben wurde auch das allgemeine Persönlichkeitsrecht nicht an sich, sondern in seinen zahlreichen Facetten. Wichtige Aspekte dieses Rechts sind das

68 Vgl. Karner, Menschenrechte und Persönlichkeitsschutz in Österreich und Europa, S. 28.

69 Vgl. Karner, Menschenrechte und Persönlichkeitsschutz in Österreich und Europa, S. 29.

70 BGHZ 131, 332, 337=BGH, Urteil vom 19.12.1995, Az.: VI ZR 15/95, GRUR 1996, 923, 923ff., Caroline von Monaco II; Lang, in: Beck'scher OK, Art. 2, Rn 31; Di Fabio, in: Maunz/Durig, GG, Art. 2 I, Rn. 147; Rixecker, in: MuKo, Allg. PersonlR., Rn. 3, zit. n. Müller-Riemenschneider, 2013, Pressefreiheit und Persönlichkeitsschutz, S. 30.

71 Siehe dazu auch unten, S. 97.

72 Karner, Menschenrechte und Persönlichkeitsschutz in Österreich und Europa, S. 28.

73 Canaris, Grundprobleme des privatrechtlichen Persönlichkeitsschutzes, JBl 1991, 206ff., zit n. Karner, Menschenrechte und Persönlichkeitsschutz in Österreich und Europa, S. 28.

74 Siehe Damm, Persönlichkeitsrecht und Persönlichkeitsrechte – Identitäts- und Autonomieschutz im Wandel, FS Heinrichs (1998) 116 mwN, zit. n. Karner, Menschenrechte und Persönlichkeitsschutz in Österreich und Europa, S. 28.

Verbot der Folter, die Abschaffung der Sklaverei und die Gleichheit vor dem Gesetz.[75]

In Konflikt mit der Freiheit der Berichterstattung geraten aber vor allem der Schutz des Privatlebens und das Selbstdarstellungsrecht in der Öffentlichkeit. Zum Teil überlagert wird dieses Recht von jenem auf informationelle Selbstbestimmung, das vor allem vor Eingriffen in die Integrität persönlicher Daten durch deren Erhebung, Speicherung, Verwendung und Weitergabe schützt.[76] Hinter diesen Aspekten steht der Wunsch des Einzelnen, die Kontrolle darüber zu haben, ob und wie er in der Öffentlichkeit dargestellt wird.[77]

Auch das Recht auf Schutz von Wohnung und Korrespondenz, das Recht, in Ruhe gelassen zu werden, gerät mit den Kommunikationsrechten häufig in Konflikt.[78] Die Intention des Gesetzgebers war es, die freie Kommunikation zu ermöglichen.[79] Der Einzelne sollte davon ausgehen können, dass seine Aussagen ohne sein Wissen nicht gespeichert und abgespielt werden.[80] Gegen die Veröffentlichung vertraulicher Gespräche kann sich der Betroffene genauso wie gegen jene erfundener Zitate und fingierter Interviews aber auch auf das Recht am eigenen Wort berufen.[81]

Das Recht am eigenen Bild kann mit dem Recht auf informationelle Selbstbestimmung ebenfalls kollidieren. Auch dieser Aspekt ist in der Auseinandersetzung

---

75 Vgl. Vereinte Nationen, 10.12.1948, Allgemeine Erklärung der Menschenrechte.

76 BVerfGE 65, 1, 43, Mikrozensus-Entscheidung; Jarass, NJW, 1989, 857, 858; Simitis, NJW 1984, 398, 398ff.; Lang, in: Beck'scher OK, Art. 2, Rn. 45; Schmidt, in: Erfurter-Kommentar, Art. 2, Rn. 45; Di Fabio, in: Maunz/Durig, GG, Art. 2 I, Rn. 173 und 175; Gronau, Das Persönlichkeitsrecht von Personen der Zeitgeschichte und die Medienfreiheit, S. 72, zit. n. Müller-Riemenschneider, 2013, Pressefreiheit und Persönlichkeitsschutz, S. 49.

77 Vgl. u.a. BVerfGE, 63, 131, 142, Gegendarstellungs-Entscheidung; BVerfGE 54, 148, 155, Eppler-Entscheidung; Schlink, Die Amtshilfe, S. 192, zit. n. Müller-Riemenschneider, 2013, Pressefreiheit und Persönlichkeitsschutz, S. 32.

78 Vgl. u.a. Müller-Riemenschneider, 2013, Pressefreiheit und Persönlichkeitsschutz, S. 30.

79 Di Fabio, in: Maunz/Durig, GG, Art. 2 I, Rn 196, zit. n. Müller-Riemenschneider, 2013, Pressefreiheit und Persönlichkeitsschutz, S. 45.

80 Vgl. Gronau, Das Persönlichkeitsrecht von Personen der Zeitgeschichte und die Medienfreiheit, S. 66; Di Fabio, in: Maunz/Durig, GG, Art. 2 I, Rn. 196, zit. n. Müller-Riemenschneider, 2013, Pressefreiheit und Persönlichkeitsschutz, S. 45.

81 Vgl. Müller-Riemenschneider, 2013, Pressefreiheit und Persönlichkeitsschutz, S. 45, auch dt. BVerfGE 34, 269, 283, Soraya-Entscheidung; BVerfGE 54, 148, 155, Eppler-Entscheidung; BGH, Urteil 8.12.1964, Az. VI ZR 201/63, NJW 1965, 685, 686, Exklusivinterview; Di Fabio, in: Maunz/Durig, GG, Art. 2 I, Rn. 199, zit. n. Müller-Riemenschneider, 2013, Pressefreiheit und Persönlichkeitsschutz, S. 45.

mit Medien von Bedeutung.[82] Viele einschlägige Entscheidungen gehen von einem Streit um ein Bild aus.[83]

Die persönliche Ehre und der gute Ruf eines Menschen sind ebenfalls Teil der Persönlichkeitsrechte und können durch mediale Berichterstattung negativ beeinflusst werden. Während die innere Ehre die „aus der Personenwürde entfließende Achtung vor sich selbst" ist, geht es bei der äußeren Ehre um das Ansehen eines Menschen in der Gesellschaft.[84]

2.2 Die Differenzierung der Schutzintensität

Generell kann festgehalten werden, dass jede Person in jedem Kontext den Anspruch darauf hat, dass ihre Würde respektiert, ihre Ehre geachtet und ihre Privatsphäre geschützt wird,[85] und dass alle für die Konkretisierung des Persönlichkeitsschutzes in Betracht kommenden Rechtsguter einen besonders hohen Stellenwert in der Rechtsordnung haben und bei der Durchsetzung vor Zivilgerichten privilegiert behandelt werden.[86]

Dennoch gibt es auch in diesem Bereich unterschiedliche Schutzniveaus.

Ein Versuch, die Intensität der Verletzung des Persönlichkeitsrechts zu veranschaulichen, ist die auf HUBMANN zurückgehende Sphärentheorie.[87] Die rechtliche Einordnung dieser Theorie ist umstritten,[88] als Orientierungspunkt scheint diese „spezielle Ausprägung des Verhältnismäßigkeitsgrundsatzes"[89] dennoch hilfreich. Die Einordnung eines Sachverhalts in den entsprechenden Bereich hat das Ziel, den Abwägungsprozess greifbar zu machen und eine Hierarchie der Rechtsausprägungen herzustellen. Obwohl es fließende Übergänge von einer Sphäre zur anderen gibt, und auch nicht immer klar ist, welcher Sphäre ein Sachverhalt

82 Siehe dazu auch unten, S. 149.
83 Siehe dazu auch unten, S. 124 und S. 130.
84 Vgl. Paschke, Medienrecht, Rn. 661; Di Fabio, in: Maunz/Durig, GG, Art. 2 I, Rn. 169, zit. n. Müller-Riemenschneider, 2013, Pressefreiheit und Persönlichkeitsschutz, S. 47.
85 Vgl. Berka, 2010, Media Governance zwischen Recht und Selbstregulierung, S. 53.
86 Vgl. Kräutler, 2007, Schutz vor medialen Übergriffen in Österreich, S. 214.
87 Vgl. Rhode, 2004, Publizistische Sorgfalt und redaktionelle Rechtspflichten. Eine Inhalts- und Strukturanalyse unter Einbezug der neuen Medien, S. 51.
88 Vgl. Müller-Riemenschneider, 2013, Pressefreiheit und Persönlichkeitsschutz, S. 49.
89 Lang, in: Beck'scher OK, Art. 2, Rn 37; Di Fabio, in: Maunz/Durig, GG, Art. 2, I, Rn 157, zit. n. Müller-Riemenschneider, 2013, Pressefreiheit und Persönlichkeitsschutz, S. 50.

zugeordnet werden soll,[90] wird die „sakrosankte"[91] Intim- von der etwas weniger geschützten Privat- und der Sozial- bzw. Öffentlichkeitssphäre abgegrenzt.[92]

Sozial- und Öffentlichkeitssphäre werden in der Literatur mitunter auch getrennt angeführt.[93] Während Berichte, die der Sozialsphäre zuzurechnen sind, rechtswidrig sind, wenn durch sie eine gravierende Persönlichkeitsverletzung erfolgt,[94] sind Beiträge aus der Öffentlichkeitssphäre nur dann unzulässig, wenn Unwahres oder Ehrverletzendes berichtet wird.[95]

2.2.1 Die Intimsphäre

Ereignisse, die in den höchstpersönlichen Lebensbereich eines Menschen fallen, genießen besonderen Schutz vor der Neugier der Öffentlichkeit.[96] Berichte über die Gesundheit, die Sexualität oder die Religion sind nur dann erlaubt, wenn der Betroffene selbst darüber spricht oder wenn die Informationen aus einer seriösen Quelle stammen.[97] Als seriös gelten beispielsweise amtliche Dokumente. Beruft sich ein Journalist auf ein solches Schriftstück, ist seine Verifikationspflicht gelockert.[98]

Obwohl die Intimsphäre des Menschen besonders stark geschützt wird, ist der Schutz auch in diesem Kontext nicht absolut. So kann es zum Beispiel gerechtfertigt werden, wenn über den Krankheitszustand oder das Sexualleben von Prominenten, vor allem von Amtsträgern, berichtet wird.

---

90 Vgl. Gronau, Das Persönlichkeitsrecht von Personen der Zeitgeschichte und die Medienfreiheit, S. 76; so auch: Di Fabio, in Maunz/Dürig, GG, Art. 2 I, Rn. 161, zit. n. Müller-Riemenschneider, 2013, Pressefreiheit und Persönlichkeitsschutz, S. 52.

91 Ahrens, 2002, Persönlichkeitsrecht und Freiheit der Medienberichterstattung, S. 49.

92 Vgl. Martin, 2007, Das allgemeine Persönlichkeitsrecht in seiner historischen Entwicklung, S. 255.

93 Vgl. u.a. Müller-Riemenschneider, 2013, Pressefreiheit und Persönlichkeitsschutz, S. 57–58.

94 Vgl. BVErGE, Beschluss vom 12.11.2002, 1, BvR 232/97, NJW 2003, 660, 661f.; Metz, Das Recht Prominenter am eigenen Bild in Kollision mit Drittinteressen, S. 55, zit. n. Müller-Riemenschneider, 2013, Pressefreiheit und Persönlichkeitsschutz, S. 58.

95 Vgl. BGHZ 31, 308, 313, Alte Herren-Entscheidung, zit. n. Müller-Riemenschneider, 2013, Pressefreiheit und Persönlichkeitsschutz, S. 58.

96 Vgl. Republik Österreich, 1981 i.g.F., Mediengesetz, § 7.

97 Vgl. Röggla, 2002, Pressefreiheit und justizieller Persönlichkeitsschutz in der EU – Ergebnisse einer Fragebogenerhebung über die Regelungen in den Mitgliedstaaten, S. 21.

98 Vgl. EGMR, 25.6.2002, 51279/1999 (Colombani), Rn 65; s. Karpenstein/Mayer/Mernsching, EMRK, Art. 10, Rn 88, zit. n. Walter, 2014, Kommunikationsfreiheiten, S. 498.

Dass das Volk das Recht hat, es zu erfahren, wenn seine Politiker aus gesundheitlichen Gründen nicht voll einsatzfähig sind, entschied der EGMR im Fall **Editions Plon gegen Frankreich.** Er erkannte einem Buch, in dem der frühere Leibarzt des französischen Staatspräsidenten Mitterand unter dem Titel „*Le Grand Secret*" über dessen Gesundheitszustand berichtete, öffentliches Interesse zu.[99] Begründet wurde dies damit, dass die Diskussion über die insgesamt 14 Jahre, die Mitterrand im *Elysee-Palast* amtierte, gegenüber der ärztlichen Schweigepflicht überwiegt.[100] Ein weiteres Beispiel ist die Berichterstattung in der „Lewinsky-Affäre" Bill Clintons.

Medienberaterin ZIEGLER dazu: „Das höchste Amt im Staat hat seinen Preis. Es erfordert totale Sauberkeit ohne Wenn und Aber."[101]

Aus dieser Einschränkung wird deutlich, welch großen Einfluss auch die Bekanntheit von Personen darauf hat, was die Medien über sie veröffentlichen dürfen und was nicht.[102]

Wie schwierig es ist zu definieren, was in diesen geschützten Bereich fällt, zeigen drei Urteile des EGMR aus dem Jahr 2012. Unter dem Titel „Pornoaffäre: Trau dich doch" hatte das österreichische Nachrichtenmagazin Profil darüber berichtet, dass der Regens und der Subregens des Priesterseminars St. Polten homosexuelle Beziehungen zu Seminaristen unterhielten. Beide wurden namentlich genannt, Fotos wurden veröffentlicht. Der Bericht stellte aber auch klar, dass es keinen Hinweis darauf gebe, „dass Priesterschüler von Vorgesetzten zu sexuellen Handlungen genötigt worden wären."[103] Die Klage der betroffenen Priester, die ihr Privat- und Familienleben verletzt sahen, wurde abgewiesen,[104] dennoch verbot es der EGMR, Fotos zu veröffentlichen, die die beiden mit Seminaristen zeigten.[105]

---

99 Siehe dazu auch unten, S. 132.

100 Vgl. EGMR, 2004, Editions Plon gegen Frankreich, Par. 8.

101 Ziegler, 2007, Der Medien-Knigge, S. 164.

102 Mehr dazu siehe unten, S. 163.

103 Vgl. profil.at, 11.07.2004, Pornoaffäre: Trau dich doch, o.S.

104 Vgl. EGMR, 2012, Kuchl gegen Österreich, und EGMR, 2012, Rothe gegen Österreich.

105 Vgl. EGMR, 2012, Verlagsgruppe News und Bobi gegen Österreich; zur Bedeutung der Bildberichterstattung siehe auch unten, S. 149.

2.2.2 *Die Sozial- bzw. Öffentlichkeitssphäre*

Genauso wie der Schutz der Intimsphäre seinem Grunde nach nicht zur Debatte steht, ist man sich darüber einig, dass die Öffentlichkeits- bzw. Sozialsphäre nicht besonders schützenswert ist.

Auch hier ist die Abgrenzung allerdings nicht so klar, wie man auf den ersten Blick meinen mochte. So wertete es der österreichische OGH als einen Eingriff in Natascha Kampuschs höchstpersönlichen Lebensbereich, als eine Zeitung Fotos veröffentlichte, die sie mit ihrer „schönen ersten Liebe" in einer Diskothek zeigten. Das Höchstgericht begründete das unter anderem damit, dass das Mediengesetz auch Angelegenheiten des Privatlebens schützt, die nicht zur engsten Intimsphäre gehören.[106] Somit fällt auch privates Handeln im öffentlichen Raum, das in abgegrenzten Bereichen mit gewisser Vertraulichkeit stattfindet, unter den Schutz der Persönlichkeit. Der OGH bezeichnet den Bereich als „Privatöffentlichkeit".[107] Dass ein zurückgezogener Winkel in einem öffentlichen Lokal Teil der Privatsphäre ist, bejahte auch der EGMR im ersten so genannten „Caroline-Urteil". Die Straßburger Richter hielten fest, dass *„there is [therefore] a zone of interaction of a person with others, even in a public context, which may fall within the scope of ‚private life'."*[108]

Frankreich, das nicht nur im Bereich der Pressefreiheit, sondern auch in jenem der Persönlichkeitsrechte eine lange Tradition hat, dehnte den Schutz des Privatlebens im Übrigen schon im Jahr 1874 auf öffentliche Örtlichkeiten aus.[109]

2.2.3 *Die Privatsphäre*

Der dritte und zugleich umstrittenste Bereich des Persönlichkeitsschutzes ist die Privatsphäre. Eingriffe sind hier im Gegensatz zur Intimsphäre nicht generell verboten, ihre Rechtmäßigkeit aber richtet sich nach strengen Vorgaben. Liegt ein „herausragendes Informationsinteresse der Allgemeinheit [vor], das den

---

106 Vgl. Österreichischer OGH, 2009, Medienrechtssache Natascha K gegen A GmbH, Rechtliche Begründung, Par. 1./.

107 Vgl. Österreichischer OGH, 2009, Medienrechtssache Natascha K gegen A GmbH, Rechtliche Begründung, Par. 1./.

108 EGMR, 24.09.2004, von Hannover gegen Deutschland, Par. 50; siehe dazu auch unten, S. 124.

109 Vgl. Haug, 2011, Bildberichterstattung über Prominente. Unter besonderer Berücksichtigung der Zulässigkeit der gerichtlichen Beurteilung des Informationswertes von Medienberichten, S. 69.

Belangen des Betroffenen vorgeht",[110] ist eine Einschränkung, sprich ein Eingriff in diesen Bereich, zulässig. Ob ein solches Interesse vorliegt, haben die Gerichte nach dem Grundsatz der Verhältnismäßigkeit abzuwägen.[111]

Die Frage danach, ob Meldungen Teil der Privatsphäre sind und unter welchen Umständen sie an die Öffentlichkeit gegeben werden dürfen, ist bei der Abwägung zwischen Persönlichkeitsschutz und Pressefreiheit meist also entscheidend. Zu schützen ist der sittliche, personale und soziale Geltungswert einer Person in der Gesellschaft, ihr guter Ruf also.[112] Für Unternehmer kann es neben der Verteidigung ihrer persönlichen Ehre auch um den Schutz ihres geschäftlichen Rufs und somit ihrer wirtschaftlichen Existenz gehen.[113] Auch juristische Personen können ihre Ehre verteidigen; in diesen Fällen spricht man vom Recht am eingerichteten und ausgeübten Gewerbebetrieb.[114]

Die Frage danach, ob ein Ereignis Teil der Privatsphäre ist und einen entsprechenden Schutz genießt, ist auch deshalb nicht leicht zu beantworten, weil sich dieser Gedanke derzeit in einem Umbruch befindet.

SCHIWY beispielsweise wertet das erste „Caroline-Urteil"[115] als Indiz dafür, dass diese Privatsphäre nun aufgespalten wird. Die „Privatheit in der Öffentlichkeit" werde in Zukunft stärker geschützt sein als bisher, vermutet er, während „andere Informationen aus der Privatsphäre, deren gesellschaftliche Relevanz vor dem Hintergrund der Sicherheitslage, aber auch unserer gewachsenen demokratischen Diskussionskultur steigt",[116] weniger stark geschützt sein werden als bisher. Auch PRANTL kritisiert, dass die Pressefreiheit „beiseite springen [muss], wenn der Staat mit Blaulicht, also mit Sicherheitsinteressen, daherkommt."[117] Seit den Terroranschlägen vom 11. September 2001 in den USA gibt es Diskussionen darüber, ob die öffentliche Sicherheit ein stärkeres Gewicht haben sollte.[118]

---

110 Rhode, 2004, Publizistische Sorgfalt und redaktionelle Rechtspflichten. Eine Inhalts- und Strukturanalyse unter Einbezug der neuen Medien, S. 52.

111 Vgl. Hohne, 2012, „Neue" Persönlichkeitsrechte in „neuen Medien", S. 3.

112 Vgl. Hoffmann-Riem, 2002, Beleidigende Werturteile und wahrheitswidrige Tatsachenbehauptungen, S. 36.

113 Vgl. Kräutler, 2007, Schutz vor medialen Übergriffen in Österreich, S. 164.

114 Vgl. Rhode, 2004, Publizistische Sorgfalt und redaktionelle Rechtspflichten. Eine Inhalts- und Strukturanalyse unter Einbezug der neuen Medien, S. 45.

115 Mehr zum Caroline-Urteil siehe unten, S. 124.

116 Schiwy, 2010, Persönlichkeitsschutz und Pressefreiheit, S. 117.

117 Prantl, 2010, Pressefreiheit – das tägliche Brot der Demokratie. Wert und Gefährdung eines Ur-Grundrechts, S. 16.

118 Vgl. Badenhop, 2010, Normtheoretische Grundlagen der Europäischen Menschenrechtskonvention, S. 36.

WIERUSZEWSKI stellt fest, dass es immer mehr Menschen auch freiwillig hinnehmen, dass ihre Rechte im Namen der Sicherheit eingeschränkt werden.[119]

RÄKER liest aus diesem „Caroline-Urteil“ ebenfalls eine Aufwertung des Tatbestandsmerkmals der berechtigten Interessen heraus, was seiner Meinung nach dazu fuhren konnte, dass „weitere abgrenzbare Bereiche, die bislang der Sozialsphäre zugeordnet wurden, nunmehr der geschützten Privatsphäre zugerechnet werden.“[120]

Nach RHODE konnte diese Ausweitung dem Schutz des „wehrlosen Einzelnen“ durchaus zuträglich sein. Er weist darauf hin, dass wiederholte, nachhaltige Eingriffe in die Sozial- oder Öffentlichkeitssphäre das Leben eines Menschen unter Umständen sogar stärker beeinträchtigen können als einmalige, periphere Eingriffe in dessen Privatsphäre.[121]

2.3 Der technische Fortschritt als Herausforderung für den Schutz der Persönlichkeitsrechte

Aufgrund der neuen technischen Möglichkeiten, die das Web 2.0 bietet, ist der Schutz der Persönlichkeitsrechte heute stärker in Gefahr als früher. Während es bis in die 1990er Jahre einigermaßen klar war, wo persönliche Daten bedroht sein könnten, sind die Bedrohungsszenarien heute kaum noch fassbar. Im grundrechtlichen Bereich ist es „längst nicht mehr der allmächtige Staat, von dem in erster Linie Bedrohungen ausgehen, und der, der meine Persönlichkeitsrechte gefährdet, ist nicht mehr einer, der mir unmittelbar gegenüber steht und mit Namen und Adresse für mich fassbar ist.“[122] HÖHNE spricht von einer „Neuverteilung der Kräfte“[123] durch das Internet.

Auch weil der Empfängerkreis potentiell viel großer ist, können Persönlichkeitsrechte heute stärker beeinträchtigt werden als früher. Informationen, die einmal in die digitale Welt gelangt sind, können aus dieser nicht leicht entfernt werden. Diese Inhalte sind und bleiben abrufbar. Im Fall **Wegrzynowski und**

---

119 Wieruszewski, Roman, 2015, Freedom of expression and its limits – Was Voltaire right?, S. 65.

120 Räker, 2007, Die Veröffentlichung von Abbildungen Prominenter ohne deren Zustimmung – Fuhrt das „Caroline-Urteil“ des EGMR zu einem neuen juristischen Begriff?, S. 93.

121 Vgl. Mersch, 2013, Die journalistische Sorgfalt: on- und offline, S. 85.

122 Höhne, 2012, „Neue Persönlichkeitsrechte in „neuen Medien“, S. 5–6, siehe auch unten, S. 97.

123 Höhne, 2012, „Neue Persönlichkeitsrechte in „neuen Medien“, S. 5–6.

Smolczewski gegen Polen hat der EGMR einen Antrag auf Entfernung von ehrverletzenden Artikeln aus dem Internetarchiv einer Zeitung abgewiesen und dies damit begründet, dass Onlinearchive einen wesentlichen Beitrag dazu leisten, dass Nachrichten abrufbar sind. Er bezeichnete diese Archive als „*an important source for education and historical research, particularly as they are readily accessible to the public and are generally free.*"[124] Auch dies sei eine wichtige Aufgabe, die die Medien in einer demokratischen Gesellschaft haben.[125]

Ganz anders entschied das Landgericht Hamburg Anfang 2014 im Fall **Mosley**: Es gab dem Begehren des Ex-Motorsport-Bosses statt, der forderte, Google möge seine Suchergebnisse dahingehend filtern, dass alle Links zu Fotos, die ihn bei einer Sexparty zeigen, gesperrt werden.[126] Viele Kommentatoren bezeichneten diese Entscheidung als einen Meilenstein im Schutz der Persönlichkeitsrechte.

In erster Linie durfte es hier aber eine Rolle gespielt haben, dass Sexpartys an sich in die Intimsphäre des Menschen fallen und Fotos darüber generell nicht ohne Zustimmung veröffentlicht werden dürfen.

3. Die Menschenrechte als Quelle von Pressefreiheit und Persönlichkeitsschutz

Sowohl die Pressefreiheit als auch der Schutz der Persönlichkeit fallen auf internationaler Ebene in das System des Menschenrechtsschutzes. Aus dieser Einordnung wird deutlich, dass es bei der Pressefreiheit nicht um das Recht eines (Medien-)Unternehmens gehen kann, das ein Produkt auf den Markt bringen will, sondern um das individuelle Recht, das nur einem Menschen – im Fall der Presse handelt es sich dabei meist um einen Journalisten, aber auch Leserbriefschreiber, User oder Publizisten können sich darauf berufen[127] – zusteht, seine Äußerungen über jeden möglichen Kanal zu verbreiten.

Bis zum Zweiten Weltkrieg war der Schutz der Menschenrechte eine nationale Angelegenheit.[128] Nach diesem Krieg versuchte man dann vor allem in Europa, einen gemeinsamen Standard zu schaffen. Während die internationalen

---

124 EGMR, 2013, Wegrzynowski und Smolczewski gegen Polen, Par. 59.

125 Vgl. EGMR, 2013, Wegrzynowski und Smolczewski gegen Polen, Par. 59.

126 Vgl. heute.de, 24.01.2014, Mosley-Prozess: Google muss Links zu Sexfotos entfernen, o.S.

127 Siehe dazu auch unten, S. 162.

128 Vgl. Hummer, Der internationale Menschenrechtsschutz: Entwicklung und Grundlagen, S. 264.

Schutzmechanismen seither kontinuierlich an Bedeutung gewinnen, trat jene der nationalen Garantien – es handelt sich hier vorwiegend um verfassungsrechtliche Bestimmungen – in den Hintergrund. Dennoch prägen die nationalen Rechtskulturen den Schutz der Menschenrechte auch heute noch maßgeblich, sind sie doch die Quelle, auf die die internationalen und supranationalen Organisationen zurückgreifen. Laut WALTER kann der internationale Menschenrechtsschutz als „die völkerrechtliche Fortschreibung einer in den nationalen Verfassungen entstandenen Rechtskultur“[129] angesehen werden.

3.1 Die Idee der Menschenrechte

Den Anstoß zur Entwicklung der modernen Menschenrechte gab eine Rede des amerikanischen Präsidenten ROOSEVELT im Jahr 1941. Er verkündete seine Vision einer Weltordnung, die auf vier Grundfreiheiten des Menschen beruht: der Meinungsäußerungsfreiheit, der Religionsfreiheit, dem Recht auf Schutz vor sozialer Not und dem Recht, ohne Angst zu leben.[130] Heute, mehr als 70 Jahre später, sind die Menschenrechte zu einem wichtigen Teil des Völkerrechts und der internationalen Politik geworden, „zu wesentlichen Maßstäben der Kritik und der Rechtfertigung des Verhaltens staatlicher, nicht-staatlicher und gesellschaftlicher Akteure und zu einer tragenden Legitimitätsgrundlage öffentlicher Institutionen.“[131] Die meisten Völkerrechtler sind heute der Meinung, dass der völkerrechtliche Menschenrechtsschutz *ius cogens*-Charakter hat und *erga omnes* wirkt.[132] HERZOG bezeichnet die Menschenrechte als die „überzeugendste Idee, die nach dem heutigen Wissen imstande ist, Frieden zwischen den Menschen und auch zwischen Staaten zu schaffen“.[133]

Entwickelt wurden die Garantien der Menschenrechte unter dem Eindruck des Zweiten Weltkrieges und mit dem Ziel und der Überzeugung, dass ein solcher Flächenbrand nicht mehr geschehen darf. „Das Fenster der Möglichkeit einer universellen Menschenrechtspolitik“[134] war nach dem Ende dieses Krieges jedoch nur für kurze Zeit offen, wie THÜRER und BÜRGENTHAL festhalten.

---

129 Walter, 2009, Die Europäische Grundrechtsidee, S. 1.

130 Vgl. u.a. Bürgenthal & Thürer, 2010, Menschenrechte. Ideale, Instrumente, Institutionen, S. 25.

131 Bürgenthal & Thürer, 2010, Menschenrechte. Ideale, Instrumente, Institutionen, S. 1.

132 Vgl. Bürgenthal & Thürer, 2010, Menschenrechte. Ideale, Instrumente, Institutionen, S. 4–5.

133 Herzog, 1996, Die Rechte des Menschen, S. 319.

134 Bürgenthal & Thürer, 2010, Menschenrechte. Ideale, Instrumente, Institutionen, S. 2.

In der Zeit des Kalten Krieges standen die „ideologischen und machtpolitischen Blöcke“[135] deren umfassendem Aufbau dann nämlich schon wieder im Weg, sodass erst nach dem Zerfall der Sowjetunion die Wiener Menschenrechtskonferenz 1993 die Voraussetzungen für einen systematischen Ausbau des internationalen Menschenrechtsschutzes schaffen konnte.[136]

Wichtige Meilensteine auf dem Weg zur Gewährleistung universeller Menschenrechte gab es aber schon lange vor dieser Konferenz. Als erste Konvention ist die Allgemeine Erklärung der Menschenrechte der Generalversammlung der Vereinten Nationen vom 10. Oktober 1948 zu nennen, die auf der Basis der Satzung der Vereinten Nationen aus dem Jahr 1945 ausgearbeitet wurde.

1966 folgten auf UN-Ebene der Internationale Pakt über bürgerliche und politische Rechte und der Internationale Pakt über wirtschaftliche, soziale und kulturelle Rechte. Für den Menschenrechtsschutz in Europa von besonderer Bedeutung ist die Europäische Konvention zum Schutz der Menschenrechte und Grundfreiheiten, die 1953 in Kraft trat.[137] Regional von Bedeutung sind auch die Amerikanische Menschenrechtskonvention, die Afrikanische Charta der Menschenrechte und Rechte der Volker und die Arabische Charta der Menschenrechte.[138]

Bevor analysiert wird, wie Pressefreiheit und Persönlichkeitsrechte in den genannten Konventionen geschützt sind, muss auf die verwendete Terminologie Bezug genommen werden. Zum einen ist nämlich von Menschenrechten die Rede, zum anderen von Grund- oder gar von Bürgerrechten.

Obwohl diese drei Konzepte viele Gemeinsamkeiten aufweisen, unterscheiden sie sich dennoch in wesentlichen Punkten.

Während das Konzept der Menschenrechte sich an die Überzeugung PUFENDORFS anlehnt, wonach die Menschenwürde allen kraft ihres Menschseins zukommt,[139] ist die Geltung von Grundrechten auf den Hoheitsbereich des Staates beschränkt, der diese Rechte ausdrücklich in seiner Verfassung festschreibt.[140] Bürgerrechte haben einen noch eingeschränkteren Geltungsbereich, gewährt sie ein Staat doch nur seinen eigenen Staatsbürgern. Ein bekanntes Bürgerrecht ist das Wahlrecht.

135 Bürgenthal & Thürer, 2010, Menschenrechte. Ideale, Instrumente, Institutionen, S. 3.

136 Vgl. Bürgenthal & Thürer, 2010, Menschenrechte. Ideale, Instrumente, Institutionen, S. 3.

137 Mehr dazu siehe unten, S. 52.

138 Vgl. u.a. Ehlers, 2009, Die Europäische Menschenrechtskonvention, S. 28.

139 Vgl. Wesel, 2008, Unantastbar, o.S.

140 Vgl. Pollmann, 2012, Menschenrechte, Grundrechte, Bürgerrechte, S. 129–130.

Das Verhältnis von Grund- und Menschenrechten bringt POLLMANN folgendermaßen auf den Punkt: „Nicht alle Grundrechte müssen Menschenrechte sein, aber alle Menschenrechte wollen zu Grundrechten werden."[141] Die Menschenrechte hat man im Grunde nämlich erst dann – so formulierte es schon Hannah ARENDT – „wenn man Mitglied einer Rechtsgemeinschaft ist, die einem diese Rechte in Form von Grundrechten auch tatsächlich gewährt."[142]

Eine solche Positivierung der Menschenrechte ist zwar erstrebenswert und auch notwendig, damit die einzelnen ihre Anspruche durchsetzen können, der Universalität aber steht sie entgegen, denn „als Grundrechte sind kodifizierte Menschenrechte nur mehr für diejenigen Menschen gültig, die im Geltungsbereich der gemeinsamen Verfassungstraditionen leben."[143]

Im Folgenden wird ein Überblick über den Schutz von Pressefreiheit und Persönlichkeitsrechten in diesen Vertragswerken gegeben. Die Europäische Menschenrechtskonvention wird im darauf folgenden Teil der Arbeit dargestellt.

Auf die nationalen Verfassungsüberlieferungen, auf die sich die internationalen Bestimmungen zum Teil sehr stark stützen, kann im Rahmen dieser Arbeit dagegen nicht eingegangen werden.

3.2 Die Satzung der Vereinten Nationen

Unter dem Eindruck des Zweiten Weltkrieges, der die Menschenrechte reihenweise außer Kraft gesetzt hatte, nahm die Internationale Staatengemeinschaft die „Würde und [den] Wert der menschlichen Person"[144] 1945 in die Präambel der Satzung der Vereinten Nationen (UN-Charta) auf. Diese Verankerung geht vor allem auf den Vertreter des Libanon, zurück, der in der Debatte betonte, dass "das A und O des gesamten Menschenrechtskonzepts die Würde des Menschen [sei], die auf seiner Vernunft und seinem Gewissen beruhe."[145] Ausgestaltet hat

141 Pollmann, 2012, Menschenrechte, Grundrechte, Bürgerrechte, S. 131.

142 Vgl. Arendt, 1951, Hannah, Elemente und Ursprunge totaler Herrschaft, Munchen, 102005, Kap. 9, zit. n. Pollmann, 2012, Menschenrechte, Grundrechte, Burgerrechte, S. 134.

143 Pollmann, 2012, Menschenrechte, Grundrechte, Bürgerrechte, S. 130.

144 Vereinte Nationen, 26.06.1945 i.g.F., Satzung der Vereinten Nationen (UN-Charta), Präambel. Verfügbar unter: www.ris.bka.gv.at/GeltendeFassung.wxe?Abfrage=Bundesnormen&Gesetzesnummer=10000276 [10.09.2014].

145 Vgl. Tiedemann, 2006, Was ist Menschenwürde?, S. 18.

die UNO dieses Recht etwa mit der Abschaffung von Todesstrafe,[146] Sklaverei und Zwangsarbeit.[147]

Für die Freiheit, eine Meinung zu äußern und Informationen weiterzugeben, spielt diese auf die Wahrung des Friedens und der internationalen Sicherheit ausgerichtete Vereinbarung nur indirekt eine Rolle.[148] Die UN-Satzung bildete die Grundlage für die Einsetzung jener Kommission, die ab 1946 an einem internationalen Menschenrechtskodex arbeitete, der 1948 als Allgemeine Erklärung der Menschenrechte verabschiedet wurde, und der die Freiheit der Meinungsäußerung und damit implizit auch jene der Presse umfasst.[149]

3.3 Die Allgemeine Erklärung der Menschenrechte

Eigentlich wollte die genannte Kommission einen völkerrechtlich verbindlichen Vertrag schaffen. Da sich der Ost-West-Konflikt Anfang der 1950er Jahre aber zuspitzte, musste sie diesen Plan aufgeben, und man einigte sich schließlich darauf, eine Erklärung zu verabschieden.[150]

Obwohl die in diesem Vertragswerk festgeschrieben Standards nur durch einen der Generalversammlung der Vereinten Nationen zugeordneten Menschenrechtsrat überwacht werden und die festgeschriebenen Rechte nicht eingeklagt werden können, war diese im Jahr 1948 in Kraft getretene Erklärung ein wichtiger Schritt für die Entwicklung der Menschenrechte auf internationaler Ebene.[151]

Zum einen trägt sie zur Bildung von Völkergewohnheitsrecht bei,[152] zum anderen nehmen viele andere Menschenrechtsgewährleistungen, etwa die Europäische Menschenrechtskonvention, auf die AEMR Bezug.[153]

---

146 Zweites Fakultativprotokoll zum IPbpR 1989.

147 Abschaffung der Sklaverei 1926, Zusatzabkommen über die Abschaffung der Sklaverei, des Sklavenhandels und sklavereiähnlicher Einrichtungen und Praktiken 1956; im Rahmen der ILO-Abkommen Nr. 29 über Zwangs- und Pflichtarbeit 1929, Abkommen Nr. 105 über die Abschaffung der Zwangsarbeit 1957, Verbot des Menschenhandels und der Ausbeutung von Prostituierten 1950.

148 Vgl. Vereinte Nationen, 26.06.1945 i.g.F., Satzung der Vereinten Nationen (UN-Charta), Art. 1, Abs 1.

149 Vgl. menschenrechtserklärung.de, o.J., o.S.

150 Vgl. menschenrechtserklärung.de, o.J., o.S.

151 Ehlers, 2009, Die Europäische Menschenrechtskonvention, S. 26.

152 Ehlers, 2009, Die Europäische Menschenrechtskonvention, S. 26.

153 Mehr dazu siehe u.a. unten, S. 52.

In der Präambel dieser Erklärung wiederholt die Internationale Staatengemeinschaft nicht nur die besondere Stellung der Menschenwürde, sie nennt auch die Redefreiheit.[154]

Dies macht deutlich, welch besondere Bedeutung diese beiden Rechte im ohnehin exklusiven System der Menschenrechte haben.

In Artikel 19 AEMR hielten die 18 Experten, die die Vereinbarung unter der Leitung der amerikanischen Menschenrechtsaktivistin und Diplomatin Eleanor ROOSEVELT ausarbeiteten,[155] die Freiheit von Meinung und Information auf internationaler Ebene zum ersten Mal überhaupt fest. Demnach muss es genauso erlaubt sein, einer Meinung anzuhängen, wie Informationen und Ideen mit allen Verständigungsmitteln und ohne Rucksicht auf Grenzen zu verbreiten, zu empfangen und zu suchen.[156]

Diese Formulierung stützt zum einen die von KLÖPFER vertretene Ansicht, dass auch eine nicht geäußerte Meinung unter die Kommunikationsfreiheit fällt,[157] und macht zum anderen deutlich, dass die Kommunikationsfreiheit nicht allein in der Freiheit besteht, eine Meinung äußern zu dürfen, sondern dass auch die Empfänger einer Nachricht das Recht haben, diese ohne Einschränkungen zu empfangen, ja sogar nach ihr zu suchen.[158]

Auch den Schutz der Menschenwürde versuchte die Kommission auszugestalten.

Da diese, wie bereits erwähnt, das Grundrecht *par excellence* ist, fallen darunter ihrem Grunde nach alle Bestimmungen, sei es nun das in Artikel 5 festgehaltene Verbot der Folter oder die Gleichheit vor dem Gesetz, die Artikel 7 garantiert, das Recht auf Leben, Freiheit und Sicherheit des Artikels 3 oder das Verbot von Sklaverei und Diskriminierung, wie es die Kommission in den Artikeln 2 und 4 festgeschrieben hat.[159]

Im Spannungsverhältnis zur Freiheit der Meinungsäußerung steht aber vor allem Artikel 12 AEMR. Diese Norm hält fest, dass kein Mensch „willkürlichen Eingriffen in sein Privatleben, seine Familie, sein Heim oder seinen Briefverkehr

---

154 Vgl. Vereinte Nationen, 10.12.1948, Allgemeine Erklärung der Menschenrechte, Präambel.

155 Vgl. menschenrechtserklärung.de, o.J., o.S.

156 Vgl. Vereinte Nationen, 10.12.1948, Allgemeine Erklärung der Menschenrechte, Art. 18.

157 Mehr dazu siehe oben, S. 25.

158 Vgl. Vereinte Nationen, 10.12.1948, Allgemeine Erklärung der Menschenrechte, Art. 19.

159 Vgl. Vereinte Nationen, 10.12.1948, Allgemeine Erklärung der Menschenrechte.

ausgesetzt werden“[160] darf und bestimmt auch, dass jeder Anspruch auf rechtlichen Schutz gegen derartige Eingriffe hat.

Ob auf diese Weise auch das Verhältnis zwischen zwei Privatpersonen geregelt werden kann, damit beschäftigt sich die Drittwirkungstheorie der Grundrechte.[161] Im Allgemeinen kann festgehalten werden, dass im Völkerrecht das Prinzip der Mediatisierung des Individuums gilt. Der Einzelne ist diesem Konzept nach kein Völkerrechtssubjekt und somit auch nicht dazu befugt, ein Grundrecht selbst einzuklagen.

Obwohl sie sich stark an dieser Erklärung orientierte, durchbrach die Europäische Menschenrechtskonvention dieses Konzept wenige Jahre später. Die Vertragsstaaten des Europarats verabschiedeten im Jahr 1950 ein Vertragswerk, das die Burger selbst zu partiellen Völkerrechtssubjekten machte. Der Kalte Krieg beeinträchtigte dieses regionale Übereinkommen in viel geringerem Ausmaß als er die Anstrengungen auf der Ebene der Vereinten Nationen beeinträchtigt hatte.[162]

3.4 Die Menschenrechtspakte der Vereinten Nationen

Während der Europarat mit der Europäischen Menschenrechtskonvention auf regionaler Ebene schon höhere Standards gesetzt hatte,[163] ging man 1966 auch auf internationaler Ebene daran, die Garantien zum Schutz der Menschenrechte auszubauen.

Die Vereinten Nationen einigten sich auf den Text des Internationalen Pakts über bürgerliche und politische Rechte (IPbpR). Heute gilt dieser Pakt in rund 75 Prozent aller Staaten weltweit, darunter in allen Mitgliedstaaten des Europarats.[164]

Er verpflichtet die Staaten, die ihn ratifizieren, zur Einhaltung der verbürgten Rechte, zwingend vorgeschrieben sind jedoch nur Staatenberichte, Staaten- und Individualbeschwerden dagegen sind fakultativ.[165] HUMMER bezeichnet beide Kontrollmechanismen als schwach und „im Grunde sanktionslos“,[166] denn selbst

---

160 Vereinte Nationen, 10.12.1948, Allgemeine Erklärung der Menschenrechte, Art. 12.
161 Vgl. Martin, 2007, Grundrechtskollisionen, S. 13. Mehr dazu siehe unten, S. 88.
162 Vgl. u.a. Bürgenthal & Thürer, 2010, Menschenrechte. Ideale, Instrumente, Institutionen, S. 235.
163 Mehr dazu siehe unten, S. 52.
164 Vgl. Ehlers, 2009, Die Europäische Menschenrechtskonvention, S. 26.
165 Vgl. Schilling, 2004, Internationaler Menschenrechtsschutz. Universelles und europäisches Recht, S. 7.
166 Hummer, 2004, Der internationale Menschenrechtsschutz: Entwicklung und Grundlagen, S. 267.

auf eine Individualbeschwerde hin teilt der Menschenrechtsausschuss lediglich seine Auffassung mit, die die Vertragsstaaten jedoch nicht bindet.[167]

Der Pakt hat dennoch große Bedeutung für die Freiheit der Berichterstattung. Als erste internationale Vereinbarung überhaupt gewährleistet er nicht nur die Äußerungs- und Meinungsfreiheit, sondern auch die Freiheit der Presse. In Artikel 19 IPbpR wurde festgeschrieben, dass „Informationen und Gedankengut jeder Art in Wort, Schrift oder Druck, durch Kunstwerke oder andere Mittel eigener Wahl"[168] beschafft, empfangen und weitergegeben werden dürfen. Zuvor hatte sich nur die Unesco in ihrer Verfassung aus dem Jahr 1946 zum „freien Austausch von Ideen durch Wort und Bild"[169] bekannt und somit die gesellschaftliche Bedeutung der Medien gestärkt.

Artikel 19 IPbpR erinnert die Äußernden außerdem daran, dass ihr Recht mit Pflichten und Verantwortung verbunden ist und auch eingeschränkt werden darf, wenn das erforderlich ist, um die Rechte oder den guten Ruf anderer nicht zu schädigen. Auch daran wird deutlich, dass sich diese Bestimmung auch an die Presse richtet, kann doch ein Gespräch zwischen zwei Personen zwar die Ehre eines Menschen verletzen, nicht aber dessen guten Ruf schädigen. Um diesen zu schädigen, ist eine Handlung erforderlich, „die den Ruf öffentlich oder zumindest gegenüber einer größeren Gruppe von Personen herabwürdigt."[170] Der Geschädigte kann im Übrigen sowohl eine natürliche als auch juristische Person sein, es muss sich aber um eine konkretisierbare Person handeln.[171]

Ausdrücklich genannt wird die Presse auch in dieser Konvention nur an einer Stelle. Artikel 14 IpbpR legt fest, dass die Presse während der ganzen oder eines Teiles einer Verhandlung ausgeschlossen werden kann, sofern ein Gericht das für notwendig hält.[172]

Auch diese Bestimmung macht deutlich, dass den Medien eine besondere gesellschaftliche Kraft zugesprochen wird.

---

167 Vgl. Ehlers, 2009, Die Europäische Menschenrechtskonvention, S. 27.

168 Vgl. Vereinte Nationen, 19.12.1966 i.g.F., Internationaler Pakt über bürgerliche und politische Rechte, Art. 19. Verfügbar unter: www.ris.bka.gv.at/GeltendeFassung.wxe?Abfrage=Bundesnormen&Gesetzesnummer=10000627 [10.09.2014].

169 Vgl. Unesco, 1946 i.g.F., Verfassung der Organisation der Vereinten Nationen fur Bildung, Art. 1. Verfügbar unter: www.unesco.de/unesco_verfassung.html [05.12.2013].

170 Gollwitzer/Nowak, zit. n. Gering, 2012, Pressefreiheit in regionalen Menschenrechtssystemen, S. 129.

171 Vgl. Gering, 2012, Pressefreiheit in regionalen Menschenrechtssystemen, S. 127.

172 Vgl. Vereinte Nationen, 19.12.1966 i.g.F., Internationaler Pakt über bürgerliche und politische Rechte, Artikel 14.

Dem Schutz von Menschenwürde und Persönlichkeitsrechten widmet der Pakt zwar keine eigene Bestimmung, Artikel 10 aber nimmt darauf Bezug, indem er festschreibt, dass „jeder, dem seine Freiheit entzogen ist, [...] menschlich und mit Achtung der dem Menschen innewohnenden Würde behandelt werden“[173] muss. Als Grundrecht *par excellence* liegt die Menschenwürde auch allen anderen Rechten zugrunde, etwa dem in Artikel 6 festgeschriebenen Recht auf Leben, dem Verbot der Zwangs- oder Pflichtarbeit (Artikel 8) oder der Gleichheit aller Menschen vor Gericht, die Artikel 14 IPbpR gewährleistet.

Dies ist ein weiterer Beleg dafür, wie umfassend dieses Recht ist und dass es im Gegensatz zur Pressefreiheit nicht in einer einzigen Norm konkretisiert werden kann.

3.5 Die Grundrechtecharta der Europäischen Union

Die vom EUGH entschiedenen Fälle beschränken sich weitgehend auf das Dienstrecht der Union,[174] menschenrechtliche Aspekte spielen im EU-Recht historisch betrachtet kaum eine Rolle. In seiner frühen Rechtsprechung wirkte der EuGH auch nicht sehr grundrechtssensibel. Dieser Eindruck entstand vor allem dadurch, dass „der Gerichtshof Rügen, die sich auf eine Verletzung nationaler Grundrechte stützten, als unzulässig zurückwies, ohne auf das Grundrechtsproblem selbst überhaupt einzugehen.“[175]

Ab dem Ende der 1960er Jahre korrigierte der Gerichtshof seine Rechtsprechung und sah die Grundrechte als allgemeine Rechtsgrundsätze an, die auch im Gemeinschaftsrecht verankert sind.[176]

Als erster hatte Generalanwalt Römer im Verfahren **Stauder gegen die Stadt Ulm**[177] im Jahr 1969 die Auffassung vertreten, dass gemeinsame Wertvorstellungen des nationalen Verfassungsrechts, insbesondere der nationalen Grundrechte

173 Vereinte Nationen (1966 i.g.F.), Internationaler Pakt uber burgerliche und politische Rechte, Artikel 10, Absatz 1. Wortlaut im englischen Original: *„All persons deprived of their liberty shall be treated with humanity and with respect for the inherent dignity of the human person.“*

174 Vgl. Walter, 2014, Kommunikationsfreiheiten, S. 502.

175 Walter, Die europäische Grundrechtsidee, S. 10.

176 Vgl. Walter, 2009, Die europäische Grundrechtsidee, S. 10.

177 Vgl. EuGH, 12.11.1969, Stauder gegen Stadt Ulm, Sozialamt. Dem Gerichtshof wurde folgende Frage zur Vorabentscheidung vorgelegt: „Ist es mit den allgemeinen Rechtsgrundsätzen des geltenden Gemeinschaftsrechts vereinbar, dass die Entscheidung der Kommission der Europäischen Gemeinschaften vom 12. Februar 1969 – (69/71/EWG) – bei der Abgabe verbilligter Butter an Empfänger bestimmter sozialer Hilfen

zu ermitteln sind, die als ungeschriebener Bestandteil des Gemeinschaftsrechts beachtet werden müssen. Damit schloss er sich der damals herrschenden Lehre an.[178] Ein Jahr später betonte der Gerichtshof in seiner Entscheidung **Internationale Handelsgesellschaft mbH gegen Einfuhr- und Vorratsstelle für Getreide und Futtermittel**, „dass der Anwendungsvorrang des Gemeinschaftsrechts auch das nationale Verfassungsrecht und dessen Grundrechtsgarantien betreffe. Im Anschluss daran stellte der Gerichtshof aber fest, dass ein gemeinschaftsrechtlicher Grundrechtsschutz durch den Gerichtshof erfolge, der von den ‚gemeinsamen Verfassungsüberlieferungen der Mitgliedstaaten' getragen sei."[179]

Dass nicht nur die gemeinsamen Verfassungsüberlieferung der Mitgliedstaaten, sondern auch andere von den Mitgliedstaaten abgeschlossene völkerrechtliche Verträge über den Schutz der Menschenrechte im Rahmen des Gemeinschaftsrechts zu berücksichtigen sind, führte der EuGH im Jahr 1974 in der Entscheidung **Nold Kohlen- und Baustoffgroßhandel gegen Kommission der Europäischen Gemeinschaften** aus.[180]

In der Folge hob der Gerichtshof die Bedeutung der EMRK gegenüber anderen völkerrechtlichen Verträgen mehrfach hervor. Anders als vor dem EGMR, dessen Ziel es ist, einen grundrechtlichen Mindeststandard in den Rechtsordnungen der Vertragsstaaten des Europarats durchzusetzen, geht es bei der Frage des Grundrechtsschutzes im Rahmen der Europäischen Gemeinschaft aber vor allem darum, „wie Grundrechte gegenüber einer nicht-staatlichen Hoheitsgewalt gesichert werden können."[181] Dennoch stützt sich der EuGH mittlerweile ganz selbstverständlich auf die Entscheidungen des Europäischen Gerichtshofs für Menschenrechte, wenn es um die Auslegung der EMRK geht.[182]

Trotz oder, wie WALTER vermutet, vielleicht gerade wegen dieser Rechtsprechungspraxis des EuGH wurde es oft als unbefriedigend empfunden, dass diese Grundrechte nicht schriftlich fixiert sind. Um dies zu ändern gab und gibt es zwei unterschiedliche Ansätze: Zum einen sollte ein eigener Grundrechtskatalog

---

diese Abgabe an eine Offenbarung des Namens des Empfängers gegenüber den Verkäufern knüpft?"

178 Vgl. Walter, 2009, Die europäische Grundrechtsidee, S. 11.

179 EuGH, 17.12.1970, Internationale Handelsgesellschaft mbH gegen Einfuhr- und Vorratsstelle fur Getreide und Futtermittel, S. 1135, Rn 4; zit. auch n. Walter, 2009, Die europäische Grundrechtsidee, S. 11.

180 Vgl. EuGH, 14.05.1974, J. Nold, Kohlen- und Baustoffgroßhandel gegen Kommission der Europäischen Gemeinschaften, S. 507, Rn. 13.

181 Walter, 2009, Die europäische Grundrechtsidee, S. 10.

182 Vgl. Walter, 2009, Die Europäische Grundrechtsidee, S. 11.

für das Gemeinschaftsrecht formuliert werden, zum anderen wurde auch überlegt, ob nicht die Union als solche der EMRK beitreten sollte. Die Kommission dachte diesen Beitritt schon im Jahr 1979 in einem Memorandum an, das Europäische Parlament äußerte sich zu diesem Plan ebenfalls positiv.[183]

3.5.1 Die Diskussion über den Beitritt der Europäischen Union zur EMRK

In seiner aktuellen Fassung wirft Artikel 6 EUV nicht nur die Frage nach dem Verhältnis zwischen der EMRK und den Verfassungsüberlieferungen der Mitgliedstaaten auf – laut GRABENWARTER haben die nationalen Traditionen subsidiäre, bestenfalls bestätigende, Wirkung[184] – sondern auch jene, ob die Union selbst der EMRK beitreten soll.[185]

Die Diskussion darüber wurde sehr kontrovers geführt, denn diesem Beitritt standen, wie WALTER es formuliert, „mehrere Hindernisse"[186] entgegen.

Mit dem Inkrafttreten des 14. Zusatzprotokolls am 1. Juni 2010 wurden diese jedoch zumindest auf Seiten des Europarats ausgeräumt. Seither ist es ausdrücklich erlaubt, dass die Union der Konvention beitritt.

Mit Artikel 17 des Protokolls wurde in Artikel 59 der Konvention ein Absatz 2 eingefügt, der lautet: „Die Europäische Union kann dieser Konvention beitreten".[187] Bis zu diesem Zeitpunkt konnte die EMRK nur von Mitgliedern des Europarats unterzeichnet werden, und die Satzung des Europarats sieht nur den Beitritt von Staaten vor.[188]

Ob das Gemeinschaftsrecht diesen Beitritt zulässt, war auch fraglich.

---

183 Vgl. Walter, 2009, Die europäische Grundrechtsidee, S. 13.

184 Vgl. Grabenwarter, 2009, Europäische Menschenrechtskonvention, S. 23.

185 Vgl. Europäische Union (01.12.2009 i.g.F.). Vertrag über die Europäische Union (EU-Vertrag), Art. 6. Verfügbar unter: dejure.org/gesetze/EU [22.09.2014].

186 Walter, 2009, Die europäische Grundrechtsidee. Geschichte und Entwicklung der Europäischen Grundrechte und Grundfreiheiten, S. 13–14.

187 Europarat, 13.05.2004, Protokoll Nr. 14 zur Konvention zum Schutz der Menschenrechte und Grundfreiheiten über die Änderung des Kontrollsystems der Konvention, Bereinigte Übersetzung zwischen Deutschland, Liechtenstein, Österreich und der Schweiz abgestimmte Fassung), Art. 17. Verfügbar unter: conventions.coe.int/treaty/ger/treaties/html/194.htm [14.09.2014].

188 Europarat, 05.05.1949, Die Satzung des Europarates, amtliche Übersetzung Deutschlands, Verfügbar unter: conventions.coe.int/Treaty/ger/Treaties/Html/001.htm [14.09.2014] Artikel 4: „Jeder europäische Staat, der für fähig und gewillt befunden wird, die Bestimmungen des Artikels 3 zu erfüllen, kann durch das Minister-Komitee aufgefordert werden, Mitglied des Europarats zu werden."

Der EuGH hielt in seinem Gutachten 2/1994 und somit vor Inkrafttreten des Vertrags von Lissabon im Jahr 2009 fest, dass der Gemeinschaft die Zuständigkeit fehlt, der Konvention beizutreten. Er stützte sich dabei auf seine ständige Rechtsprechung, wonach die Gemeinschaft im Außenverhältnis nur dann die Kompetenz zum Abschluss völkerrechtlicher Verträge hat, wenn sie auch im Innenverhältnis nach dem Prinzip der begrenzten Einzelermächtigung dafür zuständig wäre, und der Beitritt zur EMRK wurde eine so grundlegende Änderung des Grundrechtsschutzes mit sich bringen, dass er nicht auf die Vertragsabänderungsklausel des Artikels 235 EGV (308 EUV) gestützt werden kann.[189]

Seit der Vertrag von Lissabon aber in Kraft ist, könnte die EU der EMRK beitreten, was zur Folge hätte, dass analog zur Möglichkeit, den EGMR nach Erschöpfung der nationalen Rechtsbehelfe anzurufen, auch gegen die Entscheidungen des EuGH beim EGMR Beschwerde eingelegt werden könnte. Überprüfbar wären auf diesem Weg nicht nur das Sekundär- und Tertiärrecht der EU, sondern auch das Primärrecht, also die EU-Verträge. Verstoße der EU gegen die EMRK wurden die konventionsrechtliche Haftung nach Artikel 41 auslösen.[190] „Je nach Zusammensetzung des Spruchkörpers des EGMR,[191] konnte dies zur Folge haben, dass ausschließlich Richter über EU-Recht urteilen, die keinem der Mitgliedstaaten der EU angehören",[192] gibt EHLERS in diesem Zusammenhang zu bedenken.

3.5.2 Die Charta der Grundrechte der Europäischen Union

Während die Frage eines möglichen Beitritts der EU zur EMRK also heftig diskutiert wird, hat die Union im Jahr 2000 eine eigene Charta der Grundrechte verabschiedet. Laut Artikel 6 EUV steht diese Charta rechtlich auf der gleichen Stufe wie der Vertrag über die Europäische Union und der Vertrag über die Arbeitsweise der Europäischen Union.[193]

BERKA bezeichnet diese Grundrechtecharta als den „bisher anspruchsvollsten Versuch einer Kodifizierung der Grundfreiheiten und Menschenrechte",[194] auch nach Ansicht WALTERs enthält sie „die modernste Systematisierung der Grundrechte."[195] Er hält sie für den repräsentativen Ausdruck des derzeitigen

189 Vgl. EuGH, 28.03.1996, Gutachten 2/94.
190 Vgl. Ehlers, 2009, Die Europäische Menschenrechtskonvention, S. 49.
191 Mehr dazu siehe unten, S. 66.
192 Ehlers, 2009, Die Europäische Menschenrechtskonvention, S. 49.
193 Vgl. Walter, 2009, Die europäische Grundrechtsidee, S. 15.
194 Berka, Persönlichkeitsschutz und Massenmedien im Lichter der Grundfreiheiten der Massenmedien, S. 506.
195 Walter, 2009, Die europäische Grundrechtsidee, S. 15.

Grundrechtestandards in der Gemeinschaft und schon aus diesem Grund für wegweisend. Dies begründet er unter anderem mit dem Zustandekommen der Konvention im Rahmen eines Konvents, mit dessen Zusammensetzung und dessen Handeln nach dem Konsensprinzip.[196]

Bei der Ausarbeitung dieses Vertragswerks orientierte sich dieser Konvent stark an der Europäischen Menschenrechtskonvention. Sogar deren ungenaue Wortwahl in der deutschen Fassung von Artikel 10 EMRK hat er in Artikel 11 EGC übernommen. Während in der englischen und in der französischen Fassung von *freedom of expression* bzw. *liberté d'expression* die Rede ist, spricht der deutsche Text von Meinungsfreiheit.[197] Anders als die englische und die französische Fassung nimmt die deutsche im Titel des Artikels also Bezug auf das subjektive Element der Meinung.[198] In Artikel 11 EGC aber steht ausdrücklich, dass nicht nur Meinungen in den Schutzbereich der jeweiligen Konvention fallen, sondern auch Informationen und Ideen.

Der Einfluss der EMRK geht jedoch über solche vordergründige Parallelen hinaus. In der Präambel heißt es, dass die Charta „unter Achtung der Zuständigkeiten und Aufgaben der Union und des Subsidiaritätsprinzips die Rechte, die sich vor allem aus den gemeinsamen Verfassungstraditionen und den gemeinsamen internationalen Verpflichtungen der Mitgliedstaaten, aus der Europäischen Konvention zum Schutz der Menschenrechte und Grundfreiheiten, aus den von der Union und dem Europarat beschlossenen Sozialchartas sowie aus der Rechtsprechung des Gerichtshofs der Europäischen Union und des Europäischen Gerichtshofs für Menschenrechte ergeben",[199] bekräftigt.

Nach Ansicht GRABENWARTERs wird aus dieser Formulierung deutlich, dass die EMRK jene Grundrechtsverfassung ist, „aus deren Fundus alle künftigen vergleichbaren Rechtsakte schöpfen werden."[200] Dass die Auslegung der Charta auf diese Weise auch auf die umfangreiche EGMR-Rechtsprechung zurückgreifen kann, garantiert zudem „von Beginn an Rechtssicherheit bei der Anwendung der Charta und sichert den Einfluss der EMRK und des EGMR

196 Vgl. Walter, 2009, Die europäische Grundrechtsidee, S. 15.

197 Vgl. Europäische Gemeinschaften, 18.12.2000, Charta der Grundrechte der Europäischen Union, Artikel 10 und 11. In: Amtsblatt der Europäischen Gemeinschaften, C 364, www.europarl.europa.eu/charter/pdf/text_de.pdf [30.04.2014].

198 GERING zeigt das Problem dieser irreführenden Formulierung in ihrer Analyse von Artikels 10 EMRK auf, siehe unten, S. 102.

199 EGC, Präambel, Punkt 5

200 Grabenwarter, 2009, Europäische Menschenrechtskonvention, S. 23.

unabhängig vom künftigen rechtlichen Schicksal der Charta im Recht der Europäischen Union."[201]

Diese Formulierung zeigt aber auch eine Schwierigkeit auf, die sich aus der Verabschiedung der Charta ergibt, eine mögliche Doppelgleisigkeit der Verfahren nämlich, sind doch alle EU-Staaten auch Mitglieder des Europarats. Es muss daher auch im Sinne der Rechtssicherheit versucht werden zu vermeiden, dass zwei getrennte Schutzsysteme in Person ihrer jeweiligen Gerichtshofe unterschiedliche, ja vielleicht sogar widersprüchliche Urteile in Bezug auf die gleichen Fragen fällen, fordert etwa EGMR-Richterin STEINER.[202] Die Sorge, dass durch unterschiedliche Gerichte unterschiedliche Schutzstandards entstehen könnten, hält HECTOR für verständlich, er weist aber darauf hin, dass diese Gefahr schon heute besteht. Zu Gunsten der EU-Grundrechtecharta führt er vor allem ins Treffen, dass ein potentieller Jurisdiktionskonflikt die Sinnhaftigkeit eines eigenen Grundrechtekatalogs der EU nicht an sich negiert, und er warnt davor, ein falsches Konkurrenzdenken herbeizureden.[203] Abgesehen von dieser Gefahr sieht auch Steiner die Kodifizierung positiv. Sie sei eine „natürliche Weiterentwicklung auf EU-Ebene, welche den Menschenrechtsschutz in Europa weiter konsolidieren soll."[204]

Bei aller Bedeutung der politischen Aussage zu einem gemeinsamen europäischen Grundrechtestandard, eine rechtliche Bindung der Gemeinschaftsorgane impliziert die Charta nicht.[205]

Wer sich in einem der festgeschriebenen Rechte von einem EU-Organ unmittelbar und individuell beeinträchtigt fühlt, kann Klage beim EuGH einbringen, wer dagegen glaubt, dass ein staatliches Organ dieses Recht nicht achtet, unterliegt der staatlichen Gerichtsbarkeit. Im Wege eines Vorabentscheidungsverfahrens ex Artikel 234 EGV aber können auch diese Fälle an den EuGH verwiesen werden. Im Gegensatz zu vielen völkerrechtlichen Verträgen, die das Prinzip der Mediatisierung des Individuums nur zum Teil durchbrechen, geht es in diesem supranationalen Vertrag darum, die Rechte des Einzelnen wirksam zu schützen.

Für die Lösung des Spannungsverhältnisses zwischen Persönlichkeitsschutz und Pressefreiheit von Bedeutung ist hier zum einen Artikel 7 EGC, der jeder Person das Recht auf Achtung ihres Privat- und Familienlebens, der Wohnung und der Kommunikation gewährleistet. Auch Artikel 8 spielt bei der Beurteilung

---

201 Grabenwarter, 2009, Europäische Menschenrechtskonvention, S. 26.

202 Vgl. Steiner, 2010, Der Maßstab fur den Menschenrechtsschutz im großen Europa, S. 757.

203 Vgl. Hector, 2002, Die Charta der Grundrechte der Europäischen Union, S. 184–185.

204 Steiner, 2010, Der Maßstab für den Menschenrechtsschutz im großen Europa, S. 757.

205 Vgl. Walter, 2009, Die europäische Grundrechtsidee, S. 15.

einschlägiger Fragen eine Rolle, ist er doch ausdrücklich dem Schutz personenbezogener Daten gewidmet.[206] In einer gerichtlichen Auseinandersetzung muss man sich dem Schutzumfang des allgemeinen Persönlichkeitsrechts also auch hier über das Zusammenspiel einzelner, positiver Rechte nähern.[207]

Was die Pressefreiheit anbelangt, geht die EU in dieser Konvention einen neuen Weg. Artikel 11 EGC gewährleistet die Medienfreiheit erstmals als ein selbständiges Recht und bestimmt ausdrücklich, dass „Freiheit und Pluralität der Medien zu achten sind."[208] Für MEYER spricht diese explizite Aufnahme der Medienfreiheit in den Grundrechtskatalog dafür, dass sich die Wahrnehmung der Medien gewandelt hat, dass sie als gesellschaftliche Instanz anerkannt sind.[209] Es sei absehbar, dass der Gesichtspunkt der Medienvielfalt aus Art. 11 Abs 2 GRC eine wichtige Rolle spielen wird, hält WALTER fest, und zwar selbst dann, wenn der EuGH an seiner eher vorsichtigen Rechtsprechung festhalten sollte.[210]

Zur Entscheidung, in der Pressefreiheit mehr als nur einen Unterfall der Meinungsfreiheit zu sehen und sie zu einer eigenen Garantie zu machen, kam die eingesetzte Kommission erst im Laufe ihrer Arbeit.

Der EuGH hatte zwar schon zuvor festgestellt, dass „die Meinungs-, Presse- und Informationsfreiheit zu den ungeschriebenen Grundrechten des Gemeinschaftsrechts zählen",[211] dennoch sollte ursprünglich lediglich darauf verwiesen werden, dass die Meinungs- und Informationsfreiheit auf EU-Ebene dieselbe Tragweite haben wie in der Europäischen Menschenrechtskonvention.[212]

---

206 Vgl. Europäische Gemeinschaften, 18.12.2000, Charta der Grundrechte der Europäischen Union, Artikel 7 und 8.

207 Vgl. Martin, 2007, Das allgemeine Persönlichkeitsrecht in seiner historischen Entwicklung, S. 284.

208 Europäische Gemeinschaften, 18.12.2000, Charta der Grundrechte der Europäischen Union, Artikel 11.

209 Vgl. Meyer, [2]2006, Charta der Grundrechte der Europäischen Union, S. 197.

210 Walter, 2014, Kommunikationsfreiheiten, S. 502.

211 EuGH, 17.01.1984, Rs 43/1982, Skg. 1984, 19, 62, R 33f, VBVB/VBBB; EuGH 11.07.1985, Rs 60/1984, Slg. 1985, 2605, 3627, R 25f., Cinéthèque; EuGH, 26.04.1988, Rs 352/1985, Slg. 1988, 2085, 2136, R 40f., Bond van Adverterders; EuGH 18.06.1991, Rs C-260/1989, Slg. 1991 I-2925, 2963f., R 41–45, Ert; EuGH 25.07.1991, Rs C-288/1989, Slg. 1991 I-4007, 4043, R 23, Stichting Collective Antennevoorziening Gouda; EuGH 25.07.1991, Rs C-353/1989, Slg. 1991 I-4069, 4097, R 30, Mediawet, zit. n. Engel, 2000, Die Europäische Grundrechtscharta und die Presse, Fn. 169.

212 Vgl. Kühling, 2006, Kommunikationsfreiheit (Meinungsäußerungs- und Informationsfreiheit), S. 696. Seit dem Vertrag von Lissabon 2009 sind alle Voraussetzungen dafür geschaffen, dass die EU der EMRK beitritt; mehr dazu siehe S. 46.

Teil 2: Die Europäische Menschenrechtskonvention

Da es auf internationaler Ebene auch wegen des ausbrechenden Ost-West-Konflikts nicht gelungen war, einen verbindlichen Vertrag zum Schutz der Menschenrechte zu verabschieden, setzten die Mitglieder des Europarats dieses Vorhaben auf regionaler Ebene um.[213] Die Europäische Konvention zum Schutz der Menschenrechte und Grundfreiheiten, meist Europäische Menschenrechtskonvention genannt, wurde im Jahr 1950 in Rom verabschiedet, trat 1953 in Kraft und wurde seither durch 16 Zusatzprotokolle[214] ergänzt, das Protokoll Nr. 15 vom 24.06.2013 sowie das Protokoll Nr. 16 vom 2.10.2013 sind jedoch noch nicht in Kraft getreten.

Sie ist ein multilateraler völkerrechtlicher Vertrag und beruht auf dem politischen Konsens der Vertragsstaaten, auch *common ground* genannt. Die EMRK gilt als das weltweit wichtigste System zur Fortentwicklung und Institutionalisierung des Menschenrechtsschutzes. Sie ist verbindlich und unmittelbar anwendbar.

Seit den 1970er Jahren werden nur noch Staaten in den Europarat aufgenommen, die neben dem Statut des Europarats auch die EMRK unterzeichnen und sich dazu verpflichten, diese innerhalb eines Jahres zu ratifizieren.[215] Schon vor dieser Ratifizierung haben die jeweiligen Staaten zu überprüfen, welche nationalen Gesetze an die EMRK selbst bzw. die EGMR-Rechtsprechung angepasst werden müssen. STEINER spricht in diesem Zusammenhang von einer „vorgreifenden und präventiven Wirkung".[216] Sogar in Frankreich, wo es traditionell keine nachträgliche Verfassungskontrolle bereits in Kraft getretener Gesetze gibt, überprüfen Fachgerichte, ob ein Gesetz mit der EMRK vereinbar ist.[217]

Die Gewährleistungen dieser Konvention sind bestimmt und klar genug, um Grundlage eines Rechtsanwendungsaktes zu sein. Mit anderen Worten: Die EMRK begründet nicht nur ein Rechtsverhältnis zwischen Staaten, ihre Normen betreffen

---

213 Vgl. Bürgenthal & Thürer, 2010, Menschenrechte. Ideale, Instrumente, Institutionen, S. 192–193.

214 Mehr zu den Zusatzprotokollen der EMRK siehe unten, S. 60.

215 Vgl. Steiner, 2010, Der Maßstab für den Menschenrechtsschutz im großen Europa, S. 748.

216 Steiner, 2010, Der Maßstab für den Menschenrechtsschutz im großen Europa, S. 753.

217 Vgl. Walter, 2009, Die europäische Grundrechtsidee, S. 5. 52

auch den Einzelnen.[218] Die verbesserte Stellung des Einzelnen spiegelt sich auch in der hohen Arbeitsbelastung des für Beschwerden zuständigen Europäischen Gerichtshofs für Menschenrechte wider. In einem durchschnittlichen Jahr gehen beim EGMR trotz seines kleineren Geltungsbereichs mehr Individualbeschwerden ein als etwa beim Menschenrechtsausschuss der Vereinten Nationen.[219]

1. Bedeutung, Rechtsstellung und Ziel der Europäischen Menschenrechtskonvention

In der Präambel der EMRK berufen sich die Vertragsstaaten des Europarats nicht nur auf ihre gemeinsame Verfassungstradition,[220] sondern auch auf die Allgemeine Erklärung der Menschenrechte des Jahres 1948,[221] und sie bekräftigen ihren Glauben an diese Grundfreiheiten.[222] Wie erwähnt geht die Europäische Menschenrechtskonvention im völkerrechtlichen Kontext aber neue Wege. Sie regelt nicht nur die Beziehung zwischen Staaten oder internationalen Organisationen und Staaten, sondern auch zwischen Staaten und Individuen und verleiht diesen somit partielle Völkerrechtssubjektivität.[223]

Im Laufe der Zeit hat sich die Konvention auch aus diesem Kontext emanzipiert.[224] BÜRGENTHAL und THÜRER bezeichnen Europa als eine „Art ‚Laboratorium' für die Erprobung und Festigung neuartiger ‚quasi-konstitutioneller' Formen des Menschenrechtsschutzes."[225] Mittlerweile wird die Konvention auch als eine Art „*Constitutional bill of rights*"[226] bezeichnet, die Einfluss auf den Menschenrechtsschutz in ganz Europa nimmt, oder auch als ein „unaufgebbares, zur Verfassungsstruktur … gehörendes Essentiale".[227]

---

218 Vgl. Bürgenthal & Thürer, 2010, Menschenrechte. Ideale, Instrumente, Institutionen, S. 235.

219 Vgl. Gering, 2012, Pressefreiheit in regionalen Menschenrechtssystemen, S. 13; mehr zur Arbeit(-sbelastung) des EGMR siehe unten, S. 77.

220 Mehr dazu siehe oben, S. 59.

221 Mehr dazu siehe oben, S. 41.

222 Vgl. Europarat, 1950 i.g.F., Die Europäische Menschenrechtskonvention, nicht verbindliche deutsche Übersetzung, Präambel.

223 Vgl. u.a. Ehlers, 2009, Die Europäische Menschenrechtskonvention, S. 28.

224 Vgl. Grabenwarter, 2009, Europäische Menschenrechtskonvention, S. 5.

225 Bürgenthal & Thürer, 2010, Menschenrechte. Ideale, Instrumente, Institutionen, S. 187.

226 Steiner, 2010, Der Maßstab für den Menschenrechtsschutz im großen Europa, S. 753.

227 BverfGE 37, 271 (280); zu Grundrechten als Verfassungsinhalt vgl. Jestaedt, Grundrechtsentfaltung im Gesetz, 1999, S: 8ff, 42ff., zit n. Grabenwarter, 2009, Europäische Menschenrechtskonvention, S. 6. 53

Da die Staaten des Europarats einen Teil ihres materiellen Verfassungsrechts in die „Komplementärverfassung"[228] oder „Nebenverfassung"[229] EMRK ausgelagert haben, scheint es auch zutreffend, „diese mit dem EGMR als Verfassungsinstrument[230] und mit Stimmen aus der Literatur als Teil des *‚ordre public européen*[231], als Europäische Menschenrechtsverfassung[232] (...) oder als ‚Konstitutionalisierungsprozess'[233] zu bezeichnen."[234] Manche sprechen sogar von einer „Europäischen Grundrechtsverfassung".[235] Der EGMR selbst verwendet den Begriff *„constitutional Instrument of European Public Order."*[236]

Die Stellung der Konvention variiert von Vertragsstaat zu Vertragsstaat: In Österreich etwa steht die EMRK im Verfassungsrang, in den Niederlanden genießt sie sogar Vorrang vor dem Verfassungsrecht.[237] In den meisten Staaten,

---

228 Zum Begriff: Läufer, Zur kunftigen Verfassung der Europäischen Union – Notwendigkeit einer offenen Debatte, Integration 1994, 204 (207); vgl. auch Pernice, Kompetenzabgrenzung im Europäischen Verfassungsverbund, JZ 2000, 866ff., zit. n. Grabenwarter, 2009, Europäische Menschenrechtskonvention, S. 6.

229 Uerpmann, Völkerrechtliche Nebenverfassungen, in: v. Bogdandy (Hg.), Europäisches Verfassungsrecht, 2003, S. 339 (357ff.), zit. n. Grabenwarter, 2009, Europäische Menschenrechtskonvention, S. 6.

230 EGMR, 23.3.1995, Loizidou (Preliminary Objections) gegen Turkei, Nr. 15318/1989, Z. 75 („constitutional instrument of European public order"), zit. n. Grabenwarter, 2009, Europäische Menschenrechtskonvention, S. 6.

231 Häberle, Gemeineuropäisches Verfassungsrecht, EuGRZ 1991, 261 (265), zit. n. Grabenwarter, 2009, Europäische Menschenrechtskonvention, S. 6.

232 Frowein, Der europäische Menschenrechtsschutz als Beginn einer europäischen Verfassungsrechtsprechung, JuS 1986, 845ff., zit. n. Grabenwarter, 2009, Europäische Menschenrechtskonvention, S. 6.

233 Walter, Die Europäische Menschenrechtskonvention als Konstitutionalisierungsprozess, ZaoRV 1999, 961ff., zit. n. Grabenwarter, 2009, Europäische Menschenrechtskonvention, S. 6.

234 Grabenwarter, 2009, Europäische Menschenrechtskonvention, S. 6.

235 Hoffmeister, Die Europäische Menschenrechtskonvention als Grundrechtsverfassung und ihre Bedeutung in Deutschland, Der Staat 2001, 349 (353ff.), zit. n. Grabenwarter, 2009, Europäische Menschenrechtskonvention, S. 6.

236 EGMR, ZaoRV 56 (1996), 439, Rz 75 – Loizidou, mit Besprechung von H-K Ress ebd 427ff., zit. n. Walter, 2009, Die europäische Grundrechtsidee, S. 3.

237 Explizit van Dijk, FS Ermacora, S. 638f.; vgl. ferner Myjer, Dutch interpretation of the European Convention: a double system?, FS Wiarda, 1988, S. 421ff., zit. n. Grabenwarter, 2009, Europäische Menschenrechtskonvention, S. 16.

darunter auch Deutschland und Italien, steht die EMRK aber nur im Rang eines einfachen Gesetzes.[238]

Dass die Stellung der Konvention in den einzelnen Vertragsstaaten sehr unterschiedlich ist, liegt daran, dass die EMRK selbst im Gegensatz etwa zum Recht der Europäischen Gemeinschaft keine Vorgaben über ihren Rang und ihre Wirkungsweise im nationalen Recht der Konventionsstaaten enthält. Ohne dass eine rechtliche Verpflichtung hierzu bestünde, haben mittlerweile aber alle Mitgliedstaaten die Konvention – auf welche Weise auch immer – in ihr nationales Recht inkorporiert.[239]

Auch in den Ländern, in denen die EMRK in einfachem Gesetzesrang steht, wird sie bei der Auslegung nationaler Grundrechte zu Hilfe gezogen.[240] Besonders wichtig für die Wirkung der Konvention war der britische Human Rights Act, der im Jahr 2000 in Kraft trat. Ohne diese Inkorporierung hätte die EMRK, die trotz aller Sonderstellung ein völkerrechtlicher Vertrag ist, nach britischem Verfassungsrecht keine unmittelbaren Rechte und Pflichten für den Einzelnen begründen können.[241]

Auch über die Grenzen des Europarats hinaus steigt die Bedeutung der EMRK. Sowohl der verbesserte digitale Zugang zu den Entscheidungen der Straßburger Richter als auch die verstärkte Kommunikation mit Mitgliedern anderer Gerichte fuhren dazu, dass die Urteile des EGMR ein immer größeres Echo in Drittstaaten haben. Auch Obergerichte in Kanada und Sudafrika berufen sich in einschlägigen Urteilen auf die Rechtsprechung des EGMR, und zahlreiche frühere britische Kolonien übernahmen Bestimmungen der EMRK nach ihrer Unabhängigkeit in ihre Verfassungen.[242]

Das Ziel der Konvention ist es auch, eine größere Einigkeit unter den Mitgliedern des Europarats herbeizufuhren und den Schutz der Menschenrechte fortzuschreiben, weshalb man auch von einem *law making treaty* oder Gesetzesvertrag spricht.[243] Weiterentwickelt wird der Schutz der Menschenrechte zum einen durch die Verabschiedung von Zusatzprotokollen, zum anderen wurde die Konvention auch durch die mehr als 17.000 zwischen 1959 und 2013 ergangenen

238 Vgl. u.a. Grabenwarter, 2009, Europäische Menschenrechtskonvention, S. 16.
239 Vgl. Grabenwarter, 2009, Europäische Menschenrechtskonvention, S. 15.
240 Vgl. Grabenwarter, 2009, Europäische Menschenrechtskonvention, S. 15.
241 Vgl. Walter, 2009, Die europäische Grundrechtsidee, S. 6.
242 Steiner, 2010, Der Maßstab für den Menschenrechtsschutz im großen Europa, S. 754.
243 Vgl. Grabenwarter, 2009, Europäische Menschenrechtskonvention, S. 4.

Urteile des EGMR[244] an die politischen, wirtschaftlichen und gesellschaftlichen Veränderungen angepasst.[245]

2. Souveränität der Vertragsstaaten und Subsidiarität

Da die Orientierung an einem gemeinsamen Mindeststandard eine „weit höhere Berechenbarkeit hat als die nur beschränkt nachvollziehbare Entwicklung der Grundrechtsmaßstäbe aus einer Rechtsvergleichung",[246] wird dieser dem in der Präambel der EMRK formulierten Ziel der Entwicklung eines gemeinsamen Menschenrechtsschutzstandards in allen Ländern des Europarats gerechter. Die Vertragsstaaten berufen sich darauf, dass sie „vom gleichen Geiste beseelt sind und ein gemeinsames Erbe an geistigen Gütern, politischen Überlieferungen, Achtung der Freiheit und Vorherrschaft des Gesetzes besitzen".[247]

Dennoch nimmt der EGMR bei der Auslegung der Normen auch auf Verfassungstraditionen und nationale Besonderheiten Rucksicht. Den gemeinsamen Nenner zwischen diesen, mit anderen Worten den europäischen Standard, sucht der Gerichtshof auch mit Hilfe der wertenden Rechtsvergleichung.[248]

2.1 *Common ground* und Subsidiarität

Der EGMR ist dazu angehalten, sich nach dem Grundsatz der Subsidiarität zu richten. Auf diese Weise soll sichergestellt werden, dass im Einzelfall die für die Betroffenen günstigste Regelung angewandt wird.[249] Auch das Prinzip der Erschöpfung des innerstaatlichen Rechtswegs,[250] das Konzept des Ermessensspielraums, den der Gerichtshof den Vertragsstaaten gewährt,[251] und das Günstigkeitsprinzip[252] gehen auf die Subsidiarität des Übereinkommens zurück.[253]

---

244 Vgl. Europarat, 2014, ECHR 1959–2013, Overview, S. 3.

245 Steiner, 2010, Der Maßstab für den Menschenrechtsschutz im großen Europa, S. 752.

246 Kühling, 2006, Kommunikationsfreiheit (Meinungsäußerungs- und Informationsfreiheit), S. 654.

247 Europarat, 1950 i.g.F., Die Europäische Menschenrechtskonvention, nicht verbindliche deutsche Übersetzung, Präambel.

248 Vgl. Grabenwarter/Pabel, Menschenrechtskonvention, §5 Rz 12ff, zit. n. Karner, 2014, Menschenrechte und Persönlichkeitsschutz in Österreich und Europa, S. 34.

249 Vgl. Grabenwarter, 2009, Europäische Menschenrechtskonvention, S. 13.

250 Mehr dazu siehe unten, S. 72.

251 Mehr dazu siehe unten, S. 120.

252 Mehr dazu siehe unten, S. 93.

253 Vgl. Bürgenthal & Thürer, 2010, Menschenrechte. Ideale, Instrumente, Institutionen, S. 234.

Wichtig ist die subsidiäre Anwendung der Konvention vor allem, weil diese auf Basis der gemeinsamen Verfassungstraditionen ihrer Vertragsstaaten, des so genannten *common ground,* ausgearbeitet wurde, die Vorstellungen über die Grundrechte und deren Schutz auch in diesem regionalen Umfeld dann aber doch nicht so ähnlich sind wie man vielleicht glauben konnte. Vor allem die Moralvorstellungen unterscheiden sich zum Teil deutlich. Im Urteil im Fall **Handyside gegen Großbritannien** stellte der EGMR dazu fest, dass die staatlichen Behörden die Verhältnisse vor Ort besser kennen, weshalb sie auch besser über den Inhalt der jeweiligen Anforderungen urteilen können als die Organe des Europarats. Er begründete dies unter anderem damit, dass die Anforderungen an die Moral in den verschiedenen Ländern unterschiedlich sind.[254] Das Prinzip der Subsidiarität steht neben der „Margin of Appreciation"-Doktrin im Mittelpunkt des 15. Zusatzprotokolls, das der Europarat Ende 2013 verabschiedet hat, das aber, wie bereits erwähnt, noch nicht in Kraft getreten ist. Mit dieser Ergänzung der EMRK will der Europarat bekräftigen, dass die Mitgliedstaaten bei der Umsetzung der Konvention einen gewissen Spielraum haben. Der EGMR selbst überprüft die Übereinstimmung dieser nationalen Entscheidungen mit der Konvention.

Nicht nur die mit der Moral stark verbundene Würde des Menschen wird in den Konventionsstaaten unterschiedlich gesehen, auch bezüglich der Pressefreiheit gibt es große Uneinigkeit. „Ost und West sind politisch, wirtschaftlich, kulturell und tausendfach sonst wie vereinigt – aber nicht journalistisch"[255], kritisiert etwa JÖRGES. In Großbritannien zum Beispiel kann das öffentliche Informationsinteresse als privilegiert eingestuft werden. Mit Berufung darauf, dass ein Beitrag ein *fair comment* ist, kann das öffentliche Interesse hier viel leichter begründet werden als etwa im kontinentaleuropäischen Recht.[256] Zurückführen lässt sich das darauf, dass „die Pressefreiheit im anglo-amerikanischen Rechtsraum traditionell eine größere Rolle spielt als in Kontinentaleuropa."[257]

254 Vgl. EGMR, 1976, Handyside gegen Großbritannien, Par. 48.

255 Jorges, 2010, Den Kontinent journalistisch vereinigen: Warum wir eine Europäische Charta für Pressefreiheit brauchen, S. 325.

256 Haug, 2011, Bildberichterstattung über Prominente. Unter besonderer Berücksichtigung der Zulässigkeit der gerichtlichen Beurteilung des Informationswertes von Medienberichten, S. 60.

257 Vgl. Neumann-Klang, Sybille, 1999, Das Recht am eigenen Bild aus rechtsvergleichender Sicht, S. 152, zit. n. Haug, 2011, Bildberichterstattung über Prominente. Unter besonderer Berücksichtigung der Zulässigkeit der gerichtlichen Beurteilung des Informationswertes von Medienberichten, S. 59.

Vor allem, weil mediale Inhalte immer häufiger online veröffentlicht werden und somit weltweit abrufbar sind,[258] wären einheitliche Schutzkriterien aber sinnvoll. Jorges fordert ein gemeinsames europäisches Medienrecht,[259] KÜHLING jedoch vermutet, dass es zu keiner Annäherung kommen werde, solange es keine weitere „Verdichtung des gemeineuropäischen Medienraumes"[260] gibt.

Aus dieser Uneinheitlichkeit folgt auch, dass die Entscheidungen der Gerichte in der Praxis sehr stark davon abhängen, in welchem Staat eine Person ihre Ansprüche geltend macht. Vor britischen Gerichten haben Medien zum Beispiel kaum eine Chance, Verleumdungsverfahren zu gewinnen, weshalb sich London zum „Weltzentrum der Verleumdungsklagen"[261] entwickelt hat. Das im Fall einer behaupteten Rufschädigung greifende *Libel Law* enthält nämlich eine Beweislastumkehr, die vor Rufschädigungen schützt. Da dieses Gesetz im Zweifel also auf Seiten des Klägers steht und der Beklagte seine Unschuld beweisen muss, landen viele Verfahren auch dann vor britischen Gerichten, wenn nur ein paar Exemplare einer Zeitung in Großbritannien verkauft oder eine Website hier nur ein paar Mal aufgerufen wurde. KAMPFNER, Chef der Bürgerrechtsorganisation *Index on Censorship,* bezeichnete Großbritannien als ein „Paradies für Kläger aus der ganzen Welt."[262]

Auf der Ebene der Europäischen Union hat man erkannt, dass es klare Regeln zum Gerichtsstand für Medienklagen braucht. In Ansätzen wurde dieses Vorhaben auch schon umgesetzt. Generell gilt, dass der Betroffene gemäß Artikel 5 Nr. 3 EuGVVO selbst wählen kann, ob er am Handlungsort klagt oder am Erfolgsort.[263]

Der EuGH hat nun auch einen weiteren Gerichtsstand geschaffen. Kommt es online zu Persönlichkeitsrechtsverletzungen, soll dort verhandelt werden, wo der „Mittelpunkt der Interessen des von der Berichterstattung betroffenen Opfers"[264]

---

258 Siehe dazu auch oben, S. 36.

259 Vgl. Jorges, 2010, Den Kontinent journalistisch vereinigen: Warum wir eine Europäische Charta für Pressefreiheit brauchen, S. 325.

260 Kühling, 2006, Kommunikationsfreiheit (Meinungsäußerungs- und Informationsfreiheit), S. 677.

261 Vgl. Evers & Hulsen, 14.12.2009, Die Macht der Despoten, S. 152.

262 Vgl. Evers & Hulsen, 14.12.2009, Die Macht der Despoten, S. 152.

263 Europäische Union, 22.12.2000 i.g.F., Verordnung über die gerichtliche Zuständigkeit und die Anerkennung und Vollstreckung in Zivil- und Handelssachen, Artikel 5.

264 Zöchbauer, 2012, Was Journalisten (nicht) dürfen. Internationale Zuständigkeit bei Persönlichkeitsrechtsverletzungen im „Internet", o.S.

liegt. An diesem Gerichtsstand kann der Kläger den gesamten Schaden geltend machen, leicht zu bestimmen ist dieser Ort allerdings nicht immer.[265]

Würde der EGMR die nationalen Gegebenheiten nicht berücksichtigen, könnte es zudem zu einer Austrittswelle aus der Konvention kommen. Gemäß Artikel 58 EMRK kann jeder Staat nach Ablauf von fünf Jahren und unter einer Einhaltung einer sechsmonatigen Kündigungsfrist aus dem Vertrag austreten[266] – und ein solcher Austritt eines Staates wäre am wenigsten im Interesse der Bürger, denen die Garantien zugutekommen sollen. Bisher hat nur ein einziges Land von dieser Möglichkeit Gebrauch gemacht: Während der Zeit des Obristenregimes verließ Griechenland die Konvention von 1970 bis 1974.[267]

2.2 Der Grundsatz der Souveränität

Auf die Souveränität der Vertragsstaaten lässt sich neben der eben genannten Möglichkeit eines Austritts aus der Konvention auch deren Recht zurückführen, Vorbehalte zu erklären. Festgeschrieben ist diese Garantie in Artikel 57 EMRK, zulässig sind die Vorbehalte angelehnt an Artikel 19 WVK nur in engen Grenzen. Vorbehalte dürfen folglich nur dann erklärt werden, wenn der Vertrag sie nicht generell verbietet, der Vertrag nicht festlegt, wann und unter welchen Umständen Vorbehalte gemacht werden dürfen, und der betreffende diesen Anforderungen nicht entspricht und der Vorbehalt dem Sinn des Vertrages nicht widerspricht.[268] Diese Möglichkeit zeigt auch auf, dass die EMRK bei aller Besonderheit im Grunde ein völkerrechtlicher Vertrag geblieben ist.

Artikel 53 EMRK sieht zudem eine Art „Bestimmungsgebot“[269] für einen Vorbehalt vor. Er darf nur zu einzelnen Artikeln abgegeben werden, muss sich auf eines oder mehrere bestimmte (nationale) Gesetze beziehen und der Inhalt des Gesetzes muss genau dargelegt werden. So soll sichergestellt werden, dass der Vorbehalt keiner Vorschrift widerspricht, die der betreffende Staat zuvor

265 Vgl. Zöchbauer, 2012, Was Journalisten (nicht) dürfen. Internationale Zuständigkeit bei Persönlichkeitsrechtsverletzungen im „Internet“, o.S.

266 Vgl. Europarat, 1950 i.g.F., Die Europäische Menschenrechtskonvention, nicht verbindliche deutsche Übersetzung, Artikel 58.

267 Vgl. Grabenwarter, 2009, Europäische Menschenrechtskonvention, S. 3.

268 Vgl. Vereinte Nationen, 23.05.1969 i.g.F., Wiener Übereinkommen uber das Recht der Verträge, Artikel 19.

269 Grabenwarter, 2009, Europäische Menschenrechtskonvention, S. 8.

ausdrücklich angenommenen hat.[270] Die meisten Vorbehalte wurden zu den Verfahrensgarantien der Artikel 5 und 6 EMRK erklärt.[271]

Die Balance zwischen dem nationalen und dem internationalen Grundrechtsschutz soll auch dadurch sichergestellt werden,[272] dass jener Richter, den ein Staat an den Gerichtshof entsendet, in allen Verfahren gegen diesen dem Entscheidungsorgan von Amts wegen angehört.[273]

3. Die Fortschreibung der Konvention durch ihre Zusatzprotokolle

Da bei der EMRK anders als bei nationalen Verfassungen „keine Änderung der materiellen Garantien der Konvention durch Änderung des Normtextes"[274] möglich ist, müssen Änderungen und Ergänzungen durch Zusatzprotokolle in das Vertragswerk aufgenommen werden. Jedes Zusatzprotokoll muss von den Vertragsstaaten unterzeichnet und ratifiziert werden, damit es in Kraft tritt.

Mit den 14 bisher angenommenen Zusatzprotokollen wurde die Konvention sowohl in materieller Hinsicht als auch bezüglich des Verfahrens vor dem EGMR ergänzt und modifiziert. Die während der Entstehungsgeschichte der Konvention Ende der 1940er Jahre umstrittenen Rechte auf Eigentum, Erziehung der Kinder und freie Wahlen etwa wurden in das erste Zusatzprotokoll aufgenommen. Weitere wichtige Ergänzungen waren das Allgemeine Diskriminierungsverbot des 12. Zusatzprotokolls, das Verbot der Todesstrafe zunächst in Friedens- und seit Inkrafttreten des 13. Zusatzprotokolls auch in Kriegszeiten, das Verbot der Schuldnerhaft, das Freizügigkeitsrecht, das Verbot der kollektiven Ausweisung von Ausländern und das Recht auf Gleichberechtigung der Ehegatten während und bei der Auflösung der Ehe.[275] Zu nennen sind auch strafrechtliche Garantien wie das Verbot der Doppelbestrafung und das Recht auf ein Rechtsmittel gegen strafrechtliche Verurteilungen.[276]

---

270 Vgl. Europarat, 1950 i.g.F., Die Europäische Menschenrechtskonvention, Übersetzung, Artikel 57.

271 Grabenwarter & Pabel, 2012, Europäische Menschenrechtskonvention, S. 8.

272 Vgl. Europarat, 1950 i.g.F., Die Europäische Menschenrechtskonvention, nicht verbindliche deutsche Übersetzung, Artikel 26, Absatz 4.

273 Vgl. Europarat, 1950 i.g.F., Die Europäische Menschenrechtskonvention, nicht verbindliche deutsche Übersetzung, Artikel 26, Absatz 4.

274 Grabenwarter, 2009, Die EMRK als völkerrechtlicher Vertrag, S. 3.

275 Vgl. u.a. Walter, 2009, Die europäische Grundrechtsidee, S. 4.

276 Vgl. Walter, 2009, Die europäische Grundrechtsidee, S. 4.

Wichtige verfahrensrechtliche Neuerungen brachte das 11. Zusatzprotokoll, das 1998 in Kraft trat. Mit diesem wurde die Arbeitsweise des Gerichtshofs von Grund auf reformiert; die Einräumung des Individualbeschwerderechts ist für die Vertragsstaaten seit diesem Zeitpunkt verbindlich.[277]

Das 14. Zusatzprotokoll des Jahres 2004 veränderte das Individualbeschwerdeverfahren erneut.[278] Da es sich hierbei aber nicht um ein reines Zusatzprotokoll, sondern um ein Änderungsprotokoll handelte, konnte es erst in Kraft treten, nachdem alle Mitglieder es ratifiziert hatten. Weil Russland sich anfänglich sperrte, musste der Europarat das Behelfs-Zusatzprotokoll 14bis als vorläufige Maßnahme verabschieden, um das Gericht zu entlasten.[279]

4. Die materiellen Garantien der EMRK

Nun aber zu den Inhalten der Europäischen Konvention zum Schutz der Menschenrechte und Grundfreiheiten: Das Vertragswerk ist in drei Abschnitte gegliedert. Der erste Abschnitt (Artikel 2–18) nennt die einzelnen Rechte und Freiheiten, die von der ursprünglichen Fassung geschützt werden, der zweite (Artikel 19–51) regelt die Zusammensetzung des Europäischen Gerichtshofes für Menschenrechte und das Verfahren vor diesem Gerichtshof, dem Rechtsprechungsorgan des Europarats, und der dritte Abschnitt (Artikel 52–59) legt schließlich unter der allgemeinen Überschrift „Verschiedene Bestimmungen" etwa die Unterzeichnungsmodalitäten und die Möglichkeit der Staaten, aus der Konvention auszutreten, fest. Die einzelnen Konventionsinhalte werden noch dargestellt.[280]

4.1 Grundrechte, Grundfreiheiten, Menschenrechte - die Begriffe

Vorab aber ist eine Frage zu klären, die Artikel 1 EMRK und die Bezeichnung der Konvention aufwerfen. Im ersten Artikel sichern die „Hohen Vertragschließenden Teile" nämlich allen ihrer Jurisdiktion unterstehenden Personen die Rechte und Freiheiten dieser Konvention zu, bezeichnet wird diese als „Konvention zum Schutz der Menschenrechte und Grundfreiheiten" oder als Menschenrechtskonvention. Der dazugehörige Gerichtshof wird überhaupt nur als Europäischer Gerichtshof für Menschenrechte bezeichnet – die Grundfreiheiten finden keine Erwähnung.

---

277 Vgl. u.a. Grabenwarter, 2009, Europäische Menschenrechtskonvention, S. 4.

278 Mehr dazu siehe unten, S. 74–75.

279 Vgl. Informationsplattform humanrights.ch, 26.01.2013, Das 14. Zusatzprotokoll zur EMRK vom 13. Mai 2004 (in Kraft seit dem 1. Juni 2010), o.S.

280 Siehe unten, S. 63.

Wie bereits dargestellt sind Menschenrechte aber zum einen eben gerade nicht an einen Staat oder eine Jurisdiktion gebunden und auch nicht der Definition eines Staates, in diesem Fall ist es eine Staatengemeinschaft, unterworfen, zum anderen werden deren positivierte Pendants nicht als Menschenrechte bezeichnet, sondern als Grundrechte.[281]

Zudem wird auch Artikel 1 EMRK selbst mit den Worten „Verpflichtung zur Achtung der Menschenrechte"[282] überschrieben – von Grundrechten oder Grundfreiheiten auch hier keine Rede. Folgende Frage drängt sich daher auf: Wie unterscheiden sich Menschenrechte von Grundfreiheiten, und ist unter Grundfreiheiten und Grundrechten dasselbe zu verstehen? Gleich wie sich das deutsche Grundgesetz von 1949[283] laut POLLMANN zur Idee der Menschenrechte bekennt, indem es diese und die Grundrechte in Artikel 1 scheinbar vermischt – die Bestimmung erklärt, dass sich das deutsche Volk zu „unverletzlichen und unveräußerlichen Menschenrechten" bekennt, der dritte Absatz aber fügt hinzu, dass daher „nachfolgende Grundrechte" den deutschen Staat und seine Organe verfassungsrechtlich binden[284] –, kann man auch diese auf den ersten Blick ungenaue Bezeichnung als ein Bekenntnis der Staaten des Europarats zu den universellen Menschenrechten werten, die sie nicht abändern, sondern lediglich durchsetzbar machen.

Bleibt die Frage, ob Grundrechte und Grundfreiheiten dasselbe sind bzw. warum die EMRK überhaupt zwischen Grundfreiheiten und Menschenrechten unterscheidet. Aufgrund der Tatsache, dass Menschenrechte allen Menschen zustehen, konnte man annehmen, dass diese notstandsfest sind, die Grundfreiheiten dagegen nicht. Diese Annahme bestätigt Artikel 15 EMRK jedoch nicht.[285]

Vom Recht auf ein faires Verfahren, vom Recht auf Achtung des Privat- und Familienlebens und vom Recht auf Eheschließung kann der Staat in Krisenzeiten genauso abweichen wie von der Freiheit der Meinungsäußerung oder der Versammlungsfreiheit. Das Recht auf Eheschließung ist die einzige Bestimmung, in

281 Siehe dazu auch oben, S. 39.

282 Europarat, 1950 i.g.F., Die Europäische Menschenrechtskonvention, nicht verbindliche deutsche Übersetzung, Artikel 1 www.echr.coe.int/Documents/Convention_DEU.pdf [29.11.2013].

283 Vgl. Bundesrepublik Deutschland, 1949 i.g.F., Grundgesetz für die Bunderepublik Deutschland, www.bundestag.de/bundestag/aufgaben/rechtsgrundlagen/grundgesetz/index.html [12.11.2013].

284 Vgl. Pollmann, 2012, Menschenrechte, Grundrechte, Bürgerrechte, S. 130.

285 Zu Artikel 15 EMRK siehe auch unten, S. 64.

der sich die EMRK auf innerstaatliche Gesetze beruft und den Vertragsstaaten folglich einen besonders großen Regelungsvorbehalt einräumt.[286]

Um eine ungenaue Übersetzung handelt es sich hier auch nicht. Auch die englische und die französische Fassung „verschweigen" die *freedoms* bzw. die *libertés* im Titel von Artikel 1 EMRK. Einen Hinweis darauf, dass dieser Unterschied in der Praxis wohl keine Rolle spielt, gibt die Präambel. Die Vertragsstaaten bekräftigen hier nämlich ihren „tiefen Glauben an diese Grundfreiheiten", berufen sich dabei aber auf die Allgemeine Erklärung der Menschenrechte, die von Grundfreiheiten nicht spricht.[287]

Darüber hinaus behandeln auch Rechtsprechung und Lehre die Rechte und Freiheiten nicht unterschiedlich. KARL etwa führt die Meinungs- und Kommunikationsfreiheit genauso wie das Recht auf Achtung des Privat- und Familienlebens und das Verbot der Folter – Verbote sind gewissermaßen die dritte „Gruppe" von Konventionsinhalten, auch wenn sie im Titel des Vertragswerks überhaupt keine Erwähnung finden – bei seiner Aufzählung der wichtigsten Konventionsrechte an.[288]

Das Beispiel des verbürgten Rechts der Ehefreiheit zeigt aber auch auf, dass die Konventionsrechte nicht für alle schlagend werden, und daher eher als Grund- denn als Menschenrechte zu bezeichnen sind. Menschen, die „nicht im heiratsfähigen Alter" sind, können sich auf diese Garantie nämlich beispielsweise nicht berufen. Auch das Recht auf Einreise steht nur den eigenen Staatsbürgern zu, und bestimmte Verfahrensrechte in Bezug auf die Ausweisung können nur Ausländer für sich in Anspruch nehmen.[289]

4.2 Die Rechte und Freiheiten der EMRK im Überblick

Der erste Abschnitt der europäischen Menschenrechtskonvention enthält mit dem Recht auf Leben (Artikel 2), dem Verbot der Folter (Artikel 3), dem Verbot der Sklaverei und der Zwangsarbeit (Artikel 4), dem Recht auf Freiheit und Sicherheit (Artikel 5), dem Recht auf ein faires Verfahren (Artikel 6), dem Grundsatz „keine Strafe ohne Gesetz" (Artikel 7), dem Recht auf Achtung des

---

286 Vgl. Badenhop, 2010, Normtheoretische Grundlagen der Europäischen Menschenrechtskonvention, S. 244–245.

287 Vgl. Europarat, 1950 i.g.F., Die Europäische Menschenrechtskonvention, nicht verbindliche deutsche Übersetzung, Präambel.

288 Vgl. Karl, 2004, Der europäische Menschenrechtsschutz, S. 282–288.

289 Vgl. Ehlers, 2009, Die Europäische Menschenrechtskonvention, S. 45; siehe dazu auch oben, S. 39.

Privat- und Familienlebens (Artikel 8), der Gedanken-, Gewissens- und Religionsfreiheit (Artikel 9), der Freiheit der Meinungsäußerung (Artikel 10), der Versammlungs- und Vereinigungsfreiheit (Artikel 11), dem Recht auf Eheschließung (Artikel 12), dem Recht auf wirksame Beschwerde (Artikel 13) und dem Verbot der Diskriminierung (Artikel 14) die materiellen Bestimmungen der Konvention.[290] Überschrieben wird dieser Abschnitt wie erwähnt mit den Begriffen „Rechte und Grundfreiheiten".

Obwohl die Unterscheidung für die Berechtigten nicht von Bedeutung ist,[291] wird an dieser Stelle festgehalten, dass in sechs Bestimmungen ausdrücklich das „Recht" in der Überschrift angeführt wird, es sind dies das Recht auf Leben, das Recht auf Freiheit und Sicherheit, das Recht auf ein faires Verfahren, das Recht auf Achtung des Privat- und Familienlebens, das Recht auf Eheschließung und das Recht auf eine wirksame Beschwerde, während die anderen Bestimmungen entweder als Verbote oder als Freiheiten deklariert werden.

Die Artikel 15, 16 und 17 EMRK schreiben dann jene Einschränkungen fest, die für alle Konventionsrechte gelten. Artikel 15 wird als allgemeine Notstandsklausel bezeichnet und legt fest, dass jede Vertragspartei im Fall eines Krieges oder eines anderen öffentlichen Notstandes, der das Leben der Nation bedroht, Maßnahmen ergreifen darf, die die in der EMRK vorgesehenen Verpflichtungen außer Kraft setzen. Getroffen werden dürfen diese Maßnahmen allerdings nur in dem Umfang, den die Lage erfordert, und unter der Bedingung, dass sie nicht im Widerspruch zu sonstigen völkerrechtlichen Verpflichtungen des Staates stehen. Nutzt ein Staat dieses Recht, hat er den Generalsekretär des Europarats über die Maßnahmen und deren Hintergründe zu informieren. Ob diese Bestimmung angewandt werden darf, ist vor einem möglichen speziellen Vorbehalt zu prüfen.[292]

In Artikel 16 stellt das Vertragswerk in diesem Zusammenhang klar, dass die Staaten keine Möglichkeit haben, die politische Tätigkeit von Ausländern zu beschränken,[293] und macht in Artikel 17 noch einmal deutlich, dass keine Bestimmung dieser Konvention so ausgelegt werden darf, „dass sie für einen Staat, eine Gruppe oder eine Person das Recht begründet, eine Tätigkeit auszuüben

---

290 Europarat, 1950 i.g.F., Die Europäische Menschenrechtskonvention, nicht verbindliche deutsche Übersetzung, Artikel 2–14.

291 Siehe dazu oben, S. 61.

292 Europarat, 1950 i.g.F., Die Europäische Menschenrechtskonvention, nicht verbindliche deutsche Übersetzung, Artikel 15; vgl. dazu auch Ehlers, Die Europäische Menschenrechtskonvention, S. 63, siehe dazu auch unten, S. 94.

293 Europarat, 1950 i.g.F., Die Europäische Menschenrechtskonvention, nicht verbindliche deutsche Übersetzung, Artikel 16, siehe dazu auch unten, S. 94.

oder eine Handlung zu begehen, die auf die Abschaffung der in der vorliegenden Konvention festgelegten Rechte und Freiheiten oder auf weitergehende Beschränkungen dieser Rechte und Freiheiten, als in der Konvention vorgesehen, hinzielt."[294] Auf diese Weise relativiert der Gesetzgeber auch den Titel der Norm, der darauf hindeutet, dass lediglich der Missbrauch von Rechten verboten ist. Der anschließende Artikel 18 EMRK hält dann noch einmal ausdrücklich fest, dass die Rechte und Freiheiten der Konvention nur zu den vorgesehenen Zwecken eingeschränkt werden dürfen.[295]

Die Rechte der Artikel 3, 4 und 7 sind darüber hinaus von so elementarer Bedeutung für ein menschenwürdiges Dasein, dass sie selbst in Kriegs- oder Notstandszeiten nicht eingeschränkt werden dürfen, von Artikel 2 darf nur bei Todesfällen infolge rechtmäßiger Kriegshandlungen abgewichen werden.[296]

Auf die für diese Analyse maßgebenden Garantien und ihre Bedeutung für die Grundrechtsträger wird im dritten Teil der Arbeit eingegangen.[297]

5. Die Verfahrensgarantien der EMRK und der Europäische Gerichtshof für Menschenrechte

Da die EMRK-Normen zum einen recht allgemein formuliert sind und die Konvention zum anderen immer der aktuellen gesellschaftlichen Lage entsprechend zu interpretieren ist, kommt der Rechtsprechung des Europäischen Gerichtshofs für Menschenrechte in der Praxis des Menschenrechtsschutzes in Europa große Bedeutung zu.

Bei der Verabschiedung der EMRK im Jahr 1950 wurde es den Staaten freigestellt, ob sie sich der Rechtsprechung des EGMR unterwerfen. Damit der Gerichtshof eingerichtet werden konnte, mussten nach dem früheren Artikel 56 EMRK aber acht Anerkennungserklärungen vorliegen. Dies war erst 1958 der Fall,[298] der Gerichtshof nahm seine Arbeit 1959 auf.[299] Die europäische Kommission für Menschenrechte dagegen wurde schon 1954 gebildet, nachdem die nach

294 Vgl. Europarat, 1950 i.g.F., Die Europäische Menschenrechtskonvention, nicht verbindliche deutsche Übersetzung, Artikel 17.

295 Europarat, 1950 i.g.F., Die Europäische Menschenrechtskonvention, nicht verbindliche deutsche Übersetzung, Artikel 18.

296 Vgl. Europarat, 1950 i.g.F., Die Europäische Menschenrechtskonvention, nicht verbindliche deutsche Übersetzung, Artikel 15, Absatz 2.

297 Siehe unten, S. 101.

298 Vgl. Walter, 2009, Die europäische Grundrechtsidee, S. 4.

299 Steiner, 2010, Der Maßstab für den Menschenrechtsschutz im großen Europa, S. 749.

dem damaligen Artikel 25 Absatz 4 EMRK erforderlichen sechs Erklärungen eingegangen waren.[300]

5.1 Die Organisation des Gerichtshofs

Ausschlaggebend für Funktion und Organisation des Europäischen Gerichtshofs für Menschenrechte sind heute weniger die ursprüngliche Fassung der Konvention als vielmehr die Zusatzprotokolle 9, 11 und heute vor allem 14. Diese haben den Einzelnen laufend mehr Rechte zugestanden, das Verfahren somit in wesentlichen Punkten modifiziert und auch dazu beigetragen, die Stellung des Individuums im Völkerrecht generell zu stärken.

Mit dem 9. Zusatzprotokoll vom 6.11.1990, das in der Folge vom 11. Zusatzprotokoll aufgehoben wurde, erhielten die Beschwerdeführer, die das Verfahren bis zu diesem Zeitpunkt nur vor die Kommission bringen konnten, das Recht, den Gerichtshof selbst anzurufen. Das 11. Zusatzprotokoll vom 11.5.1994, das 1998 in Kraft trat, schaltete die Kommission als Rechtsprechungsinstanz dann ganz aus und machte den Europäischen Gerichtshof für Menschenrechte zu einer ständigen Einrichtung, die mit hauptamtlichen Richtern besetzt ist. Seither entsenden alle Staaten des Europarats je einen Richter, der für neun Jahre im Amt bleibt.[301] Derzeit sind also 47 Richter am EGMR in Straßburg tätig. Es ist üblich, aber nicht zwingend notwendig, dass diese selbst Staatsbürger des Landes sind, für das sie in diesem Gremium sitzen; derzeit etwa vertritt der Schweizer Villiger Liechtenstein.[302] Auch wenn sie als von einem Staat „entsandt“ gelten, so werden diese Richter dennoch gewählt, und zwar von der Parlamentarischen Versammlung des Europarats. Diese kann jedoch nur aus einem Dreiervorschlag der jeweiligen Regierung auswählen.[303] Aus ihrer Mitte wählen die EGMR-Richter dann den Präsidenten; er ist für drei Jahre im Amt.[304]

Nach dem Inkrafttreten des 11. Zusatzprotokolls dauerte es nicht lange, da rief die Arbeitsbelastung des Gerichtshofs erneut eine Reformdiskussion hervor, die

300 Vgl. Walter, 2009, Die europäische Grundrechtsidee, S. 4.

301 Vgl. Europarat, 1950 i.g.F., Die Europäische Menschenrechtskonvention, Übersetzung, Artikel 23.

302 Vgl. Europarat, 2009, Die zur Zeit 46 Richter des EGMR, o.S.

303 Vgl. Europarat, 1950 i.g.F., Die Europäische Menschenrechtskonvention, Übersetzung, Artikel 22.

304 Vgl. Europarat, 1950 i.g.F., Die Europäische Menschenrechtskonvention, nicht verbindliche deutsche Übersetzung, Artikel 25.

im Mai 2004 zur Annahme des 14. Zusatzprotokolls führte.[305] Wichtige Änderungen dieser Reform betreffen die Möglichkeit der Einzelrichterentscheidung über die Zulässigkeit von Individualbeschwerden, eine neue Zulässigkeitshurde in Form eines *„significant disadvantage"* und eine Stärkung des Durchsetzungsmechanismus durch das Ministerkomitee, das die Möglichkeit erhält, den Gerichtshof mit der Frage zu befassen, ob eine unterlegene Vertragspartei gegen ihre Verpflichtungen zur Beachtung des gegen sie ergangenen Urteils verstoßen hat.[306] Damit knüpfte das 14. Zusatzprotokoll an das elfte an, das die Aufgabe des Ministerkomitees darauf beschränkt hatte, die Durchführung der Urteile zu überwachen.

Die laufenden Vereinfachungen des Gerichtswegs waren auch die Antwort des Europarats auf die steigende Arbeitsbelastung des Gerichtshofs. Diese hatte mehrfache Gründe: Die Fälle wurden immer komplexer,[307] die bevölkerungsreichen Mitgliedstaaten Frankreich und Türkei erkannten in den 1980er Jahren das Individualbeschwerderecht an, es waren sehr viele Beschwerden wegen zu langer Verfahrensdauern anhängig[308] und im Zuge der Demokratisierung Mittel- und Osteuropas traten zudem viele neue Vertragsparteien der Konvention bei.[309] Mittlerweile ist der Gerichtshof „für rund 800 Millionen potentielle Beschwerdeführer von Island bis Wladiwostok zuständig".[310]

Die schnelle Zunahme der Vertragsstaaten erhöhte nicht nur die Fallzahlen, mit denen sich das Gericht zu befassen hat, sie machte es auch schwieriger, einen gemeinsamen europäischen Standard festzulegen. Für KARNER genügt es, wenn der EGMR „kräftige Akzente" setzt,[311] an die sich alle halten, REBHAHN fragt gar, ob wirklich überall, von Reykyavik bis Wladiwostok, das Gleiche gelten soll.[312]

---

305 Da es sich dabei nicht um ein Ergänzungs-, sondern um ein Abänderungsprotokoll handelte, mussten alle Vertragsstaaten zustimmen. Da Russland das Inkrafttreten blockierte, musste der Europarat das Behelfsprotokoll 14bis verabschieden; siehe dazu oben, S. 60.

306 Walter, 2009, Die europäische Grundrechtsidee, S. 5.

307 Vgl. Kokott u.a., ³2003, Grundzüge des Völkerrechts, S. 122

308 Vgl. Grabenwarter, 2009, Europäische Menschenrechtskonvention, S. 3.

309 Vgl. Kokott u.a., ³2003, Grundzüge des Völkerrechts, S. 122.

310 Ehlers, 2009, Die Europäische Menschenrechtskonvention, S. 29. Einzig die „Enklave" Weißrussland ist nicht Mitglied des Europarats.

311 Karner, 2014, Menschenrechte und Persönlichkeitsschutz in Österreich und Europa, S. 34.

312 Rebhahn, AcP 2010 (2010), 552, zit. n. Karner, 2014, Menschenrechte und Persönlichkeitsschutz in Österreich und Europa, S. 34.

5.2 Die Beschwerdemöglichkeiten vor dem EGMR

Während das Individualbeschwerderecht bei der Verabschiedung der Konvention also umstritten war und es den Vertragsstaaten freigestellt wurde, ob sie die Zuständigkeit der Menschenrechtskommission und des Gerichtshofs anerkannten oder nicht,[313] hielt man die Staatenbeschwerde schon damals für unproblematisch, „verblieb diese doch im Rahmen der traditionellen Struktur der internationalen Gerichtsbarkeit und des internationalen Rechts als eines Rechts zwischen Staaten."[314] Diese Möglichkeit mussten alle Staaten, die die Konvention ratifizierten, akzeptieren.[315]

Für den großen Erfolg der EMRK ist aber die Möglichkeit der Individualbeschwerde verantwortlich. Dies wird auch an der Fallzahl deutlich: In über 60 Jahren wurden 22 Beschwerden von Staaten gegen andere eingebracht,[316] während es allein im Jahr 2013 65.900 Individualbeschwerden gab.[317]

Aufgrund dieser besonderen Bedeutung der Individualbeschwerde und weil in der weiteren Folge dieser Arbeit ausschließlich Entscheidungen analysiert werden, die nach Individualbeschwerden ergangen sind, wird diese Form der Beschwerde, die TOMUSCHAT als das „Herzstuck des *ordre public européen* nach der EMRK"[318] bezeichnet, in den Fokus der Analyse gestellt.

5.2.1 Die Individualbeschwerde

Damit die Beschwerde eines Einzelnen gegen einen Akt eines Staates – üblicherweise handelt es sich um ein Urteil – zulässig und auch erfolgreich ist, muss dieser ein in der Konvention oder einem der dazugehörenden, von ihm ratifizierten Protokolle anerkanntes Recht verletzt haben.[319] Ob sich der betreffende Staat in

313 Vgl. Bürgenthal & Thürer, 2010, Menschenrechte. Ideale, Instrumente, Institutionen, S. 199–200.

314 Walter, 2009, Die europäische Grundrechtsidee, S. 3.

315 Vgl. Grabenwarter, 2009, Europäische Menschenrechtskonvention, S. 2.

316 Vgl. Steiner, 2010, Der Maßstab für den Menschenrechtsschutz im großen Europa, S. 749, mehr zur Staatenbeschwerde siehe unten, S. 74.

317 Vgl. Europäischer Gerichtshof für Menschenrechte, 2014, Analysis of statistics 2013, S. 4.

318 Tomuschat, Individueller Rechtsschutz: das Herzstuck des „ordre public européen nach der Europäischen Menschenrechtskonvention, EuGRZ 2003, 95 ff., zit. n. Grabenwarter & Pabel, 2012, Europäische Menschenrechtskonvention, S. 44.

319 Vgl. Europarat, 1950 i.g.F., Die Europäische Menschenrechtskonvention, nicht verbindliche deutsche Übersetzung, Artikel 34.

den Augen des Beschwerdeführers durch ein Tun oder durch ein Unterlassen schuldig macht, ist nicht von Bedeutung.

Der Staat verletzt seine Verpflichtung auch dann, wenn er vorläufige Maßnahmen, die der Gerichtshof gemäß Artikel 39 VerfO EGMR empfiehlt, nicht beachtet. Auch wenn der Individualbeschwerde als außerordentlichem Rechtsbehelf keine aufschiebende Wirkung zukommt, so kann der EGMR vorläufige Maßnahmen (*interim measures*) empfehlen.[320] Nach neuerer Rechtsprechung sind diese Empfehlungen verbindlich.[321] Die beklagten Staaten werden ersucht, die vom Beschwerdeführer beanstandeten Maßnahmen während des Verfahrens nicht zu vollziehen. In der Praxis geht es in erster Linie um drohende Verletzungen der Artikel 2 und 3 EMRK.[322] Sehr oft handelt es sich um Ausweisungsfälle, bei denen dem Ausgewiesenen Misshandlung oder sogar die Todesstrafe droht.[323]

5.2.1.1 Die Beschwerdeberechtigten

Die Staaten verpflichten sich gemäß Artikel 34 EMRK dazu, das Beschwerderecht der Bürger nicht zu behindern. Aus dieser Verpflichtung folgt, dass „Beschwerdeführer frei mit dem Gerichtshof kommunizieren können müssen."[324] Dazu berechtigt, eine Individualbeschwerde einzubringen, sind laut Artikel 34 EMRK natürliche Personen, nichtstaatliche Organisationen und Personengruppen.[325] Organisationen und Gruppen können jedoch nicht alle Konventionsrechte geltend machen, da einige – das Recht auf Eheschließung etwa oder das Recht auf Achtung der Wohnung – an sich nur dazu in der Lage sind, Rechte Privater zu schützen. Letzteres hat der EGMR im Gegensatz zum EuGH aber schon so ausgelegt, dass auch Geschäftsräume umfasst werden.[326]

Keinen Schutz genießen dagegen staatliche Organisationen und Personengruppen. Denn der Staat ist zwar Verpflichteter, nicht aber Berechtigter der Konventionsrechte, und das gilt auch dann, wenn er privatrechtlich handelt. Das

---

320 Vgl. Europarat, 1998 i.g.F., Verfahrensordnung des EGMR, nicht verbindliche Arbeitsübersetzung des deutschen Bundesministeriums der Justiz und für Verbraucherschutz, Artikel 39.

321 Vgl. u.a. EGMR, 2005, Mamatkulov und Askarov gegen Turkei, zit. n. Ehlers, 2009, Die Europäische Menschenrechtskonvention, S. 66.

322 Vgl. Grabenwarter & Pabel, 2012, Europäische Menschenrechtskonvention, S. 48.

323 Vgl. Grabenwarter & Pabel, 2012, Europäische Menschenrechtskonvention, S. 48.

324 Grabenwarter & Pabel, 2012, Europäische Menschenrechtskonvention, S. 45.

325 Vgl. Europarat, 1950 i.g.F., Die Europäische Menschenrechtskonvention, nicht verbindliche deutsche Übersetzung, Artikel 34.

326 Ehlers, 2009, Die Europäische Menschenrechtskonvention, S. 46.

Eigentum von Gemeinden etwa – dieses Beispiel führt EHLERS an – fällt nicht in den Schutzbereich des ersten Zusatzprotokolls. Da sie eine gesellschaftliche Funktion erfüllen und somit gesellschaftliche Einrichtungen sind, können aber etwa die korporierten Religionsgemeinschaften und Rundfunkanstalten in diesem Zusammenhang als nichtstaatliche Organisationen bzw. Personengruppen angesehen werden.[327] Die Artikel 36 EMRK und 44 VerfO EGMR sehen zudem die Möglichkeit vor, dass sich auch Dritte am Verfahren beteiligen. Voraussetzung für diese Beteiligung ist es, dass die Beschwerde dem Staat, gegen den sie gerichtet ist, zugestellt wurde.[328] In der Praxis beantragen Mitgliedstaaten, NGOs, internationale Organisationen, aber auch Verbände und Privatpersonen, sich am Beschwerdeverfahren beteiligen zu dürfen. Die Anträge müssen „gebührend" begründet sein und innerhalb von zwölf Wochen nach der Zustellung der Beschwerde schriftlich eingebracht werden. Da das Verfahren in diesem Fall schon eröffnet wurde, müssen sich die Drittbeteiligten von Anfang an eine der Amtssprachen des EGMR halten – diese sind Englisch und Französisch.[329]

5.2.1.2 Inhalt und Form der Beschwerde

Der Beschwerdeführer selbst ist daran dagegen nicht gebunden; er kann die Beschwerde auch in jeder anderen Amtssprache eines Vertragsstaates einbringen. Gemäß Artikel 47 VerfO EGMR hat er das vom Gerichtshof bereitgestellte Beschwerdeformular zu verwenden,[330] Gerichtskosten werden nicht erhoben. Ein Fall wird allerdings auch dann behandelt, wenn dieses Formular nach Ablauf der Beschwerdefrist nachgereicht wird, vorausgesetzt beim Gerichtshof ging zumindest ein formloses Schreiben fristgerecht ein,[331] das den Sachverhalt darstellt, die nach Ansicht des Beschwerdeführers verletzten Konventionsrechte anführt, die innerstaatlichen Rechtsmittel angibt, die schon eingesetzt wurden und alle amtlichen (innerstaatlichen) Entscheidungen zu diesem Fall anfuhrt bzw. beilegt.[332]

---

327 Ehlers, 2009, Die Europäische Menschenrechtskonvention, S. 46.
328 Vgl. Grabenwarter & Pabel, 2012, Europäische Menschenrechtskonvention, S. 73.
329 Vgl. Europarat, 1998 i.g.F., Verfahrensordnung des EGMR, nicht verbindliche Arbeitsübersetzung des deutschen Bundesministeriums der Justiz und für Verbraucherschutz, Artikel 34.
330 Vgl. Europarat, 2007, Struktur und Tätigkeit des Europäischen Gerichtshofs für Menschenrechte, o.S. Das Formular kann auf der Website des Gerichtshofs abgerufen werden: www.echr.coe.int/Documents/Application_Form_2014_1_ENG.pdf [14.09.2014].
331 Zur Beschwerdefrist siehe unten, S. 72.
332 Vgl. Grabenwarter & Pabel, 2012, Europäische Menschenrechtskonvention, S. 45.

Aus alledem wird deutlich, dass das Verfahren vor dem EGMR recht formfrei ist, dies, um allen Bürgern den Zugang zu ihrem Recht zu gewährleisten.

Nach Artikel 45 VerfO EGMR müssen die Individualbeschwerden, wie im Übrigen auch die Staatenbeschwerden, aber folgende Mindestanforderungen erfüllen: Sie müssen schriftlich eingebracht werden und unterzeichnet sein.[333] Eine anonyme Beschwerde wird gemäß Artikel 35 Absatz 2 EMRK als unzulässig zurückgewiesen. Als anonym gilt eine Beschwerde, wenn die Identität des Beschwerdeführers nicht feststellbar ist.[334] In begründeten Fällen aber, wenn der Beschwerdeführer etwa Repressalien befürchtet, können die Vertraulichkeit des Verfahrens und die Anonymisierung der Beschwerde beantragt werden.[335]

Was den Inhalt der Beschwerde betrifft, geht es darum, dass ein Bürger sich von einem Konventionsstaat in einem Konventionsrecht verletzt fühlt. Wann die Beschwerde dennoch keine Aussicht auf Erfolg hat, zählt Artikel 35 EMRK auf. Neben den formalen Zulässigkeitsvoraussetzungen der Erschöpfung der innerstaatlichen Rechtsmittel, der fristgerechten Einbringung der Beschwerde, des Verbots der Anonymität und der Grundsätze der *res iudicata* und der Litispendenz, auf die noch einzugehen ist, erklären die Straßburger Richter eine Beschwerde auch dann für unzulässig, wenn sie nicht mit der Konvention vereinbar ist, sie sie für „offensichtlich unbegründet oder für missbräuchlich“[336] halten oder der Ansicht sind, „dass dem Beschwerdeführer kein erheblicher Nachteil entstanden ist, es sei denn, die Achtung der Menschenrechte, wie sie in dieser Konvention und den Protokollen dazu anerkannt sind, erfordert eine Prüfung der Begründetheit der Beschwerde, und vorausgesetzt, es wird aus diesem Grund nicht eine Rechtssache zurückgewiesen, die noch von keinem innerstaatlichen Gericht gebührend geprüft worden ist.“[337]

---

333 Vgl. Europarat, 1998 i.g.F., Verfahrensordnung des EGMR, nicht verbindliche Arbeitsubersetzung des deutschen Bundesministeriums der Justiz und fur Verbraucherschutz, Artikel 45.

334 Vgl. IK-Rogge, Art. 27 Rn 13, zit. n. Grabenwarter & Pabel, 2012, Europäische Menschenrechtskonvention, S. 81.

335 Diese Möglichkeiten sind von den Artikeln 33 bzw. 47 VerfO EGMR vorgesehen; vgl. Grabenwarter & Pabel, 2012, Europäische Menschenrechtskonvention, S. 81.

336 Europarat, 1950 i.g.F., Die Europäische Menschenrechtskonvention, nicht verbindliche deutsche Übersetzung, Artikel 35, Absatz 3, Litera a.

337 Europarat, 1950 i.g.F., Die Europäische Menschenrechtskonvention, nicht verbindliche deutsche Übersetzung, Artikel 35, Absatz 3, Litera b.

5.2.1.3 Beschwerdefrist und Erschöpfung der innerstaatlichen Rechtsmittel

Wer sich nach dem endgültigen Abschluss eines Verfahrens auf innerstaatlicher Ebene an den EGMR wenden will, hat dafür laut Artikel 35 Absatz 1 EMRK sechs Monate Zeit. Sechs Monate nach der Rechtskraft des innerstaatlichen Urteils muss die Beschwerde in Straßburg einlangen; auf seiner Website weist der Gerichtshof alle potenziellen Beschwerdeführer darauf hin, dass eine Übermittlung der Beschwerde via Fax diese Frist nicht unterbrechen kann.[338] Das noch nicht in Kraft getretene 15. Zusatzprotokoll sieht vor, diese Frist auf vier Monate zu verkürzen. Ausnahmsweise kann die heute geltende Sechs-Monats-Frist gehemmt sein. Dies ist vor allem dann anzunehmen, wenn der Beschwerdeführer aus tatsächlichen Gründen – etwa weil er inhaftiert ist – an der Ausübung seines Rechts gehindert wird.[339]

Eine weitere Voraussetzung für das wirksame Einbringen einer Individualbeschwerde ist die Erschöpfung der innerstaatlichen Rechtsmittel. Dies ist aufgrund des subsidiären Charakters der Konvention notwendig. In der Praxis wird dieses Erfordernis jedoch „häufig in großzügiger Weise und ohne übertriebenen Formalismus geprüft."[340]

Bedenkt man, dass die Rechtsmittel nicht nur vertikal, sondern auch horizontal zu erschöpfen sind, wäre es wohl verkürzt, den Begriff der Rechtsmittel mit jenem des Instanzenzuges gleichzusetzen. Während in vertikaler Hinsicht zu prüfen ist, ob alle innerstaatlichen Instanzen durchlaufen wurden, kann sich der Beschwerdeführer auf die horizontale Erschöpfung des Rechtsweges nur dann berufen, wenn er die Menschenrechtsverletzungen zumindest der Sache nach („*in substance*") auch vor diesen geltend gemacht hat.[341]

Zu den innerstaatlichen Instanzen zählen auch die Verfassungsgerichte und in den EU-Staaten auch die Schutzmechanismen des Gemeinschaftsrechts,[342] während das Wiederaufnahmeverfahren wegen seines außerordentlichen Charakters nicht dazu gehört.[343] Ist der Beschwerdeführer nicht sicher, ob der Rechtsweg

338 Vgl. Europäischer Gerichtshof fur Menschenrechte, 2014, Apply to the Court, o.S.

339 Vgl. Frowein & Peukert, Art. 35 Rn. 46, zit. n. Grabenwarter & Pabel, 2012, Europäische Menschenrechtskonvention, S. 72.

340 Frowein & Peukert, Art. 35 Rn. 3, zit. n. Grabenwarter & Pabel, 2012, Europäische Menschenrechtskonvention, S. 61.

341 Vgl. u.a. Grabenwarter & Pabel, 2012, Europäische Menschenrechtskonvention, S. 69.

342 Vgl. Ehlers, 2009, Die Europäische Menschenrechtskonvention, S. 47.

343 Vgl. Peters, EMRK, § 35 I 3 a, zit. n. Ehlers, 2009, Die Europäische Menschenrechtskonvention, S. 69.

bereits erschöpft wurde, „empfiehlt es sich, sowohl den möglicherweise geeigneten innerstaatlichen Rechtsbehelf als auch die Beschwerde beim EGMR einzulegen."[344]

Zu beweisen hat die Erschöpfung der innerstaatlichen Rechtsmittel gemäß Artikel 47 VerfO EGMR zwar der Beschwerdeführer, beruft sich der betroffene Staat aber nicht auf die Nichterschöpfung, wirkt dies wie ein Verzicht.[345] Der Staat muss darüber hinaus beweisen, dass der innerstaatliche Rechtsschutz dem Beschwerdeführer tatsächlich zugänglich war.[346]

5.2.1.4 Res iudicata *und Litispendenz*

Zurückgewiesen wird die Beschwerde auch dann, wenn sie „im Wesentlichen mit einer schon vorher vom Gerichtshof geprüften Beschwerde übereinstimmt."[347] Um zulässig zu sein, muss sie also neue Tatsachen enthalten. Nicht als neu gelten Fakten, die schon im Rahmen einer früheren Beschwerde vorgebracht hätten werden können.[348]

Davon zu unterscheiden ist die Möglichkeit, eine Wiederaufnahme des Verfahrens zu beantragen. Diese ist gemäß Artikel 80 VerfO EGMR auch dann möglich, wenn Tatsachen bekannt werden, die den Ausgang des Verfahrens maßgeblich beeinflussen hätten können.[349]

Außerdem darf die Beschwerde gemäß Artikel 35 Absatz 2 EMRK kein Thema betreffen, das schon einer anderen internationalen Untersuchungs- oder Vergleichsinstanz unterbreitet worden ist. Von internationaler Litispendenz ist

---

344 Vgl. Kadelbach, in: Ehlers/Schoch, § 5 Rn 53, zit. n. Ehlers, 2009, Die Europäische Menschenrechtskonvention, S. 70–71.

345 Vgl. Europarat, 1998 i.g.F., Verfahrensordnung des EGMR, nicht verbindliche Arbeitsubersetzung des deutschen Bundesministeriums der Justiz und fur Verbraucherschutz, Artikel 55; vgl. auch Grabenwarter, EMRK, § 7 Rn 23ff; Kadelbach in Ehlers/Schoch, RS, § 5 Rn 47ff, zit. n. Ehlers, Die Europäische Menschenrechtskonvention, S. 69.

346 Vgl. Ehlers, 2009, Die Europäische Menschenrechtskonvention, S. 69.

347 Europarat, 1950 i.g.F., Die Europäische Menschenrechtskonvention, nicht verbindliche deutsche Übersetzung, Artikel 35 Absatz 2.

348 Vgl. Ehlers, 2009, Die Europäische Menschenrechtskonvention, S. 71.

349 Vgl. Europarat, 1998 i.g.F., Verfahrensordnung des EGMR, nicht verbindliche Arbeitsubersetzung des deutschen Bundesministeriums der Justiz und fur Verbraucherschutz, Artikel 80, Absatz 1.

vor allem dann auszugehen, wenn die Streitsache vor dem UN-Menschenrechtsausschuss oder einem Kontrollorgan des IPbpR vorgebracht wurde.[350] Auch Verfahren vor Kontrollorganen der ILO kommen in Betracht.[351] Dieser Unzulässigkeitsgrund wird in der Literatur als problematisch gewertet, „da alternative internationale Verfahren möglicherweise nicht das gleiche Ergebnis erbringen, sondern häufig statt zu einem Urteil nur zu einem Bericht oder einer Empfehlung fuhren."[352]

Verfahren vor EU-Institutionen begründen dagegen keine Unzulässigkeit der Beschwerde vor dem EGMR. Der EuGH beschäftigt sich zwar auch mit grundrechtlichen Fragen,[353] „wegen des unterschiedlichen Prüfungsmaßstabs durfte es allerdings an der Identität des Beschwerdegegenstands fehlen."[354]

Auch wenn bewusst falsche Tatsachen vorgetragen oder dem Gericht gefälschte Unterlagen vorgelegt werden, wird eine Beschwerde nach Artikel 35 Absatz 3 für unzulässig oder unbegründet erklärt.[355] Wird die Unzulässigkeit einer Beschwerde mit einem Missbrauch des Beschwerderechts begründet, dann vor allem, um zum Ausdruck zu bringen, dass der Gerichtshof das Verhalten eines Beschwerdeführers in besonderer Weise missbilligt.[356]

5.2.2 Die Staatenbeschwerde

Im Gegensatz zur viel bedeutenderen Individualbeschwerde, besteht durch die in Artikel 33 EMRK geregelte Staatenbeschwerde die Möglichkeit einer abstrakten Normenkontrolle. Der Staat kann hier entweder als „Interessenwalter seiner eigenen Staatsbürger" auftreten oder auch „im Interesse des Menschenrechtsschutzes im Allgemeinen".[357] Der Gerichtshof hat ausdrücklich festgestellt, dass

---

350 Vgl. EKMR, DR 50, 228, 237 – Council of Civil Service Unions; krit. Kadelbach in Ehlers/Schoch, RS § 5 Rn 60, zit. n. Ehlers, 2009, Die Europäische Menschenrechtskonvention, S. 71.

351 Vgl. Grabenwarter & Pabel, 2012, Europäische Menschenrechtskonvention, S. 83.

352 Vgl. die Beiträge in: Klein (Hg.), The Monitoring System of Human Rights Treaty Obligations, 1998, zit. n. Grabenwarter & Pabel, 2012, Europäische Menschenrechtskonvention, S. 83.

353 Siehe dazu auch oben, S. 45.

354 Dazu Zwaak, in: van Dijk/van Hoof/van Rijn/Zwaak, S. 183, zit. n. Grabenwarter & Pabel, 2012, Europäische Menschenrechtskonvention, S. 83, siehe dazu auch Steiner, oben, S. 44.

355 Vgl. Ehlers, 2009, Die Europäische Menschenrechtskonvention, S. 71.

356 Vgl. Grabenwarter & Pabel, 2012, Europäische Menschenrechtskonvention, S. 84.

357 Grabenwarter & Pabel, 2012, Europäische Menschenrechtskonvention, S. 46.

„eine Verletzung der Konvention schon dann vorliegt, wenn ein Gesetz existiert, das Maßnahmen einführt, anordnet oder zulässt, die mit der Konvention unvereinbar sind."[358]

Der Staat, der diese Beschwerde einbringt, muss die Konvention ratifiziert haben,[359] ein eigenes Recht muss er dagegen nicht geltend machen, auch ein eigenes Interesse des Staates am Ausgang des Verfahrens muss nicht nachgewiesen werden. Der von der Beschwerde betroffene Staat muss zum Zeitpunkt der behaupteten Vertragsverletzung die EMRK ratifiziert gehabt haben und an die Konventionsgarantien gebunden gewesen sein.[360]

Das Verfahren selbst deckt sich im Wesentlichen mit dem der Individualbeschwerde. Auch in diesen Fällen gelten etwa die Vorschriften in Bezug auf die Rechtsmittelerschöpfung und die Einhaltung der sechsmonatigen Beschwerdefrist.

Einige Besonderheiten gibt es dennoch: So ist es zum Beispiel nicht möglich, die offensichtliche Unbegründetheit einer Staatenbeschwerde schon im Annahmeverfahren festzustellen, wegen mangelnder Substantiiertheit dagegen können auch Staatenbeschwerden für unzulässig erklärt werden.[361] Außerdem erfolgt diese Zulässigkeitsprüfung gemäß Artikel 48 Absatz 1 VerfO EGMR immer in einer Kammer, und nicht durch einen Einzelrichter, weiter wird die Beschwerde dem Staat, gegen den sie eingebracht wird, umgehend zugestellt, die Richter beider Staaten gehören der Kammer *ex officio* an, und auf Antrag einer Partei bzw. bei einem entsprechenden Beschluss der Kammer findet schon über die Zulässigkeit eine mündliche Verhandlung statt.[362] Der weitere Iter entspricht dann wieder im Wesentlichen dem Modell, nach dem auch eine Individualbeschwerde bearbeitet wird.[363]

---

358 EGMR, 18.01.1978, Irland gegen Großbritannien, Nr. 5310/1971=EuGRZ 1979, 149, Z 240; vgl. auch Polakiewicz, Verpflichtungen, S. 40, 165, zit. n. Grabenwarter & Pabel, 2012, Europäische Menschenrechtskonvention, S. 92.

359 vgl. Grabenwarter & Pabel, 2012, Europäische Menschenrechtskonvention, S. 91.

360 Vgl. Kadelbach in Ehlers/Schoch, RS, § 5 Rn 24, zit. n. Ehlers, Die Europäische Menschenrechtskonvention, S. 66.

361 Grabenwarter & Pabel, 2012, Europäische Menschenrechtskonvention, S. 92.

362 Vgl. Europarat, 1998 i.g.F., Verfahrensordnung des EGMR, nicht verbindliche Arbeitsübersetzung des deutschen Bundesministeriums der Justiz und fur Verbraucherschutz, Artikel 51. Verfügbar unter: www.bmjv.de/SharedDocs/Downloads/EN/Verfahrensordnung_des_Gerichtshofs.pdf;jsessionid=7488AE81834541D2F3E32B3EE9CD538A.1_cid324?__blob=publicationFile.

363 Siehe dazu unten, S. 77.

Ist der Beschwerdeführer erfolgreich, endet das Verfahren mit der Feststellung einer Verletzung der Konventionsgarantien. Gemäß Artikel 46 EMRK sind diese Entscheidungen verbindlich, die gerechte Entschädigung ex Artikel 41 EMRK ist anwendbar.[364]

Die Zurückhaltung der Staaten lässt sich wohl vor allem darauf zurückführen, dass sie ihre diplomatischen Beziehungen nicht gefährden wollen.[365]

Seit dem Inkrafttreten des Vertrags von Lissabon sind die EU-Staaten nun gemäß Artikel 344 (ex-Artikel 292 EGV) zudem dazu verpflichtet, „Streitigkeiten über die Auslegung oder Anwendung der Verträge nicht anders als hierin vorgesehen zu regeln."[366] Nach Meinung STEINERs konnte dies Staatenbeschwerden gemäß der EMRK unter EU-Staaten *de facto* ausschließen,[367] wodurch diese Beschwerdeform weiter an Bedeutung verlieren würde.

PABEL und GRABENWARTER sehen in der Staatenbeschwerde vor dem EGMR dennoch ein bedeutendes Instrument des Menschenrechtsschutzes auf europäischer Ebene. Obwohl (oder gerade weil) die Staaten beim Einsatz dieses Mittels zurückhaltend sind, dürfe man dessen Wirkung nicht unterschätzen.[368]

5.2.3 Das Gutachtenverfahren

Noch geringerer als die Bedeutung der Staatenbeschwerde ist jene des Gutachtenverfahrens nach Artikel 47 EMRK. Danach kann der EGMR auf Antrag des Ministerkomitees Gutachten über Rechtsfragen erstatten, die die Auslegung der EMRK betreffen. Allerdings schränkt der 2. Absatz den Anwendungsbereich der Vorschrift stark ein: Ausgeschlossen sind sämtliche Fragen, die sich auf den Inhalt oder das Ausmaß der Konventionsrechte im ersten Abschnitt oder in den Protokollen beziehen oder über die der Gerichtshof oder das Ministerkomitee auf Grund eines nach der Konvention eingeleiteten Verfahrens zu entscheiden haben konnte.[369]

---

364 Vgl. Grabenwarter & Pabel, 2012, Europäische Menschenrechtskonvention, S. 93.

365 Vgl. Bürgenthal & Thürer, 2010, Menschenrechte. Ideale, Instrumente, Institutionen, S. 199–200.

366 Europäische Union, 01.12.2009 i.g.F., Vertrag über die Europäische Union (EU-Vertrag), Art. 344 EUV.

367 Vgl. Steiner, 2010, Der Maßstab für den Menschenrechtsschutz im großen Europa, S. 749.

368 Vgl. Grabenwarter & Pabel, 2012, Europäische Menschenrechtskonvention, S. 47.

369 Vgl. Europarat, 1950 i.g.F., Die Europäische Menschenrechtskonvention, nicht verbindliche deutsche Übersetzung, Artikel 47.

Bisher hat der EGMR nur zwei Gutachten erstattet: Das erste im Jahr 2008 zur Frage, ob die Parlamentarische Versammlung eine Liste für die Richterwahl, die keine weiblichen Kandidaten benennt, zurückweisen darf,[370] das zweite 2010 dazu, ob es unzulässig ist, eine der Parlamentarischen Versammlung vorgelegte Kandidatenliste nach Ablauf der gesetzten Frist zurückzunehmen.[371]

5.3 Die Entscheidungen des EGMR

Jede Entscheidung der EGMR-Richter ist eine Einzelfallabwägung, die begründet werden muss, haben diese doch selbst ausgeführt, dass nicht die abstrakte Normenkontrolle ihre Aufgabe ist, sondern dass sie sich auf die spezifischen Fragen beschränken wollen, die ein konkreter Fall aufwirft.[372]

5.3.1 Die Entscheidungsfindung des Gerichtshofs

Bis zum Inkrafttreten des 14. Zusatzprotokolls[373] am 1.06.2010 wurde jede Individualbeschwerde einem Ausschuss zugewiesen, der darüber zu entscheiden hatte, ob sie zugelassen oder sofort aus dem Register gestrichen würde, während jede Staatenbeschwerde grundsätzlich von einer Kammer zu prüfen war.

Seither ist gemäß Artikel 27 EMRK ein Einzelrichter dafür zuständig, eine Individualbeschwerde für unzulässig zu erklären und aus dem Register zu streichen. Er übernimmt damit einen wesentlichen Teil dieser „Filterfunktion";[374] seine Entscheidung ist endgültig. Gemäß Artikel 26 Absatz 3 prüft er allerdings keine Beschwerde gegen jenen Staat, für den er im Gremium sitzt.[375] Dennoch, so fürchtete EHLERS schon vor der Annahme dieses Protokolls, birgt die Übertragung der Rechtsprechung auf Einzelrichter, auch wenn sie zur Beschleunigung

---

370 Vgl. EGMR, 12.02.2008, Advisory opinion on certain legal questions concerning the lists of candidates submitted with a view to the election of judges to the European Court of Human Rights.

371 Vgl. EGMR, 22.01.2010, Advisory opinion on certain legal questions concerning the lists of candidates submitted with a view to the election of judges to the European Court of Human Rights (No. 2).

372 Vgl. EGMR, 31.10.2000, Buckley gegen Großbritannien, Par. 59, zit. n. Schilling, 2004, Internationaler Menschenrechtsschutz, S. 22.

373 Vgl. Europarat, 13.05.2004, Protokoll Nr. 14 zur Konvention zum Schutz der Menschenrechte und Grundfreiheiten über die Änderung des Kontrollsystems der Konvention, o.S.

374 Grabenwarter & Pabel, 2012, Europäische Menschenrechtskonvention, S. 41.

375 Vgl. Europarat, 1950 i.g.F., Die Europäische Menschenrechtskonvention, nicht verbindliche deutsche Übersetzung, Artikel 26, 27.

des Verfahrens beiträgt, „Gefahren für die Qualität und Kohärenz der Rechtsprechung“[376] in sich. Dieses Vorgehen widerspricht auch der Norm, nach der der von der betroffenen Verfahrenspartei entsandte Richter dem entscheidenden Senat von Amts wegen angehört,[377] eine Bestimmung, durch die sichergestellt werden soll, dass bei allen gemeinsamen europäischen Standards auch kulturell begründeten, nationalen Besonderheiten Rechnung getragen wird.

Wird eine Beschwerde für nicht unzulässig erklärt, ist sie von einer Kammer zu prüfen. Ab diesem Zeitpunkt, muss der Beschwerdeführer auch eine der offiziellen Gerichtssprachen wählen, es sei denn, der Präsident der Kammer oder der Großen Kammer lässt den weiteren Gebrauch der Sprache des Beschwerdeführers zu.[378] Sobald eine Beschwerde für zulässig erklärt wurde, muss sich der Beschwerdeführer anwaltlich vertreten lassen, beim Einbringen der Beschwerde selbst wird diese Vertretung nur empfohlen.[379]

Die Zulässigkeitserklärung einer Beschwerde stellt im gerichtlichen Iter also eine deutliche Zäsur dar. Die Verhandlung zulässiger Beschwerden vor dem EGMR ist grundsätzlich öffentlich, die hinterlegten Schriftstucke sind der Öffentlichkeit zugänglich, die Richter entscheiden mit Stimmenmehrheit.[380] Wirft der Fall „eine schwerwiegende Frage der Auslegung oder Anwendung der Konvention oder der Protokolle dazu oder eine schwerwiegende Frage von allgemeiner Bedeutung“[381] auf, kann die befasste Kammer den Fall aber in jeder Phase des Verfahrens an die Große Kammer verweisen, es sei denn, eine der Parteien lehnt dies innerhalb eines Monats nach Bekanntgabe dieser Absicht ab.[382]

Während die Unzulässigkeit einer Beschwerde mit „Entscheidung“ erklärt wird, wird über deren Begründetheit immer mit Urteil entschieden. Im deutschen Sprachgebrauch mutet diese Terminologie ungenau an, unterscheiden wir normalerweise doch zwischen Beschlüssen und Urteilen und verwenden das

376 Ehlers, Die Europäische Menschenrechtskonvention, S. 65.

377 Vgl. Europarat, 1950 i.g.F., Die Europäische Menschenrechtskonvention, nicht verbindliche deutsche Übersetzung, Artikel 26, Absatz 4.

378 Vgl. Europarat, 1950 i.g.F., Die Europäische Menschenrechtskonvention, nicht verbindliche deutsche Übersetzung, Artikel 34.

379 Vgl. Europarat, 2007, Struktur und Tätigkeit des Europäischen Gerichtshofs fur Menschenrechte, o.S.

380 Vgl. Europarat, 1950 i.g.F., Die Europäische Menschenrechtskonvention, nicht verbindliche deutsche Übersetzung, Artikel 40, siehe dazu auch unten, S. 79.

381 Europarat, 1950 i.g.F., Die Europäische Menschenrechtskonvention, nicht verbindliche deutsche Übersetzung, Artikel 43.

382 Vgl. Europarat, 2007, Struktur und Tätigkeit des Europäischen Gerichtshofs fur Menschenrechte, o.S.

Wort „Entscheidung" als eine Art Oberbegriff für diese beiden Arten, mit denen ein Verfahren enden kann. Deutlich wird diese sprachliche Verwirrung etwa auch an der Formulierung GRABENWARTERs: „Ebenfalls in Form eines Urteils ergeht die Entscheidung, eine für zulässig erklärte Beschwerde aus dem Register zu streichen"[383] oder an EHLERS' Feststellung, dass die EMRK keine Aussage darüber trifft, „welche Rechtswirkungen den Entscheidungen des EGMR in der innerstaatlichen Rechtsordnung zukommen."[384]

5.3.2 Die Urteile des EGMR

Spricht der EGMR ein Urteil über eine anhängige Rechtssache, kann es sich dabei sowohl um ein Feststellungsurteil als auch um ein Schadenersatzurteil handeln. Während bei ersterem lediglich festgestellt wird, ob eine Konventionswidrigkeit vorliegt oder nicht, sieht ein Schadenersatzurteil gemäß Artikel 41 EMRK auch die materielle Entschädigung des Beschwerdeführers vor.

Eine Kostenentscheidung ergeht nur, wenn Kosten auferlegt werden. An dieser Stelle können auch Kosten der Prozessparteien – es geht hier insbesondere um die Anwaltskosten des Beschwerdeführers – geltend gemacht werden.[385]

Aufgebaut werden alle Urteile des Gerichtshofs nach einem in Artikel 74 VerfO EGMR[386] festgeschriebenen Muster: Zu nennen sind die Namen des Präsidenten und der anderen Richter, aus denen sich die Kammer oder das Komitee zusammensetzt sowie der Name des Kanzlers oder des stellvertretenden Kanzlers, der Tag, an dem das Urteil gefällt, und der Tag, an dem es verkündet wird, die Bezeichnung der Parteien, die Namen der Prozessbevollmächtigten, Rechtsbeistände und Berater der Parteien, der Prozessverlauf, der Sachverhalt, eine Zusammenfassung des Vorbringens der Parteien, die Entscheidungsgründe, der Urteilstenor, gegebenenfalls die Kostenentscheidung, die Zahl der Richter, die die Mehrheit gebildet haben und gegebenenfalls auch, welche Sprachfassung maßgebend ist.[387]

Wenn es zu unterschiedlichen Auffassungen innerhalb des Richtergremiums kommt, was mit der persönlichen Einschätzung eines Falles, aber auch mit

---

383 Grabenwarter & Pabel, 2012, Europäische Menschenrechtskonvention, S. 93.

384 Ehlers, 2009, Die Europäische Menschenrechtskonvention, S. 75.

385 Vgl. Ehlers, 2009, Die Europäische Menschenrechtskonvention, S. 74.

386 Vgl. Europarat, 1998 i.g.F., Verfahrensordnung des EGMR, nicht verbindliche Arbeitsübersetzung des deutschen Bundesministeriums der Justiz und fur Verbraucherschutz, Artikel 74.

387 Diese Präzisierung ist notwendig, wenn der Gerichtshof sein Urteil wie in Artikel 76 VerfO EGM vorgesehen in beiden Amtssprachen erlässt.

dem Rechtskreis, in dem ein Richter selbst persönlich und beruflich sozialisiert wurde, zu tun haben kann, kann der überstimmte Richter ein Sondervotum abgeben, das ebenso veröffentlicht wird wie das Urteil selbst.[388] Während in der deutschen Übersetzung immer von Sondervotum die Rede ist, unterscheidet die englische Originalfassung zwischen einer *dissenting* und einer *separate opinion.* Kommt ein Richter im Ergebnis zu einer anderen Entscheidung, spricht man von „*dissenting opinion*", begründet er die Entscheidung lediglich anders als es die Mehrheit tut, wird das Sondervotum als „*separate opinion*" bezeichnet.[389]

Gemäß Artikel 77 VerfO EGMR wird jede Entscheidung vom Kammer- oder Komiteepräsidenten und vom Kanzler unterzeichnet. Urteile von Kammern werden vom Kammerpräsidenten oder von einem von ihm beauftragten Richter in öffentlicher Sitzung verkündet. Wird das Urteil nicht in öffentlicher Sitzung verkündet oder handelt es sich um ein Urteil eines Komitees, gilt die Übermittlung an das Ministerkomitee gleichzeitig als Verkündung des Urteils. Der Kanzler übermittelt den Parteien, dem Generalsekretär des Europarats, den Drittbeteiligten, dem Menschenrechtskommissar des Europarats, und allen anderen unmittelbar betroffenen Personen eine Kopie des Urteils. Das ordnungsgemäß unterzeichnete und gesiegelte Original wird im Archiv des Gerichtshofs verwahrt.[390]

Gemäß Artikel 79 der Verfahrensordnung können die Parteien innerhalb eines Jahres ab der Verkündung des Urteils dessen Auslegung beantragen. Wer einen solchen Antrag stellt, muss genau angeben, welcher Teil des Urteilstenors erläutert werden soll. Wenn sie keinen Grund sieht, der eine Prüfung rechtfertigt, kann die ursprüngliche Kammer den Antrag jedoch selbständig abweisen. Weist sie ihn nicht ab, übermittelt der Kanzler den Antrag an die andere(n) betroffene(n) Partei(en) und gibt ihr/ihnen Gelegenheit, innerhalb der vom Kammerpräsidenten bestimmten Frist schriftlich Stellung zu nehmen. Der Kammerpräsident bestimmt auch den Termin der mündlichen Verhandlung, wenn

388 Vgl. Europarat, 1998 i.g.F., Verfahrensordnung des EGMR, nicht verbindliche Arbeitsübersetzung des deutschen Bundesministeriums der Justiz und für Verbraucherschutz, Artikel 74, Absatz 2; vgl. dazu auch Karl, 2004, Der europäische Menschenrechtsschutz, S. 196.

389 Vgl. Europarat, 1998 i.g.F., Verfahrensordnung des EGMR, nicht verbindliche Arbeitsübersetzung des deutschen Bundesministeriums der Justiz und für Verbraucherschutz, Artikel 45, Absatz 2.

390 Vgl. Europarat, 1998 i.g.F., Verfahrensordnung des EGMR, nicht verbindliche Arbeitsubersetzung des deutschen Bundesministeriums der Justiz und fur Verbraucherschutz, Artikel 77.

die Kammer beschließt, eine solche durchzuführen. Die Kammer entscheidet mit Urteil.[391]

Generell ist eine Entscheidung des EGMR nach drei Monaten rechtskräftig und für den Mitgliedstaat, gegen den sie ergangen ist, bindend und nicht mehr anfechtbar.[392] Dass die Entscheidungen des EGMR für die Fortschreibung der Menschenrechte in Europa eine wichtige Rolle spielen, wurde schon erwähnt, den Beschwerdeführern geht es aber wohl nicht in erster Linie darum, sich einen Platz in der europäischen Rechtsgeschichte zu sichern, sie haben vielmehr das Ziel, ihre konkrete Situation zu verbessern. Darum wird vor der Analyse der völkerrechtlichen Verbindlichkeit der EGMR-Rechtsprechung untersucht, welchen praktischen Nutzen diese Entscheidungen für den Beschwerdeführer haben.

5.3.2.1 *Die unmittelbare Wirkung des Urteils: Entschädigung und Kostenersatz*

Letztinstanzliche Entscheidungen nationaler Gerichte kann der EGMR nicht aufheben.[393] Ob der nationale Gesetzgeber dazu verpflichtet ist, die Wiederaufnahme eines rechtskräftig abgeschlossenen Gerichtsverfahrens zuzulassen, wenn der EGMR feststellt, dass die betroffene Entscheidung eines Staates die Konvention verletzt, ist umstritten. Dafür spricht, dass „bei einer konventionswidrigen Gerichtsentscheidung im Prinzip die Durchführung eines neuen Verfahrens oder eine Wiederaufnahme auf Antrag des Betroffenen die angemessene Art der Wiedergutmachung“[394] darstellt. Dafür spricht auch, dass ein nationales Urteil nach der Feststellung der Konventionswidrigkeit durch den EGMR nicht mehr vollstreckt wird.[395] Auch das Ministerkomitee und die Parlamentarische Versammlung des Europarats haben empfohlen, in diesem Fall ein Wiederaufnahmeverfahren

---

391 Vgl. Europarat, 1998 i.g.F., Verfahrensordnung des EGMR, nicht verbindliche Arbeitsubersetzung des deutschen Bundesministeriums der Justiz und fur Verbraucherschutz, Artikel 79.

392 Vgl. Europarat, 1950 i.g.F., Die Europäische Menschenrechtskonvention, nicht verbindliche deutsche Übersetzung, Artikel 44 und 52.

393 Vgl. Bürgenthal & Thürer, 2010, Menschenrechte. Ideale, Instrumente, Institutionen, S. 211.

394 Vgl. EGMR, 2005, Öcalan gegen Türkei, zit. n. Ehlers, 2009, Die Europäische Menschenrechtskonvention, S. 77.

395 Vgl. Europarat, 1950 i.g.F., Die Europäische Menschenrechtskonvention, nicht verbindliche deutsche Übersetzung, Artikel 46.

einzuführen,[396] dennoch lehnt die herrschende Meinung diese Möglichkeit ab.[397] Kommt der Gerichtshof aber zum Schluss, dass der beschuldigte Staat die EMRK oder eines der Zusatzprotokolle tatsächlich verletzt hat, kann er dem Beschwerdeführer zumindest Schadenersatz zusprechen. Im Unterschied zum allgemeinen Völkerrecht ist hier „nicht der Staat, sondern unmittelbar der in seinen Rechten verletzte Beschwerdeführer Begünstigter einer Wiedergutmachung bzw. einer Entschädigung."[398]

Eine solche Entschädigung ist allerdings nur dann möglich, wenn der Beschwerdeführer seinen Anspruch ex Artikel 41 EMRK ausdrücklich geltend gemacht hat (Artikel 60 VerfO). Er muss sowohl seinen Schaden als auch die Kausalität der Konventionsverletzung darlegen.[399] Grundsätzlich sind auch immaterielle Schäden ersatzfähig,[400] bemessen wird die Entschädigungssumme nach billigem Ermessen,[401] wobei gemeinschaftsrechtliche Schadenersatzanspruche anzurechnen sind.[402]

Zu leisten hat die Entschädigung der unterlegene Vertragsstaat.[403] Wenn die Zahlung nicht innerhalb der gesetzten Frist erfolgt, kann die zugesprochene „gerechte" Entschädigung mit einem entsprechenden Beschluss der Kammer oder

---

396 Vgl. Europarat, Ministerkomitee, 19.01.2000, Empfehlung Nr. R (2000) 2 des Ministerkomitees an die Mitgliedstaaten über die Überprüfung oder Wiederaufnahme bestimmter Verfahren auf innerstaatlicher Ebene im Anschluss an Urteile des Europäischen Gerichtshofs fur Menschenrechte, Pkt. II. Verfügbar unter: www.egmr.org/minkom/ch/rec2000-2.pdf [06.12.2013].

397 Vgl. BVerfG (Vorprüfungsausschuss), NJW 1986, 1425ff., BVerfGE 111, 307, 325ff= JK 3/05, GG Art 20 III/39 (Fall 2); BVerfG, EuGRZ 2005, 426, 429; DVBl 2005, 761; BVerwG, NJW 1999, 1645, 1651; Polakiewicz, Die Verpflichtungen der Staaten aus den Urteilen des Europäischen Gerichtshofs fur Menschenrechte, 1993, 128ff., Pache EuR 2004, 393, 404. Vg. auch EGMR, EuGRZ 2004, 777, 778, Lyons u.a. gegen Großbritannien, zit. n. Ehlers, 2009, Die Europäische Menschenrechtskonvention, S. 76.

398 Polakiewicz, 1992, Die Verpflichtungen der Staaten aus den Urteilen des Europäischen Gerichtshofs fur Menschenrechte, S. 10.

399 Vgl. dazu EGMR, NVwZ-RR 2006, 513, 517, Dzelili gegen Deutschland, zit. n. Ehlers, 2009, Die Europäische Menschenrechtskonvention, S. 78.

400 Vgl. zB EGMR, NJW 2000, 2089, Rn 12f, Smith und Grady gegen Großbritannien, zit. n. Ehlers, 2009, Die Europäische Menschenrechtskonvention, S. 78.

401 Vgl. Ehlers, 2009, Die Europäische Menschenrechtskonvention, S. 78.

402 Vgl. EGMR, Rep 1998-II, Rn. 18, Hornsby gegen Griechenland; Grabenwarter VVDStRL (2001), 290, 335f., zit. Ehlers, 2009, Die Europäische Menschenrechtskonvention, S. 78.

403 Vgl. Bürgenthal & Thürer, 2010, Menschenrechte. Ideale, Instrumente, Institutionen, S. 210–211.

des Komitees auch verzinst werden.[404] Muss der Beschwerdeführer erneut den innerstaatlichen Rechtsweg beschreiten, um diese Entschädigung zu erhalten, spricht der EGMR von einer unvollkommenen Wiedergutmachung.[405]

Die Straßburger Richter können allerdings auch nur auf *general measures* entscheiden[406] und allgemeine, den Konventionsstandards nicht genügende Bestimmungen des Rechtssystems des beklagten Staates rügen.[407]

5.3.2.2 Die mittelbare Wirkung des Urteils: Fortschreibung des Menschenrechtsschutzes

Grundsätzlich sind die Entscheidungen des EGMR nur für die Streitparteien verbindlich. Gemäß Artikel 46 Absatz 1 EMRK sind die Vertragsstaaten dazu verpflichtet, „in allen Rechtssachen, in denen sie Partei sind, das endgültige Urteil des Gerichtshofs zu befolgen."[408]

POLAKIEWICZ vergleicht die Verbindlichkeit von EGMR-Urteilen mit der innerstaatlicher Entscheidungen und setzt den letztinstanzlichen Charakter der EGMR-Urteile mit der innerstaatlichen formellen Rechtskraft, die Verbindlichkeit für die Vertragsstaaten mit der materiellen Rechtskraft gleich.[409]

Da es aber nicht „Sinn des Beschwerdesystems sein [kann], immer wieder die gleichen Beschwerden gegen denselben Staat behandeln zu müssen"[410], geht die Wirkung eines EGMR-Urteils oft weit über den Anlassfall hinaus. Aus diesem Grund reicht es nicht aus, dass der verurteilte Vertragsstaat die Rechtsverletzung beendet und Wiedergutmachung leistet, er muss auch dafür sorgen, dass

404 Vgl. Europarat, 1998 i.g.F., Verfahrensordnung des EGMR, nicht verbindliche Arbeitsübersetzung des deutschen Bundesministeriums der Justiz und für Verbraucherschutz, Artikel 75.

405 EGMR, Series A 330-B, Rn 40, Papamichalopoulos u.a. gegen Griechenland; Series A 315-C, Rn, 50, Scollo gegen Italien; Series A 285-C, Rn. 17, Barberá gegen Spanien; Series A 17, Rn 30, Neumeister gegen Österreich, zit. n. Ehlers, 2009, Die Europäische Menschenrechtskonvention, S. 78.

406 Siehe dazu oben, S. 66.

407 Vgl. Bürgenthal & Thürer, 2010, Menschenrechte. Ideale, Instrumente, Institutionen, S. 210–211.

408 Vgl. Europarat, 1950 i.g.F., Die Europäische Menschenrechtskonvention, nicht verbindliche deutsche Übersetzung, Artikel 46; vgl. auch Steiner, 2010, Der Maßstab für den Menschenrechtsschutz im großen Europa, S. 749.

409 Vgl. Polakiewicz, 1992, Die Verpflichtungen der Staaten aus den Urteilen des Europäischen Gerichtshofs für Menschenrechte, S. 9.

410 Karl, 2004, Der europäische Menschenrechtsschutz, S. 297.

gleichartige Verletzungen der Konvention in Zukunft nicht mehr geschehen.[411] Falls nötig, hat er konventionswidrige Gesetze abzuändern. Oft reicht es aber auch schon aus, dass Gerichte und Verwaltungsbehörden nachdrücklich auf die Judikatur des EGMR hingewiesen oder Behörden umorganisiert werden.[412]

Anlässlich des Medienforums am 12. November 2009 nahm die damalige österreichische Justizministerin BANDION-ORTNER zur Häufigkeit der Verurteilungen Österreichs wegen der Verletzung von Artikel 10 EMRK Stellung und machte deutlich, dass der OGH nicht mehr vom Schlagzeilenleser als Empfänger von Äußerungen ausgehen werde, sondern vom unbefangenen Durchschnittsleser, der einen Artikel bis zum Ende liest.[413] Sie gehe daher davon aus, dass die „unerfreuliche Serie von Verurteilungen Österreichs durch den EGMR wegen Verstoßes gegen Artikel 10 EMRK beendet“[414] sei, so die Ministerin. FROWEIN dagegen führte diese schlechte Bilanz Österreichs auf eine Besonderheit des österreichischen Rechtssystems zurück. Durften auch Strafverfahren vor den Verfassungsgerichtshof gebracht werden und konnte dieser somit auch die Bedeutung der Medien- und Pressefreiheit überprüfen, wären „viele der prominenten Meinungs- und Pressefreiheitsfälle, die Österreich betreffen, nicht in Straßburg gelandet“[415], zeigt er sich überzeugt.

Mit ähnlichen Anpassungsanforderungen sahen sich die deutschen Gerichte nach der Niederlage gegen Prinzessin Caroline von Hannover 2004 konfrontiert. Das Urteil im ersten so genannten „Caroline-Fall“ habe laut dem Verband deutscher Zeitschriftenverleger erhebliche Auswirkungen auf die Pressefreiheit in Deutschland gehabt. Nach diesem Urteil hätten die deutschen Gerichte der Pressefreiheit weniger Gewicht beigemessen als zuvor.[416]

5.3.3 Das Piloturteil

Nach dem Inkrafttreten des 14. Zusatzprotokolls im Jahr 2010 führte der Gerichtshof 2011 ein neues Verfahren ein, das so genannte „Piloturteil“-Verfahren. Auf dieses – man konnte es als eine Art Musterprozess bezeichnen – greift der EGMR

---

411 Vgl. Ehlers, 2009, Die Europäische Menschenrechtskonvention, S. 75–76.

412 Vgl. Karl, Wolfram, Der europäische Menschenrechtsschutz, S. 297.

413 Diese Vorgabe hatte der EGMR eigentlich schon im Jahr 1997 in seinem Urteil im Fall im Fall Oberschlick Nr. 2 gemacht, der OGH aber machte sich dieses Kriterium erst in einem Grundsatzurteil im August 2007 zu eigen.

414 Bundesministerium für Justiz, 2009, o.S.

415 Frowein, Meinungsfreiheit und Demokratie, S. 22.

416 Vgl. EGMR, 2012, von Hannover gegen Deutschland (Nr. 2), Par. 90; siehe dazu auch unten, S. 130.

zurück, wenn er glaubt, in der Rechtsordnung eines Vertragsstaates ein strukturelles Problem zu erkennen, das sehr viele Individualbeschwerden zur Folge haben könnte.

Sollte dies der Fall sein, prüft der Gerichtshof einen dieser Fälle und spricht ein Urteil, das dann auch für die Losung der übrigen anhängigen Fälle heranzuziehen ist. Der EGMR, der eigentlich nur Einzelfälle beurteilt, gibt hier also generelle Empfehlungen zur Verhinderung weiterer gleich gelagerter Fälle ab.[417] Mit der Einführung dieses Instruments wich der Gerichtshof deutlich von seiner eigenen Linie ab – auch dies begründete er mit seiner großen Arbeitsbelastung. GRABENWARTER kritisiert, dass der Ermessensspielraum des Staates durch dieses Vorgehen stark eingeschränkt wurde.[418]

Der EGMR kann ein Piloturteil von Amts wegen oder auf Antrag einer Partei oder beider Parteien fällen. Beschwerden, bei denen die Durchführung eines Piloturteil-Verfahrens beschlossen wurde, werden nach Artikel 41 EMRK vorrangig behandelt. In seinem Urteil bezeichnet der EGMR die Art des festgestellten strukturellen oder systembedingten Problems oder sonstigen Missstands und auch die Art der Abhilfemaßnahmen, die der Staat intern zu treffen hat. Der Gerichtshof kann im Urteilsspruch auch eine Frist dafür setzen, wobei er der Art der geforderten Maßnahmen und der Geschwindigkeit, mit der dem festgestellten Problem auf innerstaatlicher Ebene abgeholfen werden kann, Rechnung zu tragen hat.[419]

Die Frage der Entschädigung kann der Gerichtshof hier ganz oder teilweise offenhalten, bis die Vertragspartei die im Urteil geforderten individuellen und allgemeinen Maßnahmen getroffen hat. Auch die Prüfung aller vergleichbaren Beschwerden kann der Gerichtshof zurückstellen, bis der Staat die im Urteil bezeichneten Abhilfemaßnahmen getroffen hat.[420] „Über den Beschluss, eine Beschwerde im Wege des Piloturteil-Verfahrens zu behandeln, den Erlass und die

417 Vgl. Informationsplattform humanrights.ch, 29.06.2011, o.S und humanrights.ch, 17.04.2012, o.S.

418 Vgl. Grabenwarter & Pabel, 2012, Europäische Menschenrechtskonvention, S. 105.

419 Vgl. Europarat, 1998 i.g.F., Verfahrensordnung des EGMR, nicht verbindliche Arbeitsubersetzung des deutschen Bundesministeriums der Justiz und fur Verbraucherschutz, Artikel 61.

420 Europarat, 1998 i.g.F., Verfahrensordnung des EGMR, nicht verbindliche Arbeitsubersetzung des deutschen Bundesministeriums der Justiz und fur Verbraucherschutz, Artikel 61, Absatz 6.

Umsetzung eines Piloturteils sowie den Abschluss des Verfahrens wird auf der Website des Gerichtshofs informiert."[421]

5.3.4 *Die Gütliche Einigung*

Auch wenn Verfahren vor dem EGMR üblicherweise mit einem Urteil abgeschlossen werden, besteht für die Parteien dennoch in jeder Phase des Verfahrens die Möglichkeit einer gütlichen Einigung nach Artikel 39 VerfO EGMR. Dieses Verfahren ist formlos: Der Kanzler des Gerichtshofs nimmt Kontakt zu den Streitparteien auf und fordert diese dazu auf, Vorschläge für eine gütliche Einigung – im nationalstaatlichen Verfahren würde man wohl von einem gerichtlichen Vergleich sprechen – vorzubringen.[422] Kommen die Parteien zu einer Einigung, muss der Gerichtshof diese bestätigen, „nachdem er sich vergewissert hat, dass die Einigung auf der Grundlage der Achtung der Menschenrechte getroffen wurde."[423]

Im Anschluss daran streicht er die Beschwerde mit „Entscheidung" nach Artikel 43 Absatz 3 VerfO EGMR aus dem Register. Genauso wie jedes Urteil ist auch die gütliche Einigung völkerrechtlich verbindlich, das Ministerkomitee ist für ihre Einhaltung und Umsetzung verantwortlich.[424]

5.4 Kritik an der Rolle des EGMR

Selbst in diesen Piloturteilen[425] gebe der Gerichtshof der jeweiligen Regierung nur vor, wie sie eine Unvereinbarkeit selber lösen kann, und greife somit nicht aktiv in die Gesetzgebung eines Vertragsstaates ein – mit diesen Worten wies Europarat-Generalsekretär JAGLAND die Kritik der Schweizer Bundesrichterin Pfiffner und der Gerichtsschreiberin am Bundesgericht Luzern, Bollinger, zurück. Außerdem würden weitere Beschwerdeführer durch diese Vorgehensweise schneller zu ihrem Recht kommen, weshalb Jagland das Verfahren nicht

---

421 Europarat, 1998 i.g.F., Verfahrensordnung des EGMR, nicht verbindliche Arbeitsübersetzung des deutschen Bundesministeriums der Justiz und fur Verbraucherschutz, Artikel 61, Absatz 10.

422 Vgl. Europarat, 1998 i.g.F., Verfahrensordnung des EGMR, nicht verbindliche Arbeitsübersetzung des deutschen Bundesministeriums der Justiz und fur Verbraucherschutz, Artikel 39 und 62; vgl. auch Grabenwarter & Pabel, 2012, Europäische Menschenrechtskonvention, S. 85.

423 Grabenwarter & Pabel, 2012, Europäische Menschenrechtskonvention, S. 86.

424 Vgl. Europarat, 1998 i.g.F., Verfahrensordnung des EGMR, nicht verbindliche Arbeitsübersetzung des deutschen Bundesministeriums der Justiz und für Verbraucherschutz, Artikel 39.

425 Mehr dazu siehe oben, S. 84.

nur für pragmatisch, sondern auch für das Subsidiaritätsprinzip stärkend hält.[426] PFIFFNER und BOLLINGER hatten die ihrer Meinung nach „ausufernde Interpretation der Menschenrechte“ durch den Gerichtshof kritisiert und dem EGMR vorgeworfen, sich als eine Art „Vierte Instanz“, zu einem *supranational court of appeals*[427] aufzuspielen. Die beiden forderten, der EGMR müsse sich in vielen Fällen zurück- oder sogar heraushalten.[428]

Nach Ansicht der Schweizer EGMR-Richterin KELLER wären diese immer wieder aufflammenden Kompetenzrangeleien und daraus folgende Unsicherheiten „am besten durch einen Dialog zwischen den Vertragsstaaten, bzw. ihren höchsten Gerichten, und dem EGMR“[429] aus dem Weg zu räumen. Sie fordert dazu auf, das Verhältnis zwischen dem EGMR und den nationalen Gerichten als Kooperationsmodell zu verstehen und es weiter zu stärken.[430] Auch GRABENWARTER zeigt sich davon überzeugt, dass sich diese beiden Grundrechtsordnungen gegenseitig „in einer Art ‚Dialog‘“ beeinflussen und so gemeinsam zur „Entwicklung eines Rechtsstaates europäischer Prägung“[431] beitragen.

Wichtig ist dieser Dialog auch, weil nach wie vor allem die einzelnen Staaten in der Pflicht sind, wenn es um die Umsetzung neu erarbeiteter Standards geht.[432] Dazu der Europarat: *„The main responsibility of ensuring the rights provided in the Convention rests with the Member States, and the role of the Strasbourg organs is limited to ensure whether the relevant authorities have remained within their limits.“*[433] Auch der Gerichtshof selbst betonte die Subsidiarität der Konvention immer wieder. In seinem Urteil im Fall **Handyside gegen Großbritannien** etwa hielt er fest, dass *„the machinery of protection established by the Convention is subsidiary to the national systems safeguarding human rights. The Convention*

426 Vgl. Jagland, 2012, Keine „ausufernde“ Auslegung der Menschenrechte, o.S.

427 Yourow, ZEUS 1998, 233, 236; ähnlich Harris/O'Boyle/Warbrick, S. 15, Gomien/Harris/Zwaak, S. 215; Morrison, RDH 1973, 263, 264f., zitiert in Logemann, Grenzen der Menschenrechte in demokratischen Gesellschaften, S. 156.

428 Vgl. Pfiffner & Bollinger, 02.02.2012, Ausufernde Interpretation der Menschenrechte, o.S; siehe dazu auch oben, S. 59.

429 Keller & Müller, 2012, Das Zusammenspiel von Bundesgericht und EGMR analysiert aus dem Blickwinkel der Subsidiarität, S. 23.

430 Vgl. Keller & Müller, 2012, Das Zusammenspiel von Bundesgericht und EGMR analysiert aus dem Blickwinkel der Subsidiarität, S. 24.

431 Grabenwarter, 2009, Europäische Menschenrechtskonvention, S. 21.

432 Siehe dazu auch oben, S. 56.

433 Europarat, o.J., The margin of appreciation, o.S.

leaves to each Contracting State, in the first place, the task of securing the rights and liberties it enshrines."[434]

Was auch nicht ausgeblendet werden darf: Die Vertragsstaaten sind der Konvention freiwillig beigetreten. Der Rechtsprechung des EGMR haben sie sich großteils sogar mit einer eigenen Erklärung unterworfen.[435]

6. Die Interpretation der EMRK

Der Europäische Gerichtshof für Menschenrechte[436] hat sich bei seiner Tätigkeit an den Zielen der Konvention – in der Präambel werden die Wahrung und Fortentwicklung der Menschenrechte und Grundfreiheiten als „Grundlage von Gerechtigkeit und Frieden"[437] bezeichnet – zu orientieren.

In ihren Entscheidungen haben die Straßburger Richter also in erster Linie danach zu trachten, die Rechte der Bürger möglichst effektiv zu schützen, denn die Konvention *„was created not in the interest of the States, but for the benefit of their citizens.*"[438]

6.1 Die Kollision von Grundrechten

Da die Konvention zum einen fortgeschrieben werden soll, zum anderen von einer „Vermutung zu Gunsten der Grundrechtsträger"[439] ausgeht, deren Rechte aber auch im Widerspruch zueinander stehen können, spielt die Interpretation der einzelnen Bestimmungen durch die EGMR-Richter eine wichtige Rolle. Um den Zielen der Konvention gerecht zu werden, müssen diese durch ihre Auslegung des Vertragswerks nicht nur einen Ausgleich zwischen den Grundsätzen der Rechtssicherheit und der Einzelfallgerechtigkeit finden,[440] sie müssen auch zwei Ansprüche „zu einem angemessenen und sachlichen Ausgleich [...] bringen."[441]

---

434 EGMR, Handyside gegen Großbritannien, Par. 48.

435 Siehe dazu oben, S. Fehler: Referenz nicht gefunden.

436 Mehr zu Zusammensetzung und Arbeitsweise dieses Gremiums siehe oben, S. 66.

437 Europarat, 1950 i.g.F., Die Europäische Menschenrechtskonvention, nicht verbindliche deutsche Übersetzung, Präambel.

438 Europarat, o.J., The margin of appreciation, o.S.

439 Waltersdorfer, Die Implementierung des Rechts auf freie Meinungsäußerung in der österreichischen Rechtsordnung, dargestellt am Fall Lingens, S. 56.

440 Vgl. Gering, 2012, Pressefreiheit in regionalen Menschenrechtssystemen, S. 2.

441 Berka, 2005, Persönlichkeitsschutz und Massenmedien im Lichte der Grundfreiheiten und Menschenrechte, S. 533.

Dass es im Rahmen der EMRK nur selten zu einer echten Kollision der gewährleisteten Rechte kommt, dürfte daran liegen, dass es sich um ein Vertragswerk handelt, das im Gegensatz zu nationalen Verfassungen formal nur durch Zusatzprotokolle ergänzt werden darf, die im Allgemeinen nicht unmittelbar verbindlich sind.[442] Die Abwägung zwischen zwei Konventionsrechten erfolgt also vor allem auf der Basis von Schranken, die in der entsprechenden Garantie selbst angeführt werden.[443] Diese „verfahrensrechtlichen Anforderungen an die Einschränkungsvoraussetzungen verhindern eine willkürliche Einengung der grundrechtlichen Freiheit, sichern ein objektiv nachvollziehbares Ergebnis und zwingen zu einer berechenbaren Argumentation."[444]

Vor allem, weil sich der EGMR „vermehrt mit Themen an der Schnittstelle von Gesellschaftspolitik und Recht"[445] befasst und sich Spannungen auf gesellschaftliche Veränderungen zurückführen lassen, ist es oft nicht vorhersehbar, zu welchem Ergebnis der Gerichtshof kommt. Der Grat, auf dem sich der EGMR bei seinen Entscheidungen bewegt, ist ein schmaler: Entscheidet er zu konservativ, entwickelt er die Konvention nicht weiter und verfehlt im schlechtesten Fall sogar deren Ziele. Zu fortschrittlich sollte er allerdings auch nicht entscheiden. In diesem Fall konnte den Straßburger Richtern vorgeworfen werden, dass sie das Recht nicht anwenden, sondern es selbst setzen wollen. PFIFFNER und BOLLINGER kritisieren die Praxis des Gerichtshofs als eine Gefährdung der Gewaltenteilung,[446] während SCHILLING den Richtern attestiert, im Wesentlichen den „goldenen Mittelweg" eingeschlagen zu haben.[447] Viel häufiger als es zu Kollisionen zwischen Konventionsgarantien kommt, kommt es aber zu Spannungen zwischen einem Konventionsrecht und einer nationalen (Verfassungs-) Bestimmung.

Dies liegt vor allem daran, dass die Verfassungen der Vertragsstaaten historisch gewachsen sind und zum Teil schon viel länger in Kraft sind als es die Europäische Menschenrechtskonvention ist. Dieses Spannungsverhältnis versucht Artikel 53 EMRK zu entschärfen, demzufolge die für den Einzelnen günstigere Regelung angewandt werden muss, wenn es eine solche in seinem Staat gibt.[448]

---

442 Siehe dazu auch oben, S. 60.

443 Siehe dazu auch unten, S. 93.

444 Starck, Art. 1 Abs. 3 GG, Rz 263, 275, zit. n. Martin, 2007, Grundrechtskollisionen, S. 71.

445 Steiner, 2010, Der Maßstab für den Menschenrechtsschutz im großen Europa, S. 753.

446 Siehe dazu auch oben, S. 56.

447 Vgl. Schilling, 2004, Internationaler Menschenrechtsschutz. Universelles und europäisches Recht, S. 18.

448 Siehe dazu auch oben, S. 59.

Lange Zeit etwa enthielt die EMRK das Verbot der Todesstrafe nur in Friedenszeiten, nach nationalen Verfassungen, etwa nach der deutschen, galt dieses aber auch in Kriegszeiten. Ein im Krieg zum Tode Verurteilter konnte sich daher vor den nationalen Instanzen auf diese Garantie berufen, nicht aber vor dem EGMR.[449]

Gibt es in einer Auseinandersetzung zwischen einem Staat und einem Bürger jedoch auch einen Dritten, der Grundrechtsanspruche geltend macht, kann sich der Betroffene nur dann auf das Günstigkeitsprinzip berufen, wenn der Anspruch des anderen dadurch nicht unter EMRK-Niveau gedruckt wird, weshalb GRABENWARTER und PABEL den Spielraum der nationalen Verfassungen trotz allem als eingeschränkt bezeichnen.[450]

Bevor die Schrankendogmatik der EMRK dargestellt wird,[451] nun ein Überblick über die klassischen Interpretationsmethoden völkerrechtlicher Verträge, also auch der EMRK.

6.2 Wortinterpretation und historische Interpretation der EMRK

Die wörtliche Interpretation des Vertragstextes hätte ein rechtsstaatliches Argument ganz klar auf ihrer Seite: „Das Prinzip der Gewaltenteilung [...] fordert [nämlich] die Bindung an das Gesetz bzw. den Normtext. Exekutive und Judikative sind nur dazu berufen, die Entscheidungen des Gesetzgebers bzw. der Vertragsparteien zu vollziehen."[452] Die Berechenbarkeit der Entscheidungen wäre somit am ehesten gegeben. Da der EGMR auch Widersprüche zwischen den unterschiedlichen Konventionsinhalten lösen muss und der Vertragstext, und das kommt erschwerend hinzu, sowohl auf Englisch als auch auf Französisch verbindlich ist,[453] können die Straßburger Richter jedoch nicht ausschließlich auf die Wortinterpretation zurückgreifen. Ein Beispiel dafür, dass die beiden Texte nicht immer übereinstimmen: Die englische Fassung von Artikel 10 Absatz 2 spricht davon, dass Einschränkungen *„prescribed by law"* sein müssen, die Artikel 8, 9

449 Vgl. Grabenwarter & Pabel, 2012, Europäische Menschenrechtskonvention, S. 13.

450 Vgl. Grabenwarter & Pabel, 2012, Europäische Menschenrechtskonvention, S. 14–15.

451 Siehe dazu auch unten, S. 93.

452 Badenhop, 2010, Normtheoretische Grundlagen der Europäischen Menschenrechtskonvention, S. 56.

453 Vgl. Europarat, 1950 i.g.F., Die Europäische Menschenrechtskonvention, nicht verbindliche deutsche Übersetzung, Schlussformel: „Geschehen zu Rom, am 4. November 1950, in englischer und französischer Sprache, wobei die beiden Texte in gleicher Weise authentisch sind, in einer einzigen Ausfertigung, die in den Archiven des Europarats hinterlegt wird."

und 11, die ein ähnliches Schrankensystem[454] aufweisen, davon, dass der Eingriff *„in accordance with law"* zu sein hat. Der französische Vertragstext dagegen enthält in beiden Fällen die Formulierung *„prévues par la loi"*.

In solchen Fällen gilt grundsätzlich der Sinngehalt, der von beiden gedeckt ist. Kann dieser nicht eruiert werden, wird nach Artikel 33 WVK die Bedeutung angenommen, die Ziel und Zweck der Konvention am ehesten entspricht.[455] Dies ist ein erster Anhaltspunkt dafür, dass eine reine Wortinterpretation dem Vertragstext nicht gerecht werden kann.

Zudem hindert der Effektivitätsgrundsatz (*principle of effectiveness* bzw. *effet utile)*, der darauf abzielt, Normen nach ihrer größtmöglichen praktischen Wirksamkeit auszulegen,[456] die Vertragsstaaten daran, „die Bedeutung eines Menschenrechts durch die Begrifflichkeit ihres innerstaatlichen Rechts einzuschränken."[457] Aufgrund der national zum Teil unterschiedlichen Bedeutungen von völkerrechtlichen Begriffen[458] hat auch die Auslegungspraxis in den Mitgliedstaaten bestenfalls „Indizwirkung",[459] und das auch nur dann, wenn es um die Interpretation von Begriffen geht, die aus der jeweiligen Rechtsordnung übernommen worden sind, wie etwa den der Unparteilichkeit und des Ansehens der Rechtsprechung in Artikel 10 EMRK, der sich am angelsächsischen Institut des *Contempt of Court* orientiert.[460] „Dass bei dieser Formulierung die Kasuistik und gewisse Grundbegriffe des englischen Rechts vorherrschen, Großbritannien sich aber Jahre lang weder der Einzelbeschwerde noch dem Gerichtshof unterworfen hat, noch überhaupt die Konvention anwendet, ist eine Ironie der Geschichte, mit der man sich abfinden muss."[461]

---

454 Mehr zum Schrankensystem der EMRK siehe unten, S. 93.

455 Vgl. Vereinte Nationen, 23.05.1969 i.g.F., Wiener Übereinkommen über das Recht der Verträge, Artikel 33; vgl. auch Logemann, Grenzen der Menschenrechte in demokratischen Gesellschaften, S. 171.

456 Vgl. Juristische Methodik, 2003ff., o.S.

457 Schilling, 2004, Internationaler Menschenrechtsschutz. Universelles und europäisches Recht, S. 19.

458 Vgl. Badenhop, 2010, Normtheoretische Grundlagen der Europäischen Menschenrechtskonvention, S. 57.

459 Waltersdorfer, Die Implementierung des Rechts auf freie Meinungsäußerung in der österreichischen Rechtsordnung, dargestellt am Fall Lingens, S. 56.

460 Vgl. Frowein, in Frowein/Peukert, EMRK-Kommentar, Artikel 10, Rn 35, zit. n. Eiffler, Die Auslegung unbestimmter Schrankenbegriffe der Europäischen Menschenrechtskonvention, S. 14.

461 Guradze, 1968, Die Europäische Menschenrechtskonvention, S. 6.

Auch die historische Interpretation des Vertragstextes, die sich am Willen der ursprünglichen Vertragsparteien orientiert, kann den Richtern kaum Vorgaben machen. Diese Methode steht im offenen Widerspruch zur Präambel, die ja eine Fortschreibung der Rechte, also eine Ausrichtung auf die Zukunft fordert, keine Rückbesinnung auf das Jahr 1950. Als Hilfsmittel kann man die Entstehungsgeschichte der Konvention dennoch in eine Entscheidung miteinbeziehen. Da es zur EMRK aber kaum gesicherte Vorarbeiten gibt, stützt sich die historische Interpretation des Vertragstextes in erster Linie auf die Allgemeine Erklärung der Menschenrechte,[462] die der EMRK als Vorbild diente.[463]

In einem Fall aber kommt der historischen Interpretation der EMRK doch recht große Bedeutung zu, dann nämlich, wenn es um die Auslegung von Vorbehalten geht, die einzelne Konventionsstaaten ausgesprochen haben.[464] Auch bei der Interpretation von Schranken orientiert sich die Rechtsprechung bisweilen am ursprünglichen Willen der Vertragsparteien. So sehen zum Beispiel die Vorbereitungsarbeiten zu Artikel 10 EMRK vor, dass die Schranke der staatlichen Integrität auf keinen Fall einen Eingriff rechtfertigen kann, der die Rechte nationaler Minderheiten, ihre Ansichten mit demokratischen Mitteln auszudrucken, einschränken konnte.[465]

Systematisch sind darüber hinaus in jedem Fall das Zusammenspiel von Konvention und ihrer Zusatzprotokolle mit der Satzung des Europarats und den von diesem Rat abgeschlossenen Abkommen sowie die Einbettung in das allgemeine Völkerrecht zu beachten.[466]

6.3 Die dynamisch-evolutive Auslegung der EMRK

Es kommt durchaus vor, dass der EGMR eine Verletzung der Konvention feststellt, obwohl er denselben Sachverhalt in einem anderen Verfahren als konventionskonform gewertet hat. Dies ist darauf zurückzuführen, dass der Gerichtshof gesellschaftliche Veränderungen zu berücksichtigen hat.[467] Zudem stellt er darauf ab, die Konvention so auszulegen, dass deren Inhalte für die Berechtigten auch

462 Mehr dazu siehe oben, S. 41.

463 Vgl. Waltersdorfer, Die Implementierung des Rechts auf freie Meinungsäußerung in der österreichischen Rechtsordnung, dargestellt am Fall Lingens, S. 57.

464 Vgl. Ehlers, 2009, Die Europäische Menschenrechtskonvention, S. 44.

465 Vgl. Conseil d'Europe, Travaux preparatoires, Artikel 10 EMRK, S. 13, zit. n. Gering, 2012, Pressefreiheit in regionalen Menschenrechtssystemen, S. 116.

466 Vgl. Ehlers, 2009, Die Europäische Menschenrechtskonvention, S. 44.

467 Vgl. Keller & Müller, 2012, Das Zusammenspiel von Bundesgericht und EGMR analysiert aus dem Blickwinkel der Subsidiarität, S. 23.

praktischen Nutzen haben und deren Situation effektiv verbessern.[468] Wie auch im Recht der Europäischen Gemeinschaften ist folglich eine Auslegung geboten, die sich am Grundsatz der Effektivität *(effet utile)* orientiert.[469]

Um die Konvention diesen Zielen entsprechend interpretieren zu können, erklärten die Straßburger Richter das Vertragswerk schon im Jahr 1978 zu einem *living instrument,* das *„in the light of present-day conditions"*[470] ausgelegt werden muss. Dass die EGMR-Richter selbst festlegen können, welche Kriterien für ihre eigenen Entscheidungen ausschlaggebend sind, lässt sich darauf zurückführen, dass die EMRK als völkerrechtlicher Vertrag der Wiener Vertragsrechtskonvention[471] unterliegt, die zwar sehr detaillierte Regelungen über die Auslegung der Vertragswerke enthält, es aber letztlich den Interpreten überlässt, welche Schwerpunkte sie setzen.[472] Der damalige EGMR-Präsident WILDHABER[473] bezeichnete die dynamisch-evolutive Auslegungstechnik, nach der der EGMR die jeweilige aktuelle Bedeutung eines Konventionsbegriffs ermittelt und die Bestimmungen auf diese Weise auch ergänzt und modernisiert, in seiner Rede zur Eröffnung des Gerichtsjahrs 2003 als *„the best known principle of Straßbourg case law"*.[474]

Dieses dynamisch-evolutive Vorgehen des Gerichtshofs wird den aktuellen Verfahren zwar gerecht, die Entscheidungen ziehen bisweilen aber auch Unsicherheit und Unverständnis nach sich und machen es für die Vertragsstaaten und deren nationale Gerichte – jedes EGMR-Verfahren hat ja eine nationalstaatliche Vorgeschichte und steht deshalb auch im Spannungsverhältnis zwischen

---

468 Als grundlegend bezeichnet Ehlers in diesem Zusammenhang EGMR, 1978, Tyrer gegen Großbritannien, und EGMR, 1979, Airey gegen Irland, zit. n. Ehlers, 2009, Die Europäische Menschenrechtskonvention, S. 44.

469 Vgl. Ehlers, 2009, Die Europäische Menschenrechtskonvention, S. 44.

470 EGMR, 1978, Urteil Tyrer gegen Großbritannien, Par. 31.

471 Vereinte Nationen, 23.05.1969 i.g.F., Wiener Übereinkommen uber das Recht der Verträge. Verfügbar unter: www.ris.bka.gv.at/GeltendeFassung.wxe?Abfrage=Bundesnormen&Gesetzesnummer=10000684 [13.09.2014].

472 Vgl. Golder gegen Großbritannien, Par. 29, zit. n. Wolf, Der europäische Menschenrechtsschutz, S. 282.

473 Der Schweizer Jurist war von 1998 bis 2007 Präsident des Europäischen Gerichtshofs für Menschenrechte, sein Nachfolger war der Franzose Costa (2007–2011). Der derzeitige Präsident des Europäischen Gerichtshofs für Menschenrechte ist der Luxemburger Spielmann.

474 Wildhaber, 23.01.2003, Opening of the judicial year ceremony, o.S., zit. n. Logemann, Grenzen der Menschenrechte in demokratischen Gesellschaften, S. 174.

staatlicher Souveränität und völkerrechtlicher Kooperation[475] – schwierig, die einzelnen Inhalte konventionskonform auszulegen. Hier wird deutlich, dass die Vertragsstaaten den Schutz der Menschenrechte und Grundfreiheiten auch selbst weiterzuentwickeln haben und nicht nur darauf warten sollten, dass der EGMR ihnen diese Entscheidung abnimmt und eine neue Interpretation vorschreibt. Dass diese Aufgabe nach wie vor aber gerne an die Rechtsprechungsinstanz des Europarats abgetreten wird, zeigt etwa die Forderung HOFFMEISTERS, die Straßburger Richter sollten „mehr Sorgfalt darauf verwenden, vor der Einzelfallentscheidung die entscheidungsrelevanten Obersätze in den Mittelpunkt zu stellen, um so im Sinne der Subsidiarität den mitgliedstaatlichen Gerichten bei der Wahrnehmung der Aufgabe zu helfen, die von der Konvention geforderten Wertmaßstäbe selbst richtig anwenden zu können."[476]

6.4 Die Schrankendogmatik der EMRK

Auch wenn die Straßburger Richter die Konventionsinhalte also evolutiv auslegen, müssen sie sich an die vom Vertragswerk selbst gesetzten Schranken halten. Vorbehaltlos gewährleistet sind auch die EGMR-Rechte nur ausnahmsweise.[477] Das Vertragswerk gibt zum Teil sehr detailliert vor, wie und unter welchen Umständen einzelne Rechte eingeschränkt werden dürfen.[478] Das gewährleistete Recht und seine Schranken stehen zueinander „im Verhältnis von Grund und Gegengrund."[479]

Im ersten Konventionsentwurf wiesen diese Beschränkungen eine strukturelle Ähnlichkeit zur AEMR auf, an der sich das Ministerkomitee bei der Ausarbeitung der EMRK orientierte.

Es war ein allgemeiner Einschränkungsvorbehalt vorgesehen, der sich auf alle Rechte in gleicher Weise beziehen sollte.[480] In die Endfassung der Konvention

475 Vgl. Waltersdorfer, Die Implementierung des Rechts auf freie Meinungsäußerung in der österreichischen Rechtsordnung, dargestellt am Fall Lingens, S. 57.

476 Hoffmeister, Frank, Art. 10 EMRK in der Rechtsprechung des Europäischen Gerichtshofs für Menschenrechte 1994–1999, zit. n. Rami, 2008, Zwingt der EGMR Österreich zu einer Änderung seines Medienrechts?, S. 104.

477 Vgl. Ehlers, 2009, Die Europäische Menschenrechtskonvention, S. 59.

478 Vgl. Badenhop, 2010, Normtheoretische Grundlagen der Europäischen Menschenrechtskonvention, S. 240.

479 Badenhop, 2010, Normtheoretische Grundlagen der Europäischen Menschenrechtskonvention, S. 216.

480 Vgl. Artikel 6 Entwurf Beratende Versammlung, in: Collected Edition of the „Travaux preparatoires" Band I, The Hague 1975, S. 230, zit. n. Badenhop, 2010, Normtheoretische

aufgenommen wurde dieses Modell jedoch nicht. Ausdrücklich niedergelegt wurde in Artikel 17 EMRK nur das Missbrauchsverbot.[481] Ansonsten stützte sich das Sachverständigengremium, das seinen Entwurf an das Ministerkomitee weiterleitete, eher auf die Entwürfe zum IPbpR, die die UN-Menschenrechtskommission kurz zuvor ausgearbeitet hatte und die keinen allgemeinen Einschränkungsvorbehalt für alle Rechte vorsahen, sondern spezielle Schranken für jedes einzelne.[482]

6.4.1 Die allgemeinen Schrankenregelungen der EMRK

Allgemeine Schrankenregelungen enthalten lediglich die Artikel 15, 16 und 17 EMRK.[483] Diese Einschränkungen gelten für alle Konventionsrechte. Ob sie angewandt werden, ist vor einem möglichen speziellen Vorbehalt zu prüfen.[484] Artikel 18 hält darüber hinaus ausdrücklich fest, dass die Rechte und Freiheiten der Konvention nur zu den vorgesehenen Zwecken eingeschränkt werden dürfen.[485] Die Einschränkungen können auch nur für eine begrenzte Zeit gelten.[486]

Nach Artikel 15 EMRK kann ein Mitgliedstaat im Fall eines Krieges oder eines anderen öffentlichen Notstands, der das Leben der Nation bedroht, Maßnahmen treffen, die seine Konventionsverpflichtungen außer Kraft setzen, jedoch nur, soweit es die Lage unbedingt erfordert, und unter der Voraussetzung, dass die Maßnahmen nicht im Widerspruch zu sonstigen völkerrechtlichen Verpflichtungen stehen.[487] Wer dieses Recht in Anspruch nehmen will, hat laut Absatz 3 der Bestimmung den Generalsekretär des Europarats über die getroffenen Maßnahmen und auch über deren Gründe zu unterrichten. Ist diese Erklärung rechtsgültig,

---

Grundlagen der Europäischen Menschenrechtskonvention, S. 241, zit. n. Eiffler, 1999, Die Auslegung unbestimmter Schrankenbegriffe der Europäischen Menschenrechtskonvention, S. 5.

481 Vgl. Klopfer, 1996, „Innere Pressefreiheit" und Tendenzschutz im Lichte des Artikels 10 der Europäischen Konvention zum Schutz der Menschenrechte und Grundfreiheiten, S. 113.

482 Vgl. Badenhop, 2010, Normtheoretische Grundlagen der Europäischen Menschenrechtskonvention, S. 241.

483 Siehe dazu auch oben, S. 64.

484 Vgl. Ehlers, Die Europäische Menschenrechtskonvention, S. 63.

485 Europarat, 1950 i.g.F., Die Europäische Menschenrechtskonvention, nicht verbindliche deutsche Übersetzung, Artikel 18, Begrenzung der Rechtseinschränkungen Die nach der vorliegenden Konvention gestatteten Einschränkungen dieser Rechte und Freiheiten dürfen nicht für andere Zwecke als die vorgesehenen angewandt werden.

486 Vgl. Grabenwarter, 2009, Europäische Menschenrechtskonvention, S. 10.

487 Vgl. Europarat, 1950 i.g.F., Die Europäische Menschenrechtskonvention, nicht verbindliche deutsche Übersetzung, Artikel 15; siehe dazu oben, S. 63.

folgt daraus, dass, anders als es die Formulierung „Abweichen“ in der deutschen Übersetzung nahelegen würde, die Konvention im Ausmaß der Erklärung unanwendbar ist.[488]

Ein Beispiel aus der jüngeren Vergangenheit zeigt deutlich, dass nicht alle Erklärungen rechtsgültig sind. Im Zusammenhang mit den Anschlägen vom 11. September 2001 hat etwa Großbritannien eine solche Erklärung abgegeben, um entsprechende Gesetze erlassen zu können. Da die Anschläge aber nicht gezielt gegen Großbritannien gerichtet waren und die vom britischen Gesetzgeber ergriffenen Maßnahmen im Vergleich zu allen anderen Konventionsmitgliedern unverhältnismäßig erschienen, war die Erklärung ungültig. London zog sie am 16. März 2005 zurück.[489] Nach den Bombenanschlägen in London im Jahr 2005 stellte der Gerichtshof im Fall **A. u.a. gegen Großbritannien** dann jedoch fest, dass „Großbritannien angesichts aufrechter Terrorgefahr zu Recht vom Vorliegen einer Notstandssituation i.S.d. Artikels 15 EMRK ausgegangen war.“[490]

Auch dass der Staat seinen sonstigen völkerrechtlichen Verpflichtungen nachkommt, ist Voraussetzung für diesen Schritt. „Dabei ist insbesondere an die Genfer Konvention sowie an den IPbpR zu denken.“[491] Dass etwa die Gedanken-, Gewissens- und Religionsfreiheit im zweiten Absatz von Artikel 4 IPbpR zu einem notstandsfesten Recht erklärt wird, ist auch im Rahmen der EMRK zu berücksichtigen. Obwohl auch das Recht auf Leben sowie das Verbot der Folter und der Sklaverei unter die vom Internationalen Pakt über bürgerliche und politische Rechte auf diese Weise „doppelt“ notstandsfesten Rechte fallen, führt auch Artikel 15 EMRK diese noch einmal explizit an.

Der darauf folgende Artikel 16 EMRK erlaubt es den Konventionsstaaten indirekt, die politische Tätigkeit von Ausländern einzuschränken, indem er festschreibt, dass keine der Bestimmungen der Artikel 10, 11 und 14 so ausgelegt werden darf, dass sie es den Vertragsstaaten verbietet, die politische Tätigkeit von Ausländern zu beschränken. Für einen internationalen Menschenrechtspakt ist diese Bestimmung ungewöhnlich, werden In- und Ausländer grundsätzlich doch gleich behandelt.[492] Die Parlamentarische Versammlung des Europarats hat

---

488 Grabenwarter, 2009, Europäische Menschenrechtskonvention, S. 10.

489 Vgl. Grabenwarter, 2009, Europäische Menschenrechtskonvention, S. 10.

490 EGMR, 19.02.2009 (GK), A. u.a. gegen Großbritannien, Nr. 3455/05, Z 181, zit. n. Grabenwarter, 2009, Europäische Menschenrechtskonvention, S. 11.

491 Krieger, in. Grote/Marauhn, Kap 8 RN 26f., zit. n. Grabenwarter & Pabel, 2012, Europäische Menschenrechtskonvention, S. 12.

492 Auch Artikel 1 EMRK sichert generell „allen der Hoheitsgewalt der Mitgliedstaaten unterstehenden Personen“ Schutz zu, nicht nur den jeweiligen Staatsbürgern.

schon im Jahr 1977 die Aufhebung dieses Passus gefordert.[493] Auf Staatsangehörige der EU ist diese Norm generell nicht anwendbar. Dies liegt daran, dass „im Falle einer engeren politischen Verflechtung eines Teils der Mitgliedstaaten die Staatsangehörigen der jeweils anderen Staaten in jedem der enger verbundenen Staaten im Wesentlichen gleiche politische Rechte wahrnehmen",[494] und gerade um die Kernbereiche politischer Tätigkeit geht es ja in dieser Bestimmung.[495]

Artikel 17 EMRK will dem Missbrauch von Rechten vorbeugen und lässt es nicht zu, dass sich auch „Freiheitsfeinde" auf die Konventionsrechte berufen.[496] Das Recht auf freie Meinungsäußerung etwa würde dann missbräuchlich in Anspruch genommen, wenn der Holocaust geleugnet wird.[497] In diesem Fall darf der Staat die Ausübung eines scheinbaren Grundrechts also bestrafen, weitergehende Beschränkungen der Konventionsinhalte werden durch diese Norm aber explizit untersagt.[498] In der Rechtsprechung dient diese Regelung bisweilen auch dazu, „Beschwerden mit einer Begründung für unzulässig zu erklären, die die Annahme der Begrenzung des Schutzbereichs nahelegt."[499]

6.4.2 Die speziellen Schrankenregelungen der EMRK

Neben diesen allgemeinen Schrankenregelungen gibt es spezielle, die nur für jenes Konventionsrecht gelten, für das sie jeweils formuliert wurden. Vorab sei noch einmal festgehalten, dass etwa die Unschuldsvermutung oder das Verbot der Sklaverei an sich nicht eingeschränkt werden können, während andere Verbürgungen ihre Eingriffsmöglichkeiten selbst aufzählen. Auch diese einzeln

493 Europarat, Parlamentarische Versammlung, 25.01.1977, Recommendation Nr. 799/1977 on the Politcal Rights of Aliens, Artikel 10c. Verfügbar unter: assembly.coe.int/Main.asp?link=/Documents/AdoptedText/ta77/EREC799.htm [14.09.2014].

494 Grabenwarter & Pabel, 2012, Europäische Menschenrechtskonvention, S. 135.

495 Vgl. Grabenwarter & Pabel, 2012, Europäische Menschenrechtskonvention, S. 135.

496 Vgl. Ehlers, 2009, Die Europäische Menschenrechtskonvention, S. 61.

497 Vgl. EGMR, 24.06.2003, Garaudy gegen Frankreich, zit. u.a. n. Ehlers, 2009, Die Europäische Menschenrechtskonvention, S. 58.

498 Vgl. Europarat, 1950 i.g.F., Die Europäische Menschenrechtskonvention, nicht verbindliche deutsche Übersetzung, Artikel 17.

499 EGMR, 11.10.1979, Glimmerveen und Hagenbeek, DR 18, 187 (194); EGMR 23.09.1994 (GK). Jersild gegen Dänemark, Nr. 15890/1989=NStZ 1995, 237, Z. 35; aus späterer Zeit EGMR, 24.06.2003, Geraudy gegen Frankreich, Nr. 65831/2001. Vgl. auch Gundel, Beschränkungsmöglichkeiten, in Merten & Papier (Hg.), Handbuch der Grundrechte, Bd. VI/I, 2010, § 147 Rn 69ff., zit. n. Grabenwarter & Pabel, 2012, Europäische Menschenrechtskonvention, S. 123–124.

angeführten Schranken weisen aber Gemeinsamkeiten auf. Eine Sonderstellung hat laut BADENHOP das Recht auf Eheschließung.[500]

7. Drittwirkung der Konventionsrechte und positive Schutzpflichten des Staates

Die Frage danach, ob die Grundrechte der EMRK auch Private in die Pflicht nehmen können, hat bei den Beratungen über die Konvention keine Rolle gespielt.[501] In der EMRK selbst findet sich daher auch kein Hinweis darauf, die einzig Verpflichteten der Konvention sind gemäß Artikel 1 die Vertragsstaaten.[502] Dies wird auch daran deutlich, dass Beschwerden vor dem EGMR nur gegen Staaten, nicht aber gegen Private eingebracht werden können.[503]

Dennoch ist heute allgemein anerkannt, dass die Menschenrechte der EMRK genauso wie verfassungsrechtlich garantierte Grundrechte im Privatrecht eine mittelbare Wirkung entfalten.[504] Auch wenn diese Wirkung also nur indirekte Wirkung ist,[505] so gehen die Garantien der Konvention über bloße Abwehrrechte[506] den Vertragsstaaten gegenüber hinaus. Schon in seiner „Geheimsphäre"-Entscheidung aus dem Jahr 1978 erkannte der österreichische OGH die Lehre von der mittelbaren Drittwirkung – für KARNER „völlig zu Recht"[507] - an.[508] Wie der EuGH leitet auch der EGMR in ständiger Rechtsprechung „aus den

500 Vgl. Badenhop, 2010, Normtheoretische Grundlagen der Europäischen Menschenrechtskonvention, S. 244–245; siehe dazu oben, S. 62.

501 Vgl. Martin, 2007, Grundrechtskollisionen, S. 13.

502 Vgl. Europarat, 1950 i.g.F., Die Europäische Menschenrechtskonvention, nicht verbindliche Übersetzung, Artikel 1.

503 Vgl. Europarat, 1950 i.g.F., Die Europäische Menschenrechtskonvention, nicht verbindliche deutsche Übersetzung, Artikel 34; vgl. u.a. Wolf, Der europäische Menschenrechtsschutz, S. 278.

504 Vgl. u.a. Karner, 2014, Menschenrechte und Persönlichkeitsschutz in Österreich und Europa, S. 31.

505 Vgl. Bürgenthal & Thürer, 2010, Menschenrechte. Ideale, Instrumente, Institutionen, S. 236.

506 Im Gegensatz zu Leistungsrechten, die den Staat auch zu aktivem Handeln verpflichten können, kann sich der Bürger durch die Inanspruchnahme eines Abwehrrechts lediglich dann zur Wehr setzen, wenn der Staat in seine Rechte eingreift.

507 Karner, 2014, Menschenrechte und Personlichkeitsschutz in Österreich und Europa, S. 31.

508 Vgl. OGH 4 Ob 91/78 SZ 51/146=RdA 1979/224 Reischauer=ZAS 1979/24 Marhold, zit. n. Karner, 2014, Menschenrechte und Persönlichkeitsschutz in Österreich und Europa, S. 31.

Freiheitsrechten (und anderen Konventionsrechten) unter bestimmten Voraussetzungen Anspruche des Einzelnen auf staatlichen Schutz vor rechtswidrigen Eingriffen Privater in die geschützte Rechtssphäre ab."[509] Diese Entwicklung der Rechtsprechung ist Ausdruck des Strebens der EGMR-Richter nach einer Verbesserung der Lage für die Bürger, für die die Konvention ja von Vorteil sein soll.[510] Wie die Abwehrrechte verfolgen auch die positiven Schutzpflichten in erster Linie das Ziel, ein Gleichgewicht zwischen den konkurrierenden Interessen des Einzelnen und der Allgemeinheit herzustellen.[511]

BÜRGENTHAL und THÜRER erkennen auch einen immer deutlicheren „Reflex der Konventionsrechte auf den Privatrechtsverkehr."[512] Vor rund 20 Jahren hatte PEUKERT noch festgehalten, dass die Fallpraxis der Straßburger Organe „wenig konkrete Anlässe [biete, etwa] aus Artikel 10 EMRK eindeutige positive staatliche Schutzpflichten zu entwickeln."[513] Mittlerweile sei der Meinungsäußerungsfreiheit unter Privaten aber sehr wohl eine horizontale Wirkung zuerkannt worden,[514] so SENN. Der Staat werde als eine Art „Schlichtungsinstanz *qua* Zivilgesetzgebung"[515] zwischen den Angreifer und den Angegriffenen geschaltet, kommentiert er diese Entwicklung.[516]

Auch wenn die *Media Legal Defence Initiative*, das *International Press Institute* und die *World Association of Newspapers and News publishers* als Drittbeteiligte im Verfahren **von Hannover gegen Deutschland**[517] festhielten, „dass die Konventionsstaaten über einen breiteren Spielraum verfügen, wenn es um ihre positiven Verpflichtungen im Bereich der Beziehungen zwischen Privatpersonen

509 Ehlers, 2009, Die Europäische Menschenrechtskonvention, S. 40.

510 Siehe dazu auch oben, S. Fehler: Referenz nicht gefunden.

511 Vgl. EGMR, 2004, von Hannover gegen Deutschland, nichtamtliche Übersetzung der deutschen Bundesregierung, Par. 57.

512 Bürgenthal & Thürer, 2010, Menschenrechte. Ideale, Instrumente, Institutionen, S. 236.

513 Peukert, 1996, Die Kommunikationsrechte im Lichte der Rechtsprechung der Organe der EMRK, in Festschrift Ernst Gottfried Mahrenholz, S. 284, zit. n. Klopfer, „Innere Pressefreiheit" und Tendenzschutz im Lichte des Artikels 10 der Europäischen Konvention zum Schutz der Menschenrechte und Grundfreiheiten.

514 Vgl. Senn, 2003, Grundrechtskollisionen im Kontext der Kommunikationsfreiheiten – das Beispiel satirischer Äußerungen, S. 5.

515 Senn, 2003, Grundrechtskollisionen im Kontext der Kommunikationsfreiheiten – das Beispiel satirischer Äußerungen, S. 2–3.

516 Vgl. Senn, 2003, Grundrechtskollisionen im Kontext der Kommunikationsfreiheiten – das Beispiel satirischer Äußerungen, S. 2–3.

517 Mehr dazu siehe unten, S. 130.

oder auch um die Beurteilung anderer Sachverhalte geht, in denen es in demokratischen Gesellschaften zu Recht auch große Meinungsverschiedenheiten geben könne",[518] begründete das Urteil die Pflicht Deutschlands, das „Recht auf Privat- und Familienleben auch im Verhältnis zu Privaten sicherzustellen."[519] THÜRER und BÜRGENTHAL führen dieses Urteil als ein wichtiges Beispiel einer „mittelbaren Drittwirkung", auch „Ausstrahlungswirkung" genannt, an.[520] Genauso müssen die Vertragsstaaten etwa das Recht auf Leben gesetzlich schützen oder für ein funktionierendes Justizsystem sorgen, ohne welches ein faires Gerichtsverfahren nicht möglich wäre.[521]

Mit Blick auf die Konvention ist außerdem zu beachten, dass sich aus den Menschenrechten auch positive Schutzpflichten des Staates ergeben, dass der Staat dazu verpflichtet ist, Angriffe von Privaten auf Private abzuwehren.[522] Gerade in Bezug auf Artikel 8 EMRK machte der EGMR mittlerweile mehrfach deutlich, dass die grundrechtlichen Bestimmungen auch positive Schutzpflichten der Staaten mit sich bringen, sofern diese Bestandteil einer wirksamen Achtung des Privat- und Familienlebens sind.[523] Dazu können auch Maßnahmen gehören, die das Ziel haben, die Achtung des Privatlebens in den Beziehungen zwischen Individuen sicher zu stellen[524] und die somit in die Beziehungen zwischen Einzelnen hineinreichen.[525] Im Fall **Pfeifer** befand der EGMR zum Beispiel, dass Artikel 8 verletzt wurde, weil „der belangte Staat den guten Ruf einer

518 Vgl. EGMR, 2012, von Hannover gegen Deutschland, nichtamtliche Übersetzung der deutschen Bundesregierung, Par. 93.

519 Bürgenthal & Thürer, 2010, Menschenrechte. Ideale, Instrumente, Institutionen, S. 236.

520 Vgl. Bürgenthal & Thürer, 2010, Menschenrechte. Ideale, Instrumente, Institutionen, S. 236.

521 Vgl. Wolf, Der europäische Menschenrechtsschutz, S. 277.

522 Vgl. Grabenwarter/Pabel, 2012, Europäische Menschenrechtskonvention, § 19, Rz 1, zit. auch nach Karner, 2014, Menschenrechte und Persönlichkeitsschutz in Österreich und Europa, S. 31.

523 Vgl. EGMR, 2004, von Hannover gegen Deutschland, nichtamtliche Übersetzung der deutschen Bundesregierung, Par. 57.

524 Vgl. EGMR, 2012, von Hannover gegen Deutschland, nichtamtliche Übersetzung der deutschen Bundesregierung, Par. 98.

525 Vgl. EGMR, 2004, von Hannover gegen Deutschland, nichtamtliche Übersetzung der deutschen Bundesregierung, Par. 57.

Person nicht hinreichend geschützt habe, indem er Äußerungen, die die Grenzen der Meinungsäußerungsfreiheit überschritten haben, nicht sanktionierte."[526]

KOZIOL hält es aus privatrechtlicher Sicht dennoch für fraglich, ob der Einzelne aus der Verletzung einer Konventionspflicht Anspruche ableiten kann, „da die Regelung offenbar in erster Linie den Schutz der demokratischen Gesellschaft, also der Allgemeinheit, im Auge hat."[527] Wenn die Garantien der Konvention über bloße Abwehrrechte den Vertragsstaaten gegenüber hinausgehen, muss im Umkehrschluss auch gelten, dass die Konvention nicht nur die Vertragsstaaten verpflichtet.[528]

Von Bedeutung ist dies vor allem, weil in vielen Ländern gesellschaftliche Machtgebilde entstanden sind, die für die Freiheit der Individuen viel bedrohlicher sein können als die Herrschaft der Staaten, und die es „erfordern, dass ein Staat sich nicht nur des Eingriffes in ein Konventionsrecht enthält, sondern dessen Unverletzlichkeit durch aktives Tätigwerden sicherstellt."[529] Zu diesen Gebilden gehören etwa Medienkonzerne.

Die Frage, die BÜRGENTHAL und THÜRER in diesem Zusammenhang stellen, ist folgende: „Sollen solche privaten Machtträger frei sein zu einem Verhalten, das staatlichen Machtträgern als Menschenrechtsverletzungen vorgeworfen würde?"[530]

Um festzustellen, ob eine Handlung rechtswidrig ist, ist eine umfassende Interessenabwägung vorzunehmen.[531] In jedem einzelnen Fall. Auch dies ein Ausdruck des *Case Law*-Systems des EGMR.[532]

---

526 Zeder, 2010, Medienrecht im Spannungsfeld zwischen Meinungsfreiheit und Persönlichkeitsschutz: Die Sicht des Legisten, S. 62.

527 Koziol, 2010, Öffentliche Aufgabe und Wahrhaftigkeitspflicht in der Berichterstattung - Gedankensplitter eines Privatrechtlers, S. 84.

528 Vgl. Ehlers, 2009, Die Europäische Menschenrechtskonvention, S. 47.

529 Bürgenthal & Thürer, 2010, Menschenrechte. Ideale, Instrumente, Institutionen, S. 236.

530 Bürgenthal & Thürer, 2010, Menschenrechte. Ideale, Instrumente, Institutionen, S. 421.

531 Vgl. Karner, Menschenrechte und Persönlichkeitsschutz in Österreich und Europa, S. 29.

532 Vgl. u.a. Schneiders, 2010, Die Grundrechte der EU und die EMRK, S. 187.

Teil 3: Pressefreiheit und Persönlichkeitsschutz in der EMRK

Die für die folgende Analyse zentralen Bestimmungen der Europäischen Menschenrechtskonvention werden nun erläutert. Im Anschluss daran wird das Vorgehen des EGMR in Bezug auf diese Normen dargestellt.

1. Artikel 10 EMRK: Die Freiheit der Meinungsäußerung

Die EMRK enthält keine eigene Bestimmung zum Schutz der Freiheit der Medien. Im Gegensatz zur Grundrechtecharta der Europäischen Union[533] kommt der Begriff der Medien in dieser Konvention gar nicht vor, auch jener der Presse wird nur in Artikel 6 EMRK genannt. Diese Norm schützt aber nicht etwa die freie Berichterstattung, sondern gewährleistet ein faires Verfahren vor Gericht und bestimmt in diesem Zusammenhang, dass die Presse in einem Verfahren eingeschränkt werden darf, und zwar dann, wenn eine solche Einschränkung in einer demokratischen Gesellschaft „im Interesse der Moral, der öffentlichen Ordnung oder der nationalen Sicherheit [...] liegt, wenn die Interessen von Jugendlichen oder der Schutz des Privatlebens der Prozessparteien es verlangen."[534] Diese Norm stellt folglich zwar eine Verbindung zwischen Privatleben und Pressefreiheit her und kann als ein Hinweis darauf gesehen werden, dass Berichterstattung und Schutz des Privatlebens in Widerspruch zueinander stehen können, die Pressefreiheit an sich schützt sie jedoch nicht.

Dennoch entscheidet der EGMR darüber, was Medien dürfen und was nicht, welche Äußerungen von der Freiheit der Berichterstattung gedeckt sind und welche nicht. Er stützt sich dabei auf die von Artikel 10 EMRK gewährleistete Freiheit der Meinungsäußerung. Aufgrund ihrer großen Bedeutung für die Pressefreiheit wird diese Norm hier in ihrem vollen Wortlaut wiedergegeben.

Artikel 10, Freiheit der Meinungsäußerung

1. *Jede Person hat das Recht auf freie Meinungsäußerung. Dieses Recht schließt die Meinungsfreiheit sowie die Freiheit ein, Informationen und Ideen ohne behördliche Eingriffe und ohne Rücksicht auf Staatsgrenzen zu empfangen und weiterzugeben. Dieser*

533 Mehr dazu siehe oben, S. 44.

534 Europarat, 1950 i.g.F., Die Europäische Menschenrechtskonvention, nicht verbindliche deutsche Übersetzung, Artikel 6, Abs. 1.

Artikel hindert die Staaten nicht, für Hörfunk-, Fernseh- oder Kinounternehmen eine Genehmigung vorzuschreiben.

2. *Die Ausübung dieser Freiheiten ist mit Pflichten und Verantwortung verbunden; sie kann daher Formvorschriften, Bedingungen, Einschränkungen oder Strafdrohungen unterworfen werden, die gesetzlich vorgesehen und in einer demokratischen Gesellschaft notwendig sind für die nationale Sicherheit, die territoriale Unversehrtheit oder die öffentliche Sicherheit, zur Aufrechterhaltung der Ordnung oder zur Verhütung von Straftaten, zum Schutz der Gesundheit oder der Moral, zum Schutz des guten Rufes oder der Rechte anderer, zur Verhinderung der Verbreitung vertraulicher Informationen oder zur Wahrung der Autorität und der Unparteilichkeit der Rechtsprechung.*

Im Gegensatz zur deutschen Übersetzung beinhaltet die authentische englische Fassung dieser Norm auch die *„freedom to hold opinions“*, weshalb davon auszugehen ist, dass Artikel 10 EMRK auch das Recht, sich eine Meinung zu bilden, diese zu haben und sie nicht zu äußern, umfasst.[535]

In der offiziellen deutschen Übersetzung findet sich eine weitere einschränkende Abweichung: Im Gegensatz zu den Wortlauten der englischen und der französischen Fassungen, in denen von *„freedom of expression“* bzw. *„liberté d'expression“* die Rede ist, wird die deutsche mit dem Begriff „Freiheit der Meinungsäußerung“ überschrieben und erweckt dadurch den Anschein, auf den Inhalt der Äußerungen Bezug zu nehmen.[536]

Dieser Begriff suggeriert zum einen, dass nur (subjektive) Meinungen in den Schutzbereich der Bestimmung fallen, nicht aber Nachrichten, zum anderen beinhaltet er auch nicht die Freiheit, Informationen zu empfangen. In unmittelbarer Folge aber stellt der Gesetzestext selbst klar, dass das Recht auch die Freiheit einschließt, Informationen und Ideen weiterzugeben und zu empfangen,[537] also die Informationsfreiheit in all ihren Facetten schützt. Das Recht, Informationen und Ideen „ohne Rücksicht auf Landesgrenzen und ohne Eingriffe von Behörden“ weiterzugeben, wird in der Lehre als die aktive Informationsfreiheit bezeichnet, das Recht, Zugang zu diesen zu haben, ist ihr passives Gegenstuck. Auch das aktive Bemühen um Information fällt unter die Informationsfreiheit.[538]

Da die Meinungsäußerungsfreiheit also nicht nur aus der Freiheit der Äußerung – und schon gar nicht aus der reinen Äußerung von Meinungen – besteht, sondern auch den Empfang von Informationen beinhaltet, scheint es korrekter,

---

535 Vgl. Europarat, 1950 i.g.F., European Convention on Human Rights, Artikel 10.

536 Siehe dazu auch oben, S. 48.

537 Vgl. Gering, 2012, Pressefreiheit in regionalen Menschenrechtssystemen, S. 58.

538 Vgl. Grabenwarter & Pabel, 2012, Europäische Menschenrechtskonvention, S. 309–310.

sie als Kommunikationsfreiheit zu bezeichnen. Auch die Begriffe der Äußerungs- und der Publizierfreiheit kommen dem eigentlichen Schutzinhalt näher. Diese Bezeichnungen würden aber wiederum das Meinungsinnehabungsrecht ausschließen, während der Begriff der Informationsfreiheit nicht dazu in der Lage wäre, das gesamte Spektrum abzudecken, können doch Kommentare oder satirische Darstellungen nicht als Informationen im engeren Sinne gewertet werden.

1.1 Die Bedeutung von Artikel 10 EMRK für die Freiheit der Presse

In den Schutzbereich von Artikel 10 EMRK fällt nicht nur die Freiheit der Meinungsäußerung im engeren Sinne, sondern auch die Informationsfreiheit, die Freiheit der Kommunikation durch Massenmedien und Teile der Kunst- und Wissenschaftsfreiheit.[539] CALLIESS spricht sogar ausdrücklich davon, dass die Meinungs-, Informations- und Pressefreiheit in Artikel 10 konventionsrechtlich verbürgt sind.[540]

Die EGMR-Rechtsprechung macht ebenfalls deutlich, dass Artikel 10 EMRK auch und besonders die Freiheit der Presse umfasst. *„These principles are of particular importance as far as the press is concerned"*,[541] bestimmte der Gerichtshof im Urteil im Fall **Lingens gegen Österreich**. Gemeint ist der Konsens darüber, dass die Äußerungsfreiheit die Grundlage jeder demokratischen Gesellschaft ist und dass diese Freiheit nicht vom Inhalt einer Äußerung abhängen darf. Das Gericht beruft sich hier auf sein eigenes Urteil im Fall **Handyside gegen Großbritannien**, in welchem es festhielt, dass die Äußerungsfreiheit auch Schimpfwörter und Polemik umfasst.[542]

Die Pressefreiheit ist also nicht nur ein Unterfall der Meinungsäußerungsfreiheit, sondern sogar ein besonders stark geschützter Bereich öffentlicher Äußerungen. Es ist daher wichtig, noch einmal festzuhalten, was als „Presse" gilt und wer diese Privilegien für sich in Anspruch nehmen kann. Es sind dies periodisch erscheinende Druckwerke, aber auch die journalistische Tätigkeit im Rundfunk wird in diesem Zusammenhang an den Kriterien der Pressefreiheit gemessen.[543]

539 Vgl. Grabenwarter & Pabel, 2012, Europäische Menschenrechtskonvention, S. 306.
540 Vgl. Calliess, 2002, Grundpflichten und Bürgerverantwortung in der Europäischen Konvention zum Schutze der Menschenrechte und Grundfreiheiten (EMRK), S. 67.
541 EGMR, 1986, Lingens gegen Österreich, Par. 41.
542 Vgl. EGMR, 1976, Handyside gegen Großbritannien, Par. 49.
543 Vgl. Jersild, zit. n. Grabewarter & Pabel, 2012, Europäische Menschenrechtskonvention, S. 311.

Wird ein Druckwerk dagegen nur einmal veröffentlicht – etwa in Form eines Buches oder eines Plakats – fällt es nur unter die allgemeine Freiheit der Meinungsäußerung oder unter die Kunstfreiheit. Werden Ausschnitte eines Buches jedoch in einer Zeitung vorabgedruckt, ist dieser Abdruck von der Pressefreiheit geschützt.[544]

1.2 Die Einschränkungen der Meinungsäußerungsfreiheit

Dem ersten Absatz von Artikel 10 EMRK folgend, ist die freie Meinungsäußerung uneingeschränkt zulässig. Informationen und Ideen sollen ohne behördliche Eingriffe und ohne Rücksicht auf Staatsgrenzen empfangen und weitergegeben werden. In diesem Sinne stellt das Erfordernis, Zeitungen staatlich zu registrieren, einen Eingriff in die Pressefreiheit dar. Dies machte die Europäische Menschenrechtskommission – das Verfahren wurde vor der Reform des Gerichtshofs geführt – im Jahr 1998 im Fall **H.N. gegen Italien** deutlich.[545]

Aus dem ersten Absatz von Artikel 10 wird zudem deutlich, dass „eine Differenzierung in der Reichweite des Schutzes der Meinungsäußerung zwischen Ausländern und Staatsbürgern grundsätzlich unzulässig ist."[546] Während die innere Meinungsfreiheit tatsächlich keinen Einschränkungen unterliegt, kann die Freiheit der Äußerung von kollidierenden Rechten Dritter oder Erfordernissen des Gemeinwohls eingeschränkt werden. Auch wenn die Sicherung der Meinungsvielfalt in einer demokratischen Gesellschaft immer das Leitmotiv sein muss, wie KOTZUR es formuliert,[547] hält Artikel 10 als einzige Norm der Europäischen Menschenrechtskonvention ausdrücklich fest, dass dieses Recht auch mit Pflichten und Verantwortung verbunden ist. Und wer wie die Presse besonderen Schutz genießt, hat auch mit besonderer Verantwortung zu agieren.[548]

Wie diese Verantwortung auszugestalten ist, legt der zweite Absatz dieser Norm unmittelbar fest. Hier führen die Vertragsstaaten explizit an, unter welchen Bedingungen die Freiheit, eine Meinung zu äußern, eingeschränkt wird.

---

544 Vgl. Grabenwarter & Pabel, 2012, Europäische Menschenrechtskonvention, S. 310.

545 Vgl. EGMR, 1998, H.N. gegen Italien, S. 37–38.

546 Vgl. EGMR, 20.05.2010, Cox gegen Türkei, Z. 31, zit. n. Grabenwarter & Pabel, 2012, Europäische Menschenrechtskonvention, S. 315.

547 Kotzur, 2012, Gewissens-, Religions-, Meinungsfreiheit, S. 253.

548 Vgl. Gering, 2012, Pressefreiheit in regionalen Menschenrechtssystemen, S. 152.

1.2.1 *Die allgemeinen Schrankenvorbehalte in Bezug auf Artikel 10 EMRK*

Zunächst zu den allgemeinen Schrankenregelungen: Artikel 10 EMRK ist nicht notstandsfest, weshalb die Freiheit der Meinungsäußerung gemäß Artikel 15 Absatz 1 auch über die Maßgaben von Absatz 2 hinaus eingeschränkt werden kann.[549] Und was Artikel 17 und damit einen möglichen Missbrauch des Rechts betrifft, ist festzuhalten, dass der EGMR auch verletzende, rassistische oder gar „demokratiefeindliche Meinungsäußerungen“[550] nicht von vornherein aus diesem Schutzbereich ausschließt. Würde man das Missbrauchsverbot auf der Schutzbereichsebene verorten, bestünde laut GRABENWARTER und PABEL die Gefahr, dass dieser Schutz inhaltlich differenziert würde und die Grenzen zwischen Schutzbereichs- und Schrankenebene nicht mehr deutlich erkennbar wären, was auch dem „liberalen Leitmotiv der Straßburger Judikatur, dass Informationen auch verletzen, schockieren oder stören“[551] dürfen, widersprechen würde. Im Zuge der Verhältnismäßigkeitsprüfung[552] kann dieser Umstand aber geltend gemacht werden.

Neben diesen allgemeinen Schranken beeinflusst auch der erste Absatz von Artikel 10 die Tragweite der Meinungsäußerungsfreiheit, indem er es den Staaten zubilligt, eine Genehmigung für Hörfunk-, Fernseh- oder Kinounternehmen vorzuschreiben. Die Staaten haben zudem das Recht, im Interesse von Unabhängigkeit und Unparteilichkeit auch Einschränkungen für Journalisten im öffentlich-rechtlichen Rundfunk vorzusehen,[553] ein Monopol darf sich ein Staat im Bereich der Rundfunkunternehmen dennoch nicht halten, machte der EGMR im Fall **Informationsverein Lentia gegen Österreich** deutlich.[554]

1.2.2 *Die speziellen Schrankenvorbehalte nach Artikel 10, Absatz 2*

Häufiger und vor allem detaillierter als er die allgemeinen Schrankenvorbehalte prüft, prüft der EGMR die im zweiten Absatz von Artikel 10 EMRK taxativ

---

549 Vgl. u.a. Gering, 2012, Pressefreiheit in regionalen Menschenrechtssystemen, S. 111, siehe dazu auch oben, S. 94.

550 Grabenwarter & Pabel, 2012, Europäische Menschenrechtskonvention, S. 308.

551 Grabenwarter & Pabel, 2012, Europäische Menschenrechtskonvention, S. 308–309; vgl. dazu auch EGMR, 1976, Handyside gegen Großbritannien, Par. 49.

552 Mehr dazu siehe unten, S. 119.

553 Implizit EGMR, 17.09.2009, Manole u.a. gegen Moldawien, Nr. 13936/2002, Z. 101f., zit. n. Grabenwarter & Pabel, 2012, Europäische Menschenrechtskonvention, S. 311.

554 Mehr dazu siehe oben, S. 21.

aufgezählten Möglichkeiten, die Meinungsäußerungsfreiheit einzuschränken.[555] Auch die Beschränkung der Berichterstattung ist an diesen Vorgaben zu messen.

Zulässig ist die Einschränkung der Meinungsäußerungsfreiheit, in welcher Form auch immer diese erfolgt, nur dann, wenn sie in einer demokratischen Gesellschaft unentbehrlich ist und einem dieser Eingriffsziele entspricht.[556]

Neben den Zielen der nationalen Sicherheit, der öffentlichen Sicherheit, der Aufrechterhaltung der Ordnung und der Verbrechensverhütung, die auch in anderen Gesetzesvorbehalten, etwa jenen der Artikel 8,[557] 9 und 11 EMRK angeführt werden, kann die freie Meinungsäußerung dem zweiten Absatz von Artikel 10 entsprechend auch im Sinne der territorialen Unversehrtheit, des Schutzes des guten Rufs oder der Rechte anderer, der Verhinderung der Verbreitung vertraulicher Informationen und der Wahrung der Autorität und Unparteilichkeit der Rechtsprechung eingeschränkt werden.[558] Letzteres geht auf die angelsächsische Tradition des *Contempt of Court* zurück.[559]

Aus der vagen Formulierung dieser Ziele leitet EIFFLER zum einen ein Zugeständnis an den staatlichen Anspruch auf einen nationalen Gestaltungsspielraum ab,[560] zum anderen, dass es den Konventionsorganen auf diese Weise ermöglicht wird, „nationale Restriktionstendenzen von Grundrechten zu kanalisieren und zu überprüfen."[561] Auch nach VÉRGELERIS ist es das Ziel der zweiten Absätze der Artikel 8 bis 11 EMRK *„réserver le pouvoir pour les Etats parties á la Convention de pratiquer une politique législative et administrative propre, à la condition que cette politique soit conforme à une certain conception des droits de l'homme et de ses libertés fondamentales."*[562] Im Urteil **Sunday Times gegen Großbritannien** hielt auch der EGMR fest, dass *„the Court [is] faced not with a choice between two conflicting principles, but with a principle of freedom of expression that is subject to a number of exceptions which must be narrowly interpreted."*[563]

---

555 Mehr dazu siehe unten, S. 113.

556 Vgl. Berka, 1999, Persönlichkeitsschutz auf dem Prüfstand: Verfassungsrechtliche Perspektiven, S. 12.

557 Mehr dazu siehe unten, S. 110.

558 Vgl. Europarat, 1950 i.g.F., Die Europäische Menschenrechtskonvention, nicht verbindliche deutsche Übersetzung, Artikel 10, Absatz 2.

559 Europarat, o.J., The margin of appreciation, o.S.

560 Mehr dazu siehe unten, S. 120.

561 Eiffler, 1999, Die Auslegung unbestimmter Schrankenbegriffe der Europäischen Menschenrechtskonvention, S. 14.

562 Végleris, RDH 1968, S. 219, zitiert in Logemann, Grenzen der Menschenrechte in demokratischen Gesellschaften, S. 168.

563 Urteil EGMR vom 25.04.1979, Beschwerde Nr. 6538/1974.

1.2.3 Der Schutz des guten Rufs und der Rechte anderer

In der Abwägung zwischen der Äußerungs- und somit auch der Pressefreiheit und dem Schutz der Persönlichkeitsrechte von besonderer Bedeutung ist das Eingriffsziel des Schutzes des guten Rufs und der Rechte anderer.

Der Aktivität der Medien gegenüber geht es dem Einzelnen, der sich in die Öffentlichkeit gezerrt fühlt,[564] nämlich meist um die Wahrung seines Ansehens. Eng mit diesem Ansehen zusammen hängen die Fragen des guten Rufes, und weiter gefasst, der persönlichen Ehre. Während der gute Ruf als Eingriffsschranke explizit angeführt wird und der EGMR in seiner Entscheidung im Fall **Pfeifer gegen Österreich** feststellte, dass der gute Ruf einen Teil der persönlichen Identität bildet und daher in den Schutzbereich des Privatlebens fällt,[565] ist der weiter gefasste Begriff der Ehre weder gesetzlich definiert noch in den Schutzschranken verankert.

Die Spannung zwischen dem Recht auf Privatheit und der (medialen) Öffentlichkeit wird es vermutlich immer geben, ist doch nur die öffentliche gesellschaftliche Diskussion überhaupt dazu in der Lage, einem Menschen Ehre zu verleihen.[566] Mit anderen Worten: „Wer in den Medien nicht vorkommt, existiert nicht" konnte die moderne Fassung des *„quod non in actis non est in mundo"* sein.[567] Nur die unberechenbare Öffentlichkeit kann zu Ruhm verhelfen, diesen aber auch gnadenlos wieder wegnehmen.

Der Ehre wird in der gesellschaftlichen Diskussion ein dualistischer Begriff zugrunde gelegt: Während es sich bei der inneren Ehre um die „aus der Personenwürde entfließende Achtung vor sich selbst" handelt, beschreibt die äußere Ehre „das in der Gesellschaft erworbene Ansehen."[568] Eine Hierarchie dieser beiden

564 Vgl. Berka, 1999, Persönlichkeitsschutz auf dem Prüfstand: Verfassungsrechtliche Perspektiven, S. 9; siehe auch oben, S. 16.

565 Auch Richter LOUCAIDES, der zu dieser Entscheidung ein Sondervotum abgab, begrußte diesen Aspekt mit den Worten: *„I feel the need to express my great satisfaction at the clarity and firmness with which, for the first time, a judgment of this Court has made it clear that a person's right to protection of his or her reputati - on is protected by Article 8 as being part of the right to respect for private life, a position that I have always supported."*, vgl. EGMR, 2007, Pfeifer gegen Österreich, Sondervotum.

566 Vgl. Loock, 2005, Das allgemeine Persönlichkeitsrecht der öffentlichen Person in den Medien. Eine Betrachtung mit interdisziplinären Bezügen, S. 161.

567 Vgl. Griss, 2010, Medienpolitik und Recht, S. 2.

568 Paschke, Medienrecht, Rn. 661; Di Fabio, in Maunz/Durig: GG, Art. 2 I, Rn. 169, zit. n. Müller-Riemenschneider, 2013, Pressefreiheit und Persönlichkeitsschutz, S. 47.

Aspekte der Ehre gibt es zwar nicht, Letztere aber kann durch die Regeln des allgemeinen Persönlichkeitsschutzes begrenzt werden.[569]

Das wahrscheinlich auch aufgrund der immer vielfältigeren Möglichkeiten steigende Bedürfnis vieler Menschen, immer mehr von sich mit anderen zu teilen, rührt zum Teil ebenfalls daher, dass sich jene gesellschaftliche Diskussion, die dazu in der Lage ist, den einzelnen Ehre zu verleihen, zu großen Teilen in der medialen Öffentlichkeit abspielt.[570] In einem Interview, das sie der deutschen Presseagentur dpa zum Phänomen der *„Neknomination"*[571] gab, erklärte die Jugend- und Medienforscherin WAGNER, dass sich Jugendliche durch das Zurschaustellen ihres Privatlebens selbst darstellen und „digitalen Applaus" abholen wollen. Soziale Netzwerke wie Twitter oder Facebook würden sich dazu anbieten.[572]

Die gesellschaftliche Debatte über neue Medienunternehmen dreht sich neben datenschutzrechtlichen Fragen auch um diese Form der Kommerzialisierung der Privatsphäre und die schleichende Verschiebung der Grenzen von Privatheit und Öffentlichkeit.[573] Auch für KOTZUR ist die grundsätzliche Trennung von Öffentlichem und Privatem „für das Verständnis des Privatrechtsschutzes nur bedingt von Relevanz, da das Individuum mit privatem Verhalten immer stärker in den öffentlichen Raum drängt", ohne jedoch den Schutz dieses Grundrechts dadurch ganz aufzugeben.[574] Auch der EGMR, der diese Konvention ja *„in the light of present-day conditions"*[575] auszulegen hat, wird auf diese veränderten Gegebenheiten über kurz oder lang reagieren müssen.

Die Unterscheidung zwischen Ehre und Ruf und die Tatsache, dass der gute Ruf eine explizite Eingriffsschranke darstellt, die Ehre aber nicht, machen auch

---

569 Vgl. Gronau, Das Persönlichkeitsrecht von Personen der Zeitgeschichte und die Medienfreiheit, S. 68; Tettinger, Die persönliche Ehre, S. 17, zit. n. Müller-Riemenschneider, 2013, Pressefreiheit und Persönlichkeitsschutz, S. 47.

570 Vgl. Loock, 2005, Das allgemeine Persönlichkeitsrecht der öffentlichen Person in den Medien. Eine Betrachtung mit interdisziplinären Bezügen, S. 161.

571 Dieses Trinkspiel zeigt Jugendliche, die auf spektakuläre Weise Alkohol auf Ex trinken und sich dabei filmen. Anschließend wird das Video gepostet und es werden drei Freunde dazu nominiert, es ihnen nachzumachen, vgl. dpa-Newskanal via sueddeutsche.de (07.02.2014), Expertin zu „Neknomination": Jugendliche wollen digitalen Applaus, o.S.

572 Vgl. dpa-Newskanal via sueddeutsche.de (07.02.2014), Expertin zu „Neknomination": Jugendliche wollen digitalen Applaus, o.S.

573 Vgl. von Knobloch, 2012, Der Schutz der Persönlichkeit im Internet, S. 9, siehe dazu auch oben, S. 34.

574 Vgl. Kotzur, 2012, Schutz des Privatlebens, S. 250.

575 Siehe dazu auch oben, S. 92.

deutlich, dass die Presse dieses Recht wohl stärker beeinträchtigen kann als Private, erreicht sie in der Regel doch mehr als eine Person oder ist zumindest darauf ausgerichtet. Und da die Medien als Multiplikatoren dazu in der Lage sind, Personen und Organisationen vor einem viel größeren Publikum in einem falschen Licht darzustellen, sollten sich Medienschaffende ihrer Verantwortung auch in besonderer Weise bewusst sein.

Der österreichische Presserat hat diese Verantwortung, die in Artikel 10 ganz allgemein festgehalten wird, in die Präambel seines Ehrenkodex aufgenommen. Auch wenn genau genommen nur die Verantwortung für die Freiheit der Massenmedien ausgestaltet wird,[576] wird in der Folge doch das verantwortungsvolle Umgehen mit dieser Macht in den Mittelpunkt der Bestimmungen gestellt, etwa bei der Verpflichtung, genau zu recherchieren (Artikel 2), beim Verbot der Einflussnahme von Außenstehenden (Artikel 4) oder beim Schutz der Persönlichkeit und der Intimsphäre in den Artikeln 5 und 6.[577]

Eine bisweilen nicht unbedeutende Rolle im medialen Kontext spielt auch die Verhinderung der Verbreitung vertraulicher Informationen, wobei eine „Publikation von Informationen, die Journalisten zugekommen sind, zuvor aber in rechtswidriger Weise und unter Bruch einer Geheimhaltungs- oder Verschwiegenheitspflicht erlangt wurden",[578] von der Pressefreiheit gedeckt ist.[579]

2. Artikel 8 EMRK: Das Recht auf Achtung des Privat- und Familienlebens

Im Gegensatz zur Europäischen Grundrechtecharta[580] ist die Unantastbarkeit der Menschenwürde in der EMRK nicht ausdrücklich verankert. Auch die Präambel der EMRK nimmt im Gegensatz zu jener der Satzung der Vereinten Nationen[581] nicht auf die Würde des Menschen Bezug. Durch ihr ausdrückliches Bekenntnis zur AEMR bekennt sich die EMRK allerdings auch zur Menschenwürde, wenn auch nur implizit.

576 Vgl. Österreichischer Presserat, 2012, Grundsätze für die publizistische Arbeit. Ehrenkodex der Österreichischen Presse, Präambel.

577 Vgl. Österreichischer Presserat, 2012, Grundsätze für die publizistische Arbeit. Ehrenkodex der Österreichischen Presse, Art. 2–6.

578 Grabenwarter & Pabel, 2012, Europäische Menschenrechtskonvention, S. 311.

579 Vgl. Grabenwarter & Pabel, 2012, Europäische Menschenrechtskonvention, S. 311.

580 Mehr dazu siehe oben, S. 44.

581 Mehr dazu siehe oben, S. 40.

Wie die Konkretisierung der Pressefreiheit wurde folglich auch jene der Menschenwürde der Rechtsprechung des EGMR überlassen. Dieser subsummierte den Schutz von Privatsphäre, Ehre und gutem Ruf, also die Persönlichkeitsrechte, unter Artikel 8 EMRK. Auch dieser wird hier in seinem vollen Wortlaut angeführt.

Artikel 8, Recht auf Achtung des Privat- und Familienlebens

1. *Jede Person hat das Recht auf Achtung ihres Privat- und Familienlebens, ihrer Wohnung und ihrer Korrespondenz.*
2. *Eine Behörde darf in die Ausübung dieses Rechts nur eingreifen, soweit der Eingriff gesetzlich vorgesehen und in einer demokratischen Gesellschaft notwendig ist für die nationale oder öffentliche Sicherheit, für das wirtschaftliche Wohl des Landes, zur Aufrechterhaltung der Ordnung, zur Verhütung von Straftaten, zum Schutz der Gesundheit oder der Moral oder zum Schutz der Rechte und Freiheiten anderer.*[582]

Mit der Achtung des Privatlebens, des Familienlebens, der Wohnung und des Briefverkehrs fallen vier unterschiedliche Bereiche unter den Schutz von Artikel 8 EMRK. Während das Familienleben ein an sich klares Konzept ist, ist der Begriff des Privatlebens weit und eigentlich kaum fassbar. Neben der körperlichen und psychischen Integrität eines Menschen, die auch dessen soziale Identität miteinschließt, zählt die sexuelle Orientierung genauso dazu wie der Name oder das Recht am eigenen Bild. Nach ständiger Rechtsprechung fallen auch der Schutz des guten Rufs und das Recht auf persönliche Selbstbestimmung unter diese Norm.[583] Außerdem fallen auch soziale Kontakte und „unter Umständen auch der Beruf“[584] in den Schutzbereich von Artikel 8 EMRK.

Träger des Grundrechts aus Artikel 8 EMRK sind alle natürlichen Personen. In Bezug auf die Achtung der Kommunikation und der Wohnung können es aber auch juristische Personen sein, wobei es sich dann nicht um die Wohnung im allgemeinen Sprachgebrauch handelt, sondern um Geschäftsräume.[585] Mit

---

582 Europarat, 1950 i.g.F., Die Europäische Menschenrechtskonvention, S. 10–11. Englischer Originaltext, *Right to respect for private and family life 1. Everyone has the right to respect for his private and family life, his home and his correspondence. 2. There shall be no interference by a public authority with the exercise of this right except such as is in accordance with the law and is necessary in a democratic society in the interests of national security, public safety or the economic well-being of the country, for the prevention of disorder or crime, for the protection of health or morals, or for the protection of the rights and freedoms of others.*

583 Vgl. Gering, 2012, Pressefreiheit in regionalen Menschenrechtssystemen, S. 129.

584 Wittwer in Schwimann (Hg.), ABGB Taschenkommentar (2010) § 1328 ABGB, Rz 3, zit. n. Hohne, 2012, „Neue“ Personlichkeitsrechte in „neuen Medien“, S. 3.

585 Siehe dazu oben, S. 69.

Blick auf Artikel 34 EMRK, der das Recht der Individualbeschwerde ohne Altereinschränkungen gewährt, können auch Minderjährige ihr Recht auf Achtung des Privat- und Familienlebens geltend machen.[586]

2.1 Die Einschränkungen des Rechts auf Achtung des Privat- und Familienlebens

Auch wenn das Recht auf Achtung des Privat- und Familienlebens die EGMR-rechtliche Ausgestaltung des an sich uneingeschränkten Persönlichkeitsschutzes ist, unterliegt es genauso wie auch die Freiheit der Meinungsäußerung Einschränkungen. Mit anderen Worten: „[Selbst] dem allgemeinen Persönlichkeitsrecht kommt kein absoluter Schutz zugute.“[587]

2.1.1 Die allgemeinen Schrankenvorbehalte in Bezug auf Artikel 8 EMRK

Wie Artikel 10 EMRK ist auch Artikel 8 nicht notstandsfest, weshalb auch die Achtung des Privat- und Familienlebens gemäß Artikel 15 Absatz 1 über die Maßgaben seines zweiten Absatzes hinaus eingeschränkt werden kann.[588]

2.1.2 Die speziellen Schrankenklauseln von Artikel 8, Absatz 2

Wie Artikel 10 zählt auch Artikel 8 EMRK in seinem zweiten Absatz taxativ jene Schranken auf, die einen Eingriff in das Recht auf Achtung des Privat- und Familienlebens rechtfertigen. Es sind dies die nationale oder öffentliche Sicherheit, das wirtschaftliche Wohl des Landes, die Aufrechterhaltung der Ordnung, die Verhütung von Straftaten, der Schutz der Gesundheit oder der Moral und der Schutz der Rechte und Freiheiten anderer.[589] GERING bezeichnet diesen Katalog als „einzigartig in der EMRK und insgesamt in internationalen Menschenrechtsverträgen.“[590]

Zum Teil sehen die Artikel 8 und 10 EMRK also identische Eingriffsziele vor. Während die Freiheit der Meinungsäußerung aber auch Formvorschriften, Einschränkungen, Strafdrohungen und Bedingungen unterworfen werden kann, ist in Artikel 8 EMRK nur der Eingriff einer Behörde erlaubt. Alles andere würde dem Konzept der Menschenwürde widersprechen.

---

586 Vgl. Grabenwarter & Pabel, 2012, Europäische Menschenrechtskonvention, S. 227.

587 Schmidt, in: Erfurter-Kommentar, Art. 2, Rn 28; Sachs, Grundrechte, B2, Rn 63, zit. n. Vgl. Müller-Riemenschneider, 2013, Pressefreiheit und Personlichkeitsschutz, S. 58.

588 Vgl. u.a. Gering, 2012, Pressefreiheit in regionalen Menschenrechtssystemen, S. 111.

589 Vgl. Europarat, 1950 i.g.F., Die Europäische Menschenrechtskonvention, nicht verbindliche deutsche Übersetzung, Artikel 8, Absatz 2.

590 Gering, 2012, Pressefreiheit in regionalen Menschenrechtssystemen, S. 109.

Daran, dass sowohl Artikel 8 Teile der Schutzinhalte von Artikel 10 als Einschränkungsgründe explizit anführt als auch umgekehrt, zeigt sich, dass diese beiden Bestimmungen in einer starken Wechselwirkung zueinanderstehen. Laut EIFFLER sind diese Überschneidungen auch darauf zurückzuführen, dass beide Rechte – dasselbe gilt auch für die Gedanken-, Gewissens- und Religionsfreiheit des Artikels 9 EMRK und die Versammlungs- und Vereinigungsfreiheit von Artikel 11 EMRK – einen „verstärkten Sozialbezug auf[weisen] und [...] dadurch ein erhöhtes Konfliktpotential zu vielfältigen öffentlichen und privaten Belangen"[591] in sich bergen. Aus diesem Grund folgen diese Einschränkungsvorbehalte auch nicht einer kasuistischen Definitionsmethode, sondern einer offenen.[592]

3. Das Verfahren vor dem EGMR

Darüber, ob eines dieser beiden Rechte ungerechtfertigt eingeschränkt wurde, befindet der Gerichtshof im Zuge einer mehrstufigen Prüfung. WALTERSDORFER bezeichnet diese als ein „abgestuftes Kontrollverfahren".[593] Zunächst wird überprüft, ob überhaupt in ein Grundrecht eingegriffen wurde.

Sobald die Richter einen solchen Eingriff festgestellt haben, gehen sie in drei immer gleichen Schritten vor, um darüber zu entscheiden, ob die von der nationalen Instanz – meistens handelt es sich um die Entscheidung eines Gerichtes – verfügte Einschränkung eines Rechts zulässig war oder nicht.[594]

Der EGMR orientiert sich dabei am Wortlaut der Konventionsbestimmungen und überprüft, ob die jeweilige Einschränkung

1.) vom Gesetz vorgesehen ist,
2.) einem der in den jeweiligen Vorbehalten genannten Ziele dient und
3.) in einer demokratischen Gesellschaft notwendig ist.

---

591 Eiffler, 1999, Die Auslegung unbestimmter Schrankenbegriffe der Europäischen Menschenrechtskonvention, S. 8.

592 Vgl. Badenhop, 2010, Normtheoretische Grundlagen der Europäischen Menschenrechtskonvention, S. 241–242.

593 Waltersdorfer, Die Implementierung des Rechts auf freie Meinungsäußerung in der österreichischen Rechtsordnung, dargestellt am Fall Lingens, S. 54.

594 Vgl. Schumacher, 2001, Medienberichterstattung und Schutz der Persönlichkeitsrechte. Abwägung der Grundrechtspositionen im Rechtsvergleich Österreich, Europäischer Gerichtshof für Menschenrechte und USA, S. 10–11.

3.1 Die gesetzliche Grundlage

Stellt der Gerichtshof fest, dass ein in der Konvention verbürgtes Recht durch staatliche Intervention eingeschränkt wurde, prüft er zu allererst, ob dieser Eingriff vom Gesetz vorgeschrieben war („*prescribed by law*"). Da die gesetzliche Grundlage einer Einschränkung normalerweise leicht zu erkennen ist, wird dieser Punkt in den meisten Urteilen in einem Absatz oder wenigen Absätzen abgehandelt. Die Konvention geht wie die AEMR,[595] auf die sie sich in der Präambel explizit beruft, von einem weiten Gesetzesbegriff aus.[596]

Um als Grundlage einer Grundrechtseinschränkung geeignet zu sein, müssen die staatlichen Akte mit den allgemeinen Prinzipien der Rechtsstaatlichkeit, auf die die EMRK in ihrer Präambel Bezug nimmt, vereinbar sein.[597] Im Fall **Silver et al. gegen Großbritannien** hat der Gerichtshof zudem festgestellt, dass der Eingriff eine Grundlage im inländischen Recht haben muss, dass also nur jene Rechtsnormen unter den Begriff des *law* bzw. des *loi* fallen, die innerstaatlich als Rechtsnormen angesehen werden.[598] Dazu gehören nicht nur Gesetze, sondern auch Bestimmungen, die in der Hierarchie der Rechtsquellen eines Staates unterhalb eines formellen Gesetzes angesiedelt sind, auf ein solches aber zurückgeführt werden können. Würde man nur ein formelles Gesetz als Grundlage für die Beschränkung akzeptieren, müssten sich die Konventionsorgane auch mit der Frage beschäftigen, ob das staatlich vorgeschriebene Gesetzgebungsverfahren

595 Vereinte Nationen, 10.12.1948, Allgemeine Erklärung der Menschenrechte, Art. 29. „Grundpflichten; Schranken der Menschenrechte Jeder Mensch hat Pflichten gegenüber der Gemeinschaft, in der allein die freie und volle Entwicklung seiner Persönlichkeit möglich ist. Jeder Mensch ist in Ausübung seiner Rechte und Freiheiten nur den Beschränkungen unterworfen, die das Gesetz ausschließlich zu dem Zwecke vorsieht, um die Anerkennung und Achtung der Rechte und Freiheiten der anderen zu gewährleisten und den gerechten Anforderungen der Moral, der öffentlichen Ordnung und der allgemeinen Wohlfahrt in einer demokratischen Gesellschaft zu genügen. Rechte und Freiheiten dürfen in keinem Fall im Widerspruch zu den Zielen und Grundsätzen der Vereinten Nationen ausgeübt werden."

596 Vgl. Logemann, Grenzen der Menschenrechte in demokratischen Gesellschaften, S. 181.

597 Vgl. Klopfer, 1996, „Innere Pressefreiheit" und Tendenzschutz im Lichte des Artikels 10 der Europäischen Konvention zum Schutz der Menschenrechte und Grundfreiheiten, S. 117–118.

598 Vgl. EGMR, 1983, Silver et al. gegen Großbritannien, Par. 90.

eingehalten wurde.[599] Auch ihr eigenes nationales Recht darf die eingreifende Behörde nicht schwerwiegend und offensichtlich verletzt haben.[600]

Außerdem hat der EGMR festgestellt, dass auch ungeschriebenes Recht, etwa Richterrecht oder Gewohnheitsrecht, als Gesetz im Sinne der Konvention gelten kann.[601] Besonders wichtig ist diese Sichtweise für jene Vertragsstaaten, die vom *Common Law* geprägt sind.[602]

Damit ein Staat die gesetzliche Grundlage seines Eingriffs geltend machen kann, müssen die Betroffenen zudem ungehinderten Zugang zu diesen Rechtsquellen haben.[603] Im Urteil im Fall **Amihalachioaie gegen Moldawien** berief sich der EGMR auf die Berufserfahrung des Beschwerdeführers – er war Rechtsanwalt – und stellte aus diesem Grund fest, dass *„although the acts that give rise to liability are not defined or set out with absolute precision in the legislation (...) the applicant could reasonably have foreseen that his remarks were liable to fall within the scope of the aforementioned provision of the Code of Constitutional Procedure.“*[604] GRABENWARTER und PABEL halten diese Begründung für nicht überzeugend.[605] Damit die gesetzliche Grundlage für die Einschränkung eines Rechts ausreicht, muss sie auch so formuliert sein, dass der Bürger sein Recht klar erkennen kann und es für ihn abschätzbar ist, welchen gesetzlichen Vorschriften er entsprechen muss.[606] Ziel dieser Bestimmung ist es, behördliche Willkür auszuschalten. Nicht ausreichend vorhersehbar ist eine Rechtsfolge

599 Irene Laeuchli Bosshard, Die Meinungsäußerungsfreiheit gemäß Artikel 10 EMRK, S. 104, zit. n. Klopfer, 1996, „Innere Pressefreiheit“ und Tendenzschutz im Lichte des Artikels 10 der Europäischen Konvention zum Schutz der Menschenrechte und Grundfreiheiten, S. 116.

600 Vgl. Klopfer, 1996, „Innere Pressefreiheit“ und Tendenzschutz im Lichte des Artikels 10 der Europäischen Konvention zum Schutz der Menschenrechte und Grundfreiheiten, S. 117–118.

601 Vgl. u.a. Sunday Times, zit. n. Ehlers, 2009, Die Europäische Menschenrechtskonvention, S. 61.

602 Vgl. Logemann, Grenzen der Menschenrechte in demokratischen Gesellschaften, S. 181.

603 Vgl. Europarat, o.J., The margin of appreciation, o.S.

604 EGMR, 20.04.2004, Amihalachioaie gegen Moldawien, Nr. 60115/2000, Par. 33.

605 Vgl. Grabenwarter & Pabel, 2012, Europäische Menschenrechtskonvention, S. 316.

606 Vgl. Eiffler, 1999, Die Auslegung unbestimmter Schrankenbegriffe der Europäischen Menschenrechtskonvention, S. 11.

etwa auch dann, wenn innerstaatliche Gerichte in ihrem Zusammenhang widersprüchliche Entscheidungen getroffen haben.[607]

3.2 Das legitime Ziel

Hat der Gerichtshof festgestellt, dass die beanstandete Einschränkung eine gesetzliche Grundlage im eben genannten Sinn hat, prüft er deren Zweckbindung. Jeder Eingriff muss zumindest einem der im jeweils zweiten Absatz der Artikel 8 oder 10 EMRK aufgezählten Ziele dienen.

Auch in diesem Punkt werden sich beide Verfahrensparteien in der Regel schnell einig. Dafür, dass der EGMR bisher in keinem einzigen Fall festgestellt hat, dass ein solcher legitimer Zweck nicht vorliegt bzw. dass der Sachverhalt nicht unter einen der in den Schrankenkatalogen genannten Punkte fällt, ist wohl auch der große Umfang der Eingriffsziele verantwortlich.[608]

Dennoch ist es sinnvoll, vor der Feststellung, ob ein Eingriff in einer demokratischen Gesellschaft notwendig ist, zu überprüfen, ob dieser einem legitimen Ziel dient oder nicht. Zum einen werden illegitime Ziele so von vornherein ausgeschaltet, zum anderen wird durch diese vorgelagerte Prüfung deutlich, welche Ziele der betroffene Vertragsstaat mit der angefochtenen Maßnahme verfolgt.[609] Die Feststellung, welches der taxativ aufgezählten Ziele vorliegt, macht die Grundrechtsprüfung transparenter[610] und nimmt dem Gesetzgeber die Legitimation, „im Schutzbereich eines Freiheitsrechts beliebigen rechtspolitischen (und sei es gemeinwohlrealisierenden) Absichten nachzugehen“[611] – zumindest in der Theorie.

In der Praxis stellt der EGMR oft nämlich lediglich fest, dass eine Einschränkung einem legitimen Zweck dient, ohne genau zu definieren, welcher dieser im

607 Vgl. EGMR, 17.01.2006, Goussev und Marenk gegen Finnland, Nr. 35083/1997, Z 54 (unklares Verhältnis zwischen dem finnischen Gesetz über Zwangsakte und dem Pressefreiheitsgesetz), zit. n. Grabewarter & Pabel, 2012, Europäische Menschenrechtskonvention, S. 316.

608 Vgl. Badenhop. 2010, Normtheoretische Grundlagen der Europäischen Menschenrechtskonvention, S. 254.

609 Vgl. Badenhop, S. 2010, Normtheoretische Grundlagen der Europäischen Menschenrechtskonvention, 256.

610 Vgl. Badenhop. 2010, Normtheoretische Grundlagen der Europäischen Menschenrechtskonvention, S. 256.

611 Klopfer, 1996, „Innere Pressefreiheit“ und Tendenzschutz im Lichte des Artikels 10 der Europäischen Konvention zum Schutz der Menschenrechte und Grundfreiheiten, S. 118.

speziellen Fall ist. Durch dieses Vorgehen entwertet der Gerichtshof die Anforderungen an das legitime Ziel, kritisiert STIEGLITZ.[612]

3.3 Die Notwendigkeit in einer demokratischen Gesellschaft

Zwischen den Verfahrensparteien oft umstritten und ausschlaggebend für die Zulässigkeit einer Einschränkung ist die Prüfung von deren Notwendigkeit in einer demokratischen Gesellschaft. EIFFLER spricht dieser Abwägung eine „Schlüsselstellung“[613] im Kontrollverfahren zu, BERKA bezeichnet sie als den „Angelpunkt der Diskussion.“[614]

In ihrem Urteil im Fall **Sunday Times gegen Großbritannien** haben die Straßburger Richter festgehalten, dass *„what is necessary is more than what is desirable or reasonable, although it needs not be indispensable.“*[615] Und im Urteil im Fall **Barthold gegen Deutschland** formulierte der Gerichtshof ganz klar, dass *„whilst the adjective ‚necessary‘ within the meaning of article 10 (2) of the Convention is not synonymous with ‚indispensable‘, neither does it have the flexibility of such expressions as ‚admissible‘, ‚ordinary‘, ‚useful‘, ‚reasonable‘ or ‚desirable‘, rather it emplies a ‚pressing social need‘.“*[616] Diese Erkenntnis unterwirft jede mögliche Beschränkung der Äußerungsfreiheit einer strikten Verhältnismäßigkeitsprüfung, dem so genannten *Necessity*-Test.[617]

Im Rahmen der Prüfung der Notwendigkeit in einer demokratischen Gesellschaft ist auch zu eruieren, ob eine hoheitliche Maßnahme überhaupt dazu geeignet ist, das angestrebte Ziel zu erreichen.[618] Als solche gilt zum Beispiel in der deutschen Grundrechtsdogmatik eine Maßnahme, die das verfolgte Ziel

---

612 Vgl. Stieglitz, Allgemeine Lehren, S. 67, zit. n. Badenhop, S. 2010, Normtheoretische Grundlagen der Europäischen Menschenrechtskonvention, 255.

613 Eiffler, 1999, Die Auslegung unbestimmter Schrankenbegriffe der Europäischen Menschenrechtskonvention, S. 15.

614 Berka, 1999, Persönlichkeitsschutz auf dem Prüfstand: Verfassungsrechtliche Perspektiven, S. 15.

615 EGMR, 1979, Sunday Times, Par. S. 59.

616 EGMR, 1985, Barthold gegen Deutschland, Par. 55.

617 Vgl. Berka, 1999, Persönlichkeitsschutz auf dem Prüfstand: Verfassungsrechtliche Perspektiven, S. 15.

618 Vgl. Kühling, 2006, Kommunikationsfreiheit (Meinungsäußerungs- und Informationsfreiheit), S. 670.

zumindest fordert. Explizit vorgenommen hat der Gerichtshof eine derartige Prüfung allerdings noch nie.[619]

3.3.1 Der Begriff der demokratischen Gesellschaft

Verbunden ist die Prüfung der Notwendigkeit in einer demokratischen Gesellschaft auch mit der Frage nach dem europäischen Demokratiebegriff an sich. An dieser Stelle ist daher noch einmal darauf zurückzukommen, dass die Mitgliedstaaten des Europarats einen zum Teil völlig unterschiedlichen Demokratisierungsprozess erlebt haben, und es in dieser supranationalen Gemeinschaft unterschiedliche Verfassungstraditionen gibt.[620] Auch ein differenzierter Demokratiebegriff würde einen „nicht unerheblichen Grad an europaweiter Einheitlichkeit der rechtlichen und tatsächlichen Verhältnisse“[621] voraussetzen.

Die Frage nach der Allgemeingültigkeit des europäischen Demokratiebegriffs aber wirft der Gerichtshof gar nicht auf,[622] wodurch er sich davor drückt, in seiner Rechtsprechung einen allgemein gültigen Demokratiebegriff zu etablieren.[623] Die folgenden Demokratiebestandteile lassen sich aus der EGMR-Rechtsprechung jedoch erkennen: der Grundsatz der Toleranz, Minderheitenschutz und Pluralismus, staatliche Neutralität in Fragen von Religion, Moral und Philosophie, die Berücksichtigung sozialer Belange, Angeklagtenrechte und die Kontrolle staatlicher Macht, sofern diese in individuelle Rechte eingreift. Auch die politischen Rechte der Meinungs- und Versammlungsfreiheit hebt der Europäische Gerichtshof für Menschenrechte als essentiell für die demokratische Willensbildung hervor.[624]

Im Gegensatz zur Rechtsprechung versucht die Literatur, die Begriffe von Notwendigkeit und demokratischer Gesellschaft allgemeingültig zu definieren. BERKA fordert allerdings, diesen Konkretisierungen mit Zurückhaltung

---

619 Vgl. Badenhop, 2010, Normtheoretische Grundlagen der Europäischen Menschenrechtskonvention, S. 259.

620 Siehe dazu auch oben, S. 56.

621 Klopfer, 1996, „Innere Pressefreiheit“ und Tendenzschutz im Lichte des Artikels 10 der Europäischen Konvention zum Schutz der Menschenrechte und Grundfreiheiten, S. 127.

622 Vgl. Eiffler, Die Auslegung unbestimmter Schrankenbegriffe der Europäischen Menschenrechtskonvention, S. 21.

623 Vgl. Klopfer, 1996, „Innere Pressefreiheit“ und Tendenzschutz im Lichte des Artikels 10 der Europäischen Konvention zum Schutz der Menschenrechte und Grundfreiheiten, S. 127.

624 Vgl. Eiffler, 1999, Die Auslegung unbestimmter Schrankenbegriffe der Europäischen Menschenrechtskonvention, S. 26–27.

zu begegnen. Die Staaten des Europarats seien zu verschieden, um wirklich gemeinsame Standards zu entwickeln.[625]

Auch die Verhältnismäßigkeit eines Eingriffs und die Einhaltung der *„Margin of Appreciation"* untersucht der EGMR formell unter diesem Punkt. Zum einen ist zu eruieren, ob der Gerichtshof das zur Disposition stehende Recht als fundamental bezeichnet oder nicht. Was Pressefreiheit und Persönlichkeitsschutz betrifft, so fallen beide darunter.[626] Zum zweiten ist zu untersuchen, ob es sich um eine objektive Einschränkung eines Rechts handelt oder um eine subjektive Einschätzung. Im Urteil im Fall **Sunday Times gegen Großbritannien** entschied der Gerichtshof beispielsweise, dass nationalstaatliche Regelungen eine viel größere Rolle spielen, wenn es um den Schutz der Moral geht als etwa beim viel allgemein gültigeren Anliegen, Unparteilichkeit und Autorität der Rechtsprechung zu wahren.[627]

In Bezug auf die Freiheit der Berichterstattung ist in diesem Zusammenhang auch der abschreckende Effekt (*chilling effect*), der von Sanktionen für Äußerungen ausgehen kann, zu bedenken. Wie der EGMR im Urteil **Goodwin gegen Großbritannien** feststellte, können Entscheidungen dafür sorgen, dass es die Grundrechtsträger in der späteren Folge nicht mehr wagen, bestimmte Äußerungen zu tätigen.[628] Somit können sich unverhältnismäßige Sanktionen negativ auf die gesamte politische Debatte und folglich schädlich für die Gesellschaft insgesamt auswirken.[629]

3.3.2 Die Prüfung der Verhältnismäßigkeit

Nach und nach haben die Straßburger Richter herausgearbeitet, dass der Terminus der Notwendigkeit nicht mit Erforderlichkeit gleichzusetzen ist, sondern mit Verhältnismäßigkeit.[630] Im Zentrum dieser Untersuchung steht die Frage, ob das eingesetzte Mittel (die Maßnahme der nationalen Instanz, meist handelt es sich um ein Urteil) in einem angemessenen Verhältnis zum angestrebten Ziel steht.

---

625 Vgl. Berka, zit. n. Klopfer, 1996, „Innere Pressefreiheit" und Tendenzschutz im Lichte des Artikels 10 der Europäischen Konvention zum Schutz der Menschenrechte und Grundfreiheiten, S. 127.

626 Vgl. Europarat, o.J., The margin of appreciation, o.S.

627 Vgl. Europarat, o.J., The margin of appreciation, o.S.

628 Vgl. EGMR, 1996, Goodwin gegen Großbritannien, Par. 39.

629 Vgl. Grabenwarter & Pabel, 2012, Europäische Menschenrechtskonvention, S. 320.

630 Vgl. u.a. EGMR, 1976, Handyside gegen Großbritannien, zit. n. Ehlers, Die Europäische Menschenrechtskonvention, S. 63.

Die Straßburger Richter beantworten diese auch mit Blick auf das Bild einer demokratischen Gesellschaft.[631]

Mit dieser Überprüfung trifft der Gerichtshof eine unmittelbare Abwägung zwischen dem Eingriff in das betroffene Recht und dem durch diesen Eingriff verfolgten Ziel.[632] Zu berücksichtigen sind dabei alle Umstände des konkreten Falles.[633] Es kommt also auch zu einer „Gegenüberstellung und Bewertung der Belange der Konventionsstaaten einerseits und der Berechtigten andererseits."[634] Wie die deutschen Gerichte und der EuGH unterscheidet auch der EGMR bei der Prüfung der Verhältnismäßigkeit eines Eingriffs zwischen Geeignetheit, Erforderlichkeit und Angemessenheit (Verhältnismäßigkeit im engeren Sinne) einer Maßnahme.[635]

Besonders bei politisch kontrovers geführten Debatten und Fragen von öffentlichem Interesse können auch Art und Ausmaß der Aktion und der verhängten Strafe für die Beurteilung der Verhältnismäßigkeit eines Eingriffs von Bedeutung sein. Im Fall **Vereinigung demokratischer Soldaten Österreichs und Gubi gegen Österreich** stufte der Gerichtshof das Verbot, eine Zeitschrift an Soldaten zu verteilen, als unverhältnismäßig ein. Die auf diese Weise verbreiteten Artikel enthielten zwar Kritik am Heer, konnten laut EGMR aber dennoch nur *„scarcely be seen as a serious threat to military discipline."*[636] Trotzdem hielt der Gerichtshof auch fest, dass besondere Regeln gelten müssen, um die militärische Disziplin aufrecht zu erhalten.[637] Geht es darum, Regelungsmöglichkeiten aufzuzeigen, deren Einschränkungsintensität geringer ist, die die angestrebten

---

631 Vgl. Kühling, 2006, Kommunikationsfreiheit (Meinungsäußerungs- und Informationsfreiheit), S. 673.

632 Vgl. Klopfer, 1996, „Innere Pressefreiheit" und Tendenzschutz im Lichte des Artikels 10 der Europäischen Konvention zum Schutz der Menschenrechte und Grundfreiheiten, S. 122.

633 Vgl. Klopfer, 1996, „Innere Pressefreiheit" und Tendenzschutz im Lichte des Artikels 10 der Europäischen Konvention zum Schutz der Menschenrechte und Grundfreiheiten, S. 122.

634 Ehlers, Die Europäische Menschenrechtskonvention, S. 63.

635 Vgl. EGMR, EuGRZ 1990, 255, Rn 70, Groppera Radio AG gegen Schweiz; EGMR, EuGRZ 1985, 170 Rn 52ff, Barthold gegen Norwegen, EGMR, EuGRZ 1983, 488, Rn 58, Dugeon gegen Großbritannien; EGMR, EuGRZ 1993, 552, Rn 46, Moustaquim gegen Belgien, zit. n. Ehlers, Die Europäische Menschenrechtskonvention, S. 63.

636 EGMR, 1994, Vereinigung demokratischer Soldaten Österreichs und Gubi gegen Österreich, Par. 49.

637 Vgl. EGMR, 1994, Vereinigung demokratischer Soldaten Österreichs und Gubi gegen Österreich, Par. 35.

Ziele aber erreichen, kann auch die Rechtsvergleichung zur Beurteilung des Sachverhalts herangezogen werden.[638]

In Verbindung mit dem Urteil des EGMR im Fall **von Hannover gegen Deutschland**[639] hält HAUG es für sinnvoll, die Rechtsprechung zur Bildberichterstattung über Prominente in anderen Ländern zu untersuchen, um feststellen zu können, ob es in den Staaten des Europarats so unterschiedliche Rechtsansichten gibt, die den Verdacht belegen, dass der Europäische Gerichtshof für Menschenrechte den nationalen Beurteilungsspielraum in diesem Verfahren verletzt haben konnte.[640]

3.3.3 Die Margin of Appreciation-*Doktrin*

Im Zentrum steht die Ergänzung der Präambel mit dem expliziten Hinweis auf das Prinzip der Subsidiarität und die *Margin of Appreciation*-Doktrin. Damit wird die Praxis des EGMR bekräftigt, dass die Mitgliedstaaten bei der Umsetzung der EMRK je nach den besonderen Umständen eines Falles und den betroffenen, durch die EMRK geschützten, Rechte und Freiheiten einen gewissen Spielraum haben. Dahinter steht die Idee, dass die Konvention bei der Sicherung der Menschenrechte nur subsidiär zur Anwendung gelangen soll und in erster Linie die Mitgliedstaaten mit der Umsetzung der EMRK betraut sind und davon auszugehen ist, dass sie die lokalen Bedürfnisse und Umstände besser kennen und in Rechnung stellen können bzw. können sollten. Dem EGMR kommt, unter Beachtung des zugestandenen Spielraums, die Verantwortung zu, die nationalen Entscheide auf ihre Kompatibilität mit der Konvention zu überprüfen.

Dieser nationale Beurteilungsspielraum, in der Lehre auch „*Margin of Appreciation*" genannt, und von THÜRER und BÜRGENTHAL als die „wichtigste Stellschraube"[641] für die Intensität der Prüfung durch den EGMR ausgemacht, kommt in der EMRK selbst gar nicht ausdrücklich vor. Geprägt hat diesen Begriff die Kommission im so genannten Zypern-Fall im Jahr 1958.[642] In dieser

---

638 Vgl. Kühling, 2006, Kommunikationsfreiheit (Meinungsäußerungs- und Informationsfreiheit), S. 671.

639 Mehr dazu siehe unten, S. 127.

640 Vgl. Haug, 2011, Bildberichterstattung über Prominente. Unter besonderer Berücksichtigung der Zulässigkeit der gerichtlichen Beurteilung des Informationswertes von Medienberichten, S. 59.

641 Bürgenthal & Thürer, 2010, Menschenrechte. Ideale, Instrumente, Institutionen, S. 234.

642 *„The Commission of Human Rights is authorised by the Convention to express a critical opinion on derogations under Article 15, but the Government concerned retains, within*

Auseinandersetzung ging es um die Frage, ob sich Großbritannien auf die Notstandsmaßnahmen ex Artikel 15 EMRK berufen kann oder nicht.[643] Die Kommission gestand den Briten diesen Spielraum zu und begründete ihre Entscheidung mit dem subsidiären Charakter der Konvention.[644]

Diese Entscheidungslinie, die zunächst im Bereich von Artikel 15, im Wesentlichen also für die Beurteilung eines Ausnahmezustandes, erarbeitet wurde, hat der Gerichtshof in der Folge auch auf die Grundrechtsschranken ausgedehnt, wie sie die Artikel 8 bis 11 EMRK enthalten.[645]

Obwohl die staatlichen Behörden aufgrund ihrer besseren Kenntnis der Verhältnisse die Zustände und somit auch die Bedürfnisse des eigenen Landes besser beurteilen können als eine internationale Instanz,[646] muss dieser Beurteilungsspielraum laut Europarat auch Hand in Hand mit der europäischen Supervision gehen: „*Such supervision concerns both the aim of the measure challenged and its ‚necessity'; it covers not only the basic legislation but also the decision applying it, even one given by an independent court.*"[647]

Die Richter haben folglich auch bei der Abwägung dieser Bestimmungen die der Konvention zugrunde liegende Souveränität der Staaten zu berücksichtigen. Viele EGMR-Entscheidungen deuten auch darauf hin, dass die „*Margin of Appreciation*" als eine Begrenzung der eigenen Zuständigkeit aufgefasst wird.[648] EIFFLER macht diese Haltung für die ungenaue Prüfung vieler Fälle und die daraus vielfach folgenden ungenauen Urteile verantwortlich.[649]

---

certain limits, its discretion in appreciating the threat to the life of the nation. In the present case the Government of Cyprus 2 has not gone beyond these limits of appreciation.", vgl. EMRK, 26.09.1958, Griechenland gegen Großbritannien, Report of the Commission, S. 138, zit. n. Spielmann, 20.03.2014, UCL - Current Legal Problems (CLP) lecture. Whither the Margin of Appreciation?, S. 2.

643 Mehr zu Artikel 15 EMRK siehe oben, 94.

644 Vgl. Spielmann, 20.03.2014, UCL - Current Legal Problems (CLP) lecture. Whither the Margin of Appreciation?, S. 4.

645 Vgl. Spielmann, 20.03.2014, UCL - Current Legal Problems (CLP) lecture. Whither the Margin of Appreciation?, S. 4.

646 Vgl. EGMR, 1976, Handyside gegen Großbritannien, Par. 48.

647 Europarat, o.J., The margin of appreciation, o.S.

648 Vgl. Klopfer, 1996, „Innere Pressefreiheit" und Tendenzschutz im Lichte des Artikels 10 der Europäischen Konvention zum Schutz der Menschenrechte und Grundfreiheiten, S. 124.

649 Vgl. Macdonald, The Margin of Appreciation in the Dynamics of European Human Rights Jurisprudence, 21–22; insbesondere ist zu erwähnen der Fall Lawless gegen

Obwohl es das Ziel des EGMR ist, einen einheitlichen Standard zum Schutz der Menschenrechte und Grundfreiheit zu entwickeln und durchzusetzen, wird dieses Modell also auch herangezogen, um zu begründen, weshalb selbst die Konventionsrechte nicht für alle Betroffenen die gleichen Garantien enthalten. Die „wahre Bedeutung des Konzepts“[650] sei es, „ein Erklärmodell dafür zu sein, dass die EMRK keine von Ort und Zeit unabhängigen, stets gleichen Garantien enthält[651] und dass die Konventionsorgane auf der Ebene des materiellen Rechts einen im Ansatz weiten, schrittweise aber verfestigten Menschenrechtsstandard praktizieren.“[652]

Bei der Frage nach diesem Spielraum, der den einzelnen Staaten zugebilligt wird, geht es auch darum zu unterscheiden „ob sich die Freiräume auf die Tatsachenfeststellung, die Tatsachenwürdigung, die Auswahl der Maßnahmen zur Einschränkung der Konventionsrechte oder auf die Schutzpflichten beziehen sollen. Bei der Erfüllung der Schutzpflichten wird den Konventionsstaaten ein weiter Spielraum zugestanden.“[653] So stellte der EGMR im Urteil **von Hannover (Nr. 3) gegen Deutschland** fest, dass die „Wahl der Maßnahmen, mit denen die Einhaltung der Bestimmungen des Artikels 8 der Konvention im Verhältnis zwischen Privatpersonen gewährleistet werden soll, [...] grundsätzlich in den Ermessensspielraum der Konventionsstaaten“[654] fällt, und zwar unabhängig davon, ob es sich um positive oder negative Verpflichtungen des Staates handelt,

Irland, Urteil vom 1.7.1963, A/3, zit. n. Eiffler, 1999, Die Auslegung unbestimmter Schrankenbegriffe der Europäischen Menschenrechtskonvention, S. 43.

650 Engel, Christoph, ÖZoRV 37 (1986), S. 261–276, zit. n. Klopfer, 1996, „Innere Pressefreiheit“ und Tendenzschutz im Lichte des Artikels 10 der Europäischen Konvention zum Schutz der Menschenrechte und Grundfreiheiten, S. 125.

651 Kritisch zu der mit der Flexibilität des Maßstabes häufig einhergehenden Unvorhersehbarkeit der Straßburger Judikate, vgl. Müller, Wolfgang, WRP 1992, S. 20–22, zit. n. Klopfer, 1996, „Innere Pressefreiheit“ und Tendenzschutz im Lichte des Artikels 10 der Europäischen Konvention zum Schutz der Menschenrechte und Grundfreiheiten, S. 125.

652 Vgl. Engel, Christoph, AfP 1994, S. 1–3; ders. Privater Rundfunk vor der Europäischen Menschenrechtskommission, S. 459, zit. n. Klopfer, 1996, „Innere Pressefreiheit“ und Tendenzschutz im Lichte des Artikels 10 der Europäischen Konvention zum Schutz der Menschenrechte und Grundfreiheiten, S. 125.

653 Ehlers, 2009, Die Europäische Menschenrechtskonvention, S. 74.

654 EGMR, 2013, von Hannover gegen Deutschland (Nr. 3). Nichtamtliche Übersetzung aus dem Französischen, Par. 48.

und erinnerte daran, dass dieser Spielraum den Staaten grundsätzlich auch für alle Entscheidungen in Bezug auf Artikel 10 EMRK zusteht.[655]

An seine Grenzen gelangt der Ermessensspielraum, wenn es um grundlegende Ziele des Europarats und seiner Mitgliedstaaten geht, die zum einen in völkerrechtlichen Abkommen, zum anderen in der Existenz eines gemeinsamen Standards zum Ausdruck kommen.[656]

655 Vgl. EGMR, 2013, von Hannover gegen Deutschland (Nr. 3). Nichtamtliche Übersetzung aus dem Französischen, Par. 48.

656 Vgl. Bürgenthal & Thürer, 2010, Menschenrechte. Ideale, Instrumente, Institutionen, S. 234.

Teil 4: Die Berücksichtigung der Persönlichkeitsrechte in der Rechtsprechung des EGMR zu Artikel 10 EMRK

Dass die Pressefreiheit zu Gunsten des Schutzes der Rechte anderer und des guten Rufs einer Person eingeschränkt werden darf, wurde bereits dargestellt.[657] Dass das Recht auf Achtung des Privat- und Familienlebens, auf welches sich diese Einschränkung inhaltlich zurückführen lässt, zum Teil dieselben Eingriffsschranken aufweist,[658] ebenfalls.

Da die Meinungsäußerungsfreiheit wie auch die Gedanken-, Gewissens- und Religionsfreiheit aber auch selbst die „geistigen Entfaltungsmöglichkeiten der menschlichen Persönlichkeit" stark beeinflusst,[659] ist auch die Freiheit der (medialen) Meinungsäußerung selbst Teil der Menschenwürde, der Würde jenes Menschen nämlich, der sich äußert.[660] Wie stark die Beziehung zwischen diesen beiden Konventionsinhalten ist, bringt der ehemalige österreichische EGMR-Richter MATSCHER so auf den Punkt: „Die Meinungsäußerungsfreiheit ist Ausdruck der Entfaltung der menschlichen Persönlichkeit und mit deren Würde unlöslich verbunden."[661]

Da die Menschenwürde an sich gar nicht abwägungsfähig ist,[662] kommt der Rechtsprechung bei der Abwägung, welcher dieser beiden Aspekte der Menschenwürde eine wichtigere Rolle spielt, große Bedeutung zu. Welches dieser beiden Rechte sich durchsetzt, hängt also von den Umständen des Einzelfalles ab.

Für den Gerichtshof ist es nicht leicht, einen tragfähigen Ausgleich zwischen diesen beiden Rechten zu finden. Dies liegt auch daran, dass die Pressefreiheit konkretisiert wurde, weshalb sie „handhabbaren, prinzipiell einleuchtenden

---

657 Siehe dazu oben, S. 107.

658 Siehe dazu oben, S. 111.

659 Vgl. Kotzur, 2012, Gewissens-, Religions-Meinungsfreiheit, S. 251.

660 Zu den Berechtigten dieses Rechts siehe auch oben, S. 37.

661 Matscher, 2001, Medienfreiheit und Persönlichkeitsschutz im Sinne der EMRK, S. 2.

662 Vgl. u.a. dt. BverfGE, 93, 266 (116). So auch in Kunig in v. Munch/Kunig, GG-K I, 6. Aufl. 2012, Rn. 4: „Der Menschenwürdeschutz ist abwägungsresistent." Dies vertreten u.a. auch Honig, 2009, S: 48f., und Enders, 2009, S. 114: „Eine Abwägung ‚Wuürde gegen Würde' scheidet aus.", zit. n. Sandkuhler, 2014, Menschenwürde und Menschenrechte, S. 303.

und konsensfähigen Prinzipien“[663] folgt, der Schutz der Persönlichkeitsrechte dagegen nicht, zumindest nicht im selben Ausmaß. Zudem kommt keinem der beiden Rechte im Verhältnis zum anderen eine *„preffered postition“* – so wird ein höherer Stellenwert ideeller Freiheitsrechte gegenüber wirtschaftlichen Freiheitsrechten bezeichnet – zu, weshalb es keine speziellen Vorschriften zur Lösung dieses Konflikts gibt.[664]

KÜHLING sieht im Verhältnis der Pressefreiheit zum Persönlichkeitsschutz die „Aktivierung subjektivrechtlicher Abwehrgehalte eines Grundrechts gegen die subjektivrechtlichen Abwehrgehalte einer Grundfreiheit.“[665]

Während in der Rechtsprechung lange Zeit die Veröffentlichung von Inhalten die Regel war, deren Verbot dagegen die Ausnahme,[666] scheint der Schutz der Persönlichkeitsrechte in den vergangenen Jahren stärker in den Fokus gerückt zu sein. Deutlich wurde dies im Urteil **Pfeifer gegen Österreich**. Wie der EGMR diese Entscheidung begründete und ob es sich dabei wirklich um eine Trendumkehr handelt, wird noch Thema dieser Arbeit sein.[667]

1. Der Fall von Hannover gegen Deutschland (Nr. 1)

Ein Urteil, das sich in der Frage der Abwägung zwischen Persönlichkeitsschutz und Pressefreiheit als wegweisend erweisen sollte, erstritt die monegassische Prinzessin Caroline im Jahr 2004.[668] SCHIWY bezeichnet sie in der Folge als eine „Person der Rechtsgeschichte in Deutschland.“[669]

Caroline von Hannover war durch alle Instanzen gegangen, um die Veröffentlichung von Bildern verbieten zu lassen, die zwischen 1993 und 1997 in den

663 Berka Persönlichkeitsschutz und Massenmedien im Lichte der Grundfreiheiten und Menschenrechte, S. 534.
664 Vgl. Ahrens, 2002, Persönlichkeitsrecht und Freiheit der Medienberichterstattung, S. 23.
665 Kühling, 2006, Kommunikationsfreiheit (Meinungsäußerungs- und Informationsfreiheit), S. 666.
666 Vgl. Committee of Ministers Resolution Res (2001) 6 of 12 June 2001 on access to Council of Europe documents; and Resolution 1551 (2007) of the Parliamentary Assembly of the Council of Europe on fair trail is - sues in criminal cases concerning espionage or divulging state secrets. See also I-A Ct HRts, Claude Reyes and Others v Chile, Judgement of 19 September 2006, Series C No 151, para 58, so zitiert in Arai, Article 10: Freedom of Expression, S. 486.
667 Siehe dazu auch unten, S. 187.
668 Vgl. EGMR, 2004, von Hannover gegen Deutschland.
669 Schiwy, 2010, Persönlichkeitsschutz und Pressefreiheit, S. 106.

Zeitschriften *Bunte* und *Neue Post*[670] erschienen waren. Diese Bilder zeigten sie zwar in der Öffentlichkeit, aber bei privaten Tätigkeiten, etwa beim Reiten, im Skiurlaub oder beim Tennisspielen mit ihrem Ehemann.[671] Mit ihrem Sieg vor dem EGMR sorgte Caroline von Hannover dafür, dass die Abwägung von Persönlichkeitsschutz und Pressefreiheit in Deutschland grundlegend überdacht werden musste. Rechtsprechung und Lehre schwenkten dahingehend um, dass auch Prominente der Veröffentlichung von Bildern, die sie bei privaten Handlungen zeigen, zustimmen müssen.[672]

1.1 Absolute und relative Personen der Zeitgeschichte

Die Straßburger Richter hielten in diesem Urteil fest, dass der Schutz des Privatlebens und des Rechts am eigenen Bild zwar für „Persönlichkeiten aus dem Bereich der Politik […], die öffentliche Ämter bekleiden, […] aber nicht für eine ‚Privatperson' wie die Beschwerdeführerin […], bei der das Interesse der breiten Öffentlichkeit und der Presse ausschließlich auf ihre Zugehörigkeit zu [einer Fürstenfamilie] gestutzt ist, während sie selbst keine offiziellen Funktionen ausübt",[673] eingeschränkt werden darf. Wer in eine Rolle, an der die Öffentlichkeit Interesse hat, also nur hineingeboren wird, darf dem öffentlichen Interesse nicht gleich schutzlos ausgeliefert sein wie etwa tatsächliche regierende Monarchen oder gewählte Politiker. Letztere müssen sich auch nach diesem Urteil eine strengere Kontrolle gefallen lassen, kann ihr privates Verhalten doch auch für die Beurteilung ihrer Amtsführung und für eine eventuelle Wiederwahl ausschlaggebend sein.[674]

Vor diesem Urteil hatte die deutsche Rechtsprechung jahrzehntelang auch am Leben von Adeligen wie Caroline von Monaco ein generelles Interesse der Öffentlichkeit angenommen. Begründet hatte diesen Ansatz NEUMANN-DUESBERG in einem Aufsatz aus dem Jahr 1960. Er unterschied zwischen relativen und absoluten Personen der Zeitgeschichte. Absolute Personen der Zeitgeschichte waren

---

670 EGMR, 2004, von Hannover gegen Deutschland (Nr. 1), nichtamtliche Übersetzung der deutschen Bundesregierung, Par. 49.

671 Vgl. u.a. Räker, 2007, Die Veröffentlichung von Abbildungen Prominenter ohne deren Zustimmung – Fuhrt das „Caroline-Urteil" des EGMR zu einem neuen juristischen Begriff?, S. 81.

672 Vgl. u.a. Haug, 2011, Bildberichterstattung über Prominente. Unter besonderer Berücksichtigung der Zulässigkeit der gerichtlichen Beurteilung des Informationswertes von Medienberichten, S. 55.

673 EGMR, 2004, von Hannover gegen Deutschland, nichtamtliche Übersetzung der deutschen Bundesregierung, Par. 72.

674 Zum „Sonderfall Politiker" siehe auch unten, S. 134.

alle jene, „die im Blickpunkt einer gewissen Öffentlichkeit standen und die deshalb ein zeitgeschichtliches Informationsbedürfnis hervorriefen."[675] Es war also kein aktueller Anlass notwendig, um Berichte über das Leben dieser Personen zu rechtfertigen.[676] Der Schutz ihres Privatlebens war zwar vorhanden, aber stark eingeschränkt. Zu diesen Personen gehörten „die Spitzen aus allen gesellschaftlich relevanten Gruppen, insbesondere Politik, Wirtschaft, Kultur und Sport."[677]

Eine allgemein gültige Antwort auf die Frage, wie lange ein Mensch, der zu Recht im öffentlichen Fokus steht, in diesem auch bleiben darf, gibt es nicht. Diese Dauer richtet sich danach, „wie sehr und wie lange der Betroffene aus der Masse seiner Zeitgenossen hervorgehoben war."[678] Bei den einen, etwa dem Papst, ist es klar, dass sie Zeit ihres Lebens dazugehören, Sportler oder Sänger dagegen zählen nur während ihrer aktiven Karriere und eventuell einige Zeit danach zu diesem Personenkreis.[679] Für Menschen, die ein politisches Amt ausüben, gilt ähnliches.

Mit dieser zeitlichen Begrenzung der Zulässigkeit der Berichterstattung berücksichtigt die Rechtsprechung auch die Notwendigkeit dessen, dass der Einzelne immer dazu in der Lage sein muss, abschätzen zu können, ob er zu dieser Gruppe zählt oder nicht.[680] Nur so kann er sein Verhalten darauf abstimmen und eventuell Vorkehrungen treffen, die sein Privatleben vor Eingriffen anderer – in erster Linie geht es wohl um die Boulevardpresse – schützen.[681]

---

675 Vgl. Neumann-Duesberg, JZ 1960, S. 114, zit. n. Haug, 2011, Bildberichterstattung über Prominente. Unter besonderer Berücksichtigung der Zulässigkeit der gerichtlichen Beurteilung des Informationswertes von Medienberichten, S. 19.

676 So etwa BGH NJW 1996, 1128 (1129); m.w.N., zit. n. Haug, 2011, Bildberichterstattung über Prominente. Unter besonderer Berücksichtigung der Zulässigkeit der gerichtlichen Beurteilung des Informationswertes von Medienberichten, S. 20.

677 Wanckel, Endress, [3]2009, Foto- und Bildrecht, S. 107, zit. n. Haug, 2011, Bildberichterstattung über Prominente. Unter besonderer Berücksichtigung der Zulässigkeit der gerichtlichen Beurteilung des Informationswertes von Medienberichten, S. 20.

678 Wanckel, Endress, [3]2009, Foto- und Bildrecht, Foto- und Bildrecht, S. 115, zit. n. Haug, 2011, Bildberichterstattung über Prominente. Unter besonderer Berücksichtigung der Zulässigkeit der gerichtlichen Beurteilung des Informationswertes von Medienberichten, S. 21.

679 Vgl. Wanckel, Endress, [3]2009, Foto- und Bildrecht, Foto- und Bildrecht, S. 115, zit. n. Haug, 2011, Bildberichterstattung über Prominente. Unter besonderer Berücksichtigung der Zulässigkeit der gerichtlichen Beurteilung des Informationswertes von Medienberichten, S. 21.

680 Auch dieser Aspekt ist Teil des allgemeinen Kriteriums der gesetzlichen Vorhersehbarkeit einer Maßnahme, vgl. oben, S. 113.

681 Vgl. EGMR, 2004, von Hannover gegen Deutschland (Nr. 1), nichtamtliche Übersetzung des deutschen Justizministeriums, Par. 73.

Über Mitglieder von Adelshäusern darf die Presse nach diesem Urteil im Fall Caroline jedenfalls nur noch dann berichten, wenn das Geschehnis selbst von öffentlichem Interesse ist oder wenn die Betroffenen die Veröffentlichung erlauben. Ähnlich ist die Position jener Personen, die die deutsche Rechtsprechung seit den 1960er Jahren als relative Personen der Zeitgeschichte bezeichnet. Auch über diese darf berichtet werden, sofern der Beitrag mit dem Ereignis, das sie bekannt gemacht hat, in Verbindung steht.[682]

Nach der Verurteilung Deutschlands in diesem von Caroline von Hannover angestrengten Verfahren musste der deutsche Bundesgerichtshof die Rechtsfiguren der absoluten und der relativen Person der Zeitgeschichte also aufgeben, die bis zu diesem Zeitpunkt „jahrzehntelang ein halbwegs verlässlicher Orientierungsmaßstab"[683] dafür waren, ob ein Bild ohne Erlaubnis veröffentlicht werden durfte, wie SCHIWY schreibt, der die Entscheidung und ihre Folgen kritisiert.[684] HELDRICH dagegen ist der Meinung, dass die Entwicklung von der beschaulichen Medienwelt der 1960er Jahre hin zu unserer heutigen Mediengesellschaft, in der Berichte immer und überall abrufbar sind, es sehr wohl rechtfertigt, dass sich die Rechtsprechung in diesem Punkt neu orientiert.[685] Und MÜLLER-RIEMENSCHNEIDER hält fest, dass der EGMR mit dieser Entscheidung zwar die Figur der „Person der Zeitgeschichte" kritisierte, deren Abschaffung aber gar nicht explizit forderte, und er wirft die Frage auf, ob nicht auch eine Modifikation dieser Figur ausreichend gewesen wäre.[686]

1.2 Kritik an der Entscheidung des EGMR

Das Verlagshaus Burda kritisierte, dass das der EGMR die Pressefreiheit in Deutschland mit dieser Entscheidung stark eingeschränkt hat.[687] Schon als Drittbeteiligte im Verfahren vor dem EGMR hatte sich die Burda-Gesellschaft gegen diese Auslegung der Konvention verwehrt und ausgeführt, dass auch „absolute Personen der Zeitgeschichte alles andere als schutzlos seien, wobei die Tendenz

682 Vgl. Haug, 2011, Bildberichterstattung über Prominente. Unter besonderer Berücksichtigung der Zulässigkeit der gerichtlichen Beurteilung des Informationswertes von Medienberichten, S. 21.

683 Schiwy, 2010, Persönlichkeitsschutz und Pressefreiheit, S. 109.

684 Vgl. Schiwy, 2010, Persönlichkeitsschutz und Pressefreiheit, S. 109.

685 Vgl. Heldrich, 2005, Persönlichkeitsschutz und Pressefreiheit nach der Europäischen Menschenrechtskonvention, S. 489–490.

686 Vgl. Müller-Riemenschneider, Pressefreiheit und Persönlichkeitsschutz, S. 285.

687 Vgl. EGMR, 2012, von Hannover gegen Deutschland (Nr. 2), nichtamtliche Übersetzung der deutschen Bundesregierung, Par. 90, mehr dazu siehe unten, S. 130.

der Rechtsprechung in den letzten Jahren sogar in Richtung einer stärkeren Betonung des Persönlichkeitsrechtsschutzes"[688] gegangen sei. Außerdem sei Caroline seit dem Tod ihrer Mutter offiziell die „First Lady" der konstitutionellen Erbmonarchie Monaco, weshalb sie eine Vorbildfunktion habe. Der Burda Verlag führte auch an, dass die Familie Grimaldi die Medienöffentlichkeit immer gesucht hatte und für das öffentliche Interesse, das an ihr besteht, demnach selbst verantwortlich sei.[689] Nun, dass ein Prozessbeteiligter, der nicht siegreich aus der Auseinandersetzung heraus geht, eine Entscheidung kritisiert, verwundert nicht.

In der Folge wurde dieses Urteil des EGMR aber auch in der deutschen Rechtswissenschaft zum Teil heftig kritisiert. PEIFER warnte davor, „es ernst zu nehmen mit dem Felsklotz, den der Europäische Gerichtshof für Menschenrechte [...] hingeworfen"[690] hat, und der das Interesse am Privatleben Prominenter mit Neugier gleichsetzt.[691] Der EGMR hänge einem „sehr aufklärerischen Presseideal" nach, was aber „in der heutigen Presselandschaft, in der sich viele Medien [...] um Aufmerksamkeit bemühen müssen, etwas antiquiert wirke, während das Bundesverfassungsgericht hingegen bereits zuvor die Bedeutung mediensoziologischer Erwägungen erkannt habe",[692] kritisierte er.

Mit dieser Entscheidung erteile der Gerichtshof der „gesellschaftsprägenden Bedeutung der Medien eine deutliche Abfuhr"[693], fand auch SCHUHMACHER

688 Vgl. EGMR, 2004, von Hannover gegen Deutschland (Nr. 1), nichtamtliche Übersetzung des deutschen Justizministeriums, Par. 47.

689 Vgl. EGMR, 2004, von Hannover gegen Deutschland (Nr. 1), nichtamtliche Übersetzung des deutschen Justizministeriums, Par. 47; siehe dazu auch unten, S. 146.

690 Peifer, in: Prutting, Das „Caroline"-Urteil des EGMR und die Rechtsprechung des BVerfG, S. 100, zit. n. Haug, 2011, Bildberichterstattung über Prominente. Unter besonderer Berücksichtigung der Zulässigkeit der gerichtlichen Beurteilung des Informationswertes von Medienberichten, S. 89.

691 Vgl. Peifer, in: Prutting, Das „Caroline"-Urteil des EGMR und die Rechtsprechung des BVerfG, S. 100, zit. n. Haug, 2011, Bildberichterstattung über Prominente. Unter besonderer Berücksichtigung der Zulässigkeit der gerichtlichen Beurteilung des Informationswertes von Medienberichten, S. 89.

692 Peifer, in: Prutting, Das „Caroline"-Urteil des EGMR und die Rechtsprechung des BVerfG, S. 118, zit. n. Haug, 2011, Bildberichterstattung über Prominente. Unter besonderer Berücksichtigung der Zulässigkeit der gerichtlichen Beurteilung des Informationswertes von Medienberichten, S. 86.

693 Schuhmacher, in Prutting: Das „Caroline"-Urteil des EGMR und die Rechtsprechung des BVerfG, S. 105, zit. n. Haug, 2011, Bildberichterstattung über Prominente. Unter besonderer Berücksichtigung der Zulässigkeit der gerichtlichen Beurteilung des Informationswertes von Medienberichten, S. 86.

deutliche Worte. Der Bereich der Unterhaltung als Teil der Medienberichterstattung werde durch diese Entscheidung „praktisch tabuisiert",[694] kritisierte LUCH. Den Straßburger Richtern wurde vorgeworfen, die Meinungsbildung, die in den Medien stattfindet, durch diese Beschränkung auf staatstragende Fragen zu verkürzen.[695] Auch die britische Rechtswissenschaft kritisierte diese Entscheidung und wertete sie als eine „radikale Ausdehnung des Privatsphärenschutzes."[696] In Großbritannien schlägt das Pendel der Gerichte traditionell ja „stark zu Gunsten des öffentlichen Informationsinteresses und somit zu Gunsten der Pressefreiheit"[697] aus.

In Frankreich dagegen reagierte man gelassen auf die Entscheidung.[698] Während ZUPANCIC in seinem Sondervotum zum Ausdruck brachte, er habe den Eindruck, „dass die Gerichte in gewisser Weise und unter amerikanischem Einfluss aus der Pressefreiheit einen Fetisch gemacht haben"[699] und das Ministerkomitee des Europarats sogar von einem Trend sprach, wonach „*publication is the rule and prohibition of publication the exception*",[700] legen die französischen Gerichte ihren Fokus schon lange auf die Unterscheidung zwischen öffentlichem

694 Luch, Das Medienpersönlichkeitsrecht - Schranke der „vierten Gewalt", S. 531, zit. n. Haug, 2011, Bildberichterstattung über Prominente. Unter besonderer Berücksichtigung der Zulässigkeit der gerichtlichen Beurteilung des Informationswertes von Medienberichten, S. 89.

695 Soehring/Seelmann-Eggebert, NJW 2005, 571 (576), zit. n. Haug, 2011, Bildberichterstattung über Prominente. Unter besonderer Berücksichtigung der Zulässigkeit der gerichtlichen Beurteilung des Informationswertes von Medienberichten, S. 86.

696 Fenwick/Phillipson, Civil Liberties und Human Rights, Oxon 2007, S: 677ff; Michalos, Image rights and privacy, 2005, 27 EIPR 384, 386f., zit. n. Haug, 2011, Bildberichterstattung über Prominente. Unter besonderer Berücksichtigung der Zulässigkeit der gerichtlichen Beurteilung des Informationswertes von Medienberichten, S. 67.

697 Haug, 2011, Bildberichterstattung über Prominente. Unter besonderer Berücksichtigung der Zulässigkeit der gerichtlichen Beurteilung des Informationswertes von Medienberichten, S. 67.

698 Vgl. Bartnik, AfP 2004, 489 (491), zit. n. Haug, 2011, Bildberichterstattung über Prominente. Unter besonderer Berücksichtigung der Zulässigkeit der gerichtlichen Beurteilung des Informationswertes von Medienberichten, S. 70.

699 EGMR, 2004, von Hannover gegen Deutschland (Nr. 1), nichtamtliche Übersetzung des deutschen Justizministeriums, Sondervotum Zupancic.

700 Vgl. Committee of Ministers Resolution Res (2001) 6 of 12 June 2001 on access to Council of Europe documents; and Resolution 1551 (2007) of the Parliamentary Assembly of the Council of Europe on fair trail issues in criminal cases concerning espionage or divulging state secrets. See also I-A Ct HRts, Claude Reyes and Others

und privatem Leben.[701] Auch HAUG sieht in der EGMR-Entscheidung eine Orientierung an der französischen Praxis, die im Zweifel immer für den Schutz des Privatlebens entscheiden würde.[702] Diese kritisiert er jedoch scharf, denn „wer im Streit zweier kollidierender Grundrechte eines dieser beiden strukturell bevorzugt bzw. benachteiligt [...], kann kein Vorbild für den Europäischen Gerichtshof für Menschenrechte [sein]."[703]

Entgegen dieser zum Teil massiven Kritik in der deutschen Rechtswissenschaft ist HELDRICH der Meinung, dass die Entscheidung „keineswegs das Ende des sogenannten investigativen Journalismus"[704] darstellt. Zum einen bestehe der Schutz des Privatlebens weiter, auch wenn es um einen Beitrag zu einer Debatte von allgemeinem Interesse geht, zum anderen glaubt er, die Entscheidung beziehe sich nur auf die Veröffentlichung von Fotos und begleitenden Bildtexten, während die freie Wortberichterstattung nicht verboten sei.[705]

Die Begründung des EGMR stützt diese Einschätzung allerdings nicht; der Gerichtshof betont, dass die Veröffentlichung von Fotos und Artikeln (!), „die nur dem Zweck dienten, die Neugier eines bestimmten Publikums im Hinblick auf Einzelheiten aus dem Privatleben der Beschwerdeführerin zu befriedigen, trotz des Bekanntheitsgrads der Beschwerdeführerin nicht als ein Beitrag zu einer Debatte von allgemeinem gesellschaftlichen Interesse angesehen werden kann."[706] Der Schutz der Persönlichkeit darf also nicht davon abhängig gemacht werden, ob ein Magazin zu einem Artikel auch ein Foto veröffentlicht oder

---

v Chile, Judgement of 19 September 2006, Series C No 151, para 58, zit. n. Arai, Article 10: Freedom of Expression, S. 486.

701 Vgl. Neumann-Klang, Das Recht am eigenen Bild aus rechtsvergleichender Sicht, S. 93, zit. n. Haug, 2011, Bildberichterstattung über Prominente. Unter besonderer Berücksichtigung der Zulässigkeit der gerichtlichen Beurteilung des Informationswertes von Medienberichten, S. 69.

702 Bartnik, AfP 2004, 489 (493), zit. n. Haug, 2011, Bildberichterstattung über Prominente. Unter besonderer Berücksichtigung der Zulässigkeit der gerichtlichen Beurteilung des Informationswertes von Medienberichten, S. 73.

703 Haug, 2011, Bildberichterstattung über Prominente. Unter besonderer Berücksichtigung der Zulässigkeit der gerichtlichen Beurteilung des Informationswertes von Medienberichten, S. 73.

704 Heldrich, 2005, Persönlichkeitsschutz und Pressefreiheit nach der Europäischen Menschenrechtskonvention, S. 491.

705 Vgl. Heldrich, 2005, Persönlichkeitsschutz und Pressefreiheit nach der Europäischen Menschenrechtskonvention, S. 491.

706 EGMR, 2004, von Hannover gegen Deutschland (Nr. 1), nichtamtliche Übersetzung der deutschen Bundesregierung, Par. 65.

nicht.[707] Dies wird auch daran deutlich, dass das Urteil ausdrücklich auch die Wortberichterstattung miteinschließt, obwohl Caroline von Hannover sich nur gegen die Veröffentlichung von Fotos gewehrt hatte.[708]

2. Der Fall von Hannover gegen Deutschland (Nr. 2)

Im Jahr 2012 traf der EGMR eine weitere Entscheidung in Sachen von Hannover gegen Deutschland. Prinzessin Caroline hatte neuerlich Beschwerde eingelegt, weil ein Magazin Bilder veröffentlicht hatte, die sie beim Skifahren zeigten. Der Artikel dazu handelte auch vom schlechten Gesundheitszustand ihres Vaters.[709]

Die Tatsache, dass Deutschland in diesem Verfahren nicht verurteilt wurde, zeigt laut LEHOFER, dass „die Abwägung zwischen der Pressefreiheit und dem Schutz des Privatlebens nicht [...] zu Lasten der Medien ausgehen muss."[710] Der Gerichtshof machte in dieser Entscheidung deutlich, dass die Umstände eines jeden Einzelfalles zu berücksichtigen sind. Vielfach wird dieses Urteil als eine Trendwende angesehen. Richtungsweisend ist es vor allem, weil der EGMR zum ersten Mal konkrete Vorgaben zur Abwägung von Pressefreiheit und Persönlichkeitsschutz machte.

Die folgenden fünf Fragen sind bei der Veröffentlichung von medialen Beiträgen demnach zu beantworten:

1. Leistet die Veröffentlichung einen Beitrag zu einer Debatte von allgemeinem Interesse?
2. Wie bekannt ist die betroffene Person und worüber wird berichtet?
3. Wie hat sich die betroffene Person selbst im Vorfeld verhalten?
4. Welchen Inhalt, welche Form und damit verbunden welche Auswirkungen hat die Veröffentlichung?
5. Unter welchen Umständen wurden die Bilder aufgenommen?[711]

Eine klare Abgrenzung zwischen diesen fünf Kriterien ist schwierig, beeinflussen sie sich gegenseitig doch stark: Wie bekannt eine Person ist, kann genauso

707 Dennoch nimmt die Bildberichterstattung eine Sonderrolle ein; mehr dazu siehe unten, S. 149.
708 Vgl. EGMR, 2004, von Hannover gegen Deutschland, nichtamtliche Übersetzung der deutschen Bundesregierung, Par. 65.
709 EGMR, 2012, von Hannover gegen Deutschland (Nr. 2), nichtamtliche Übersetzung der deutschen Bundesregierung, Par. 15–20; 38.
710 Vgl. Lehofer, zit. n. Zöchbauer, 2012, Was Journalisten (nicht) dürfen. Die neue „Caroline"-Entscheidung des EGMR: Eine Trendwende?, o.S.
711 Vgl. EGMR, 2012, von Hannover gegen Deutschland, Par. 109–113.

von ihrem vorherigen Verhalten abhängen wie das allgemeine Interesse an einem Beitrag davon abhängt, worüber genau berichtet wird.

Im Folgenden wird dennoch versucht, diese Zulässigkeitsvoraussetzungen voneinander zu unterscheiden.

Obwohl es auch in diesem zweiten so genannten „Caroline-Fall" um die Zulässigkeit von Bildern ging, sind diese Punkte auch vor der Veröffentlichung eines Textes zu prüfen. Dies machten die EGMR-Richter in der Begründung ihrer Entscheidung deutlich.[712]

2.1 Der Beitrag zu einer Debatte von allgemeinem Interesse

Generell hat der Europäische Gerichtshof für Menschenrechte in seinem Urteil **Handyside gegen Großbritannien** festgehalten, dass alle Nachrichten in den Schutzbereich von Artikel 10 EMRK fallen, selbst jene, die *„offend, shock or disturb the State or any sector of the population."*[713] Auch wenn man daraus schließen kann, dass es für den Grundrechtsschutz keine Rolle spielt, ob Massenmedien seriös informieren oder ihre Empfänger nur unterhalten wollen, so stellt sich doch die Frage, ob auch Darstellungen, die nur die Neugier bedienen, geschützt sind. Ziel der Regenbogenpresse ist es vielfach ja lediglich, „die Neugier der Öffentlichkeit in Bezug auf Einzelheiten des absoluten Privatlebens einer Person zu befriedigen."[714] Schon deshalb hat sie einen schweren Stand vor Gericht.

2.1.1 Das öffentliche Interesse

Der Gerichtshof hat in jedem einzelnen Fall zu untersuchen, ob ein Thema, wofür sich die Öffentlichkeit interessiert, diese auch interessieren sollte, ob dieses Interesse legitim ist oder ob es sich um bloße Neugier handelt. Der Grundsatz *„If they publish it, it must be a matter of public interest"*,[715] der in den USA bisweilen vertreten wird, ist nicht ausschlaggebend dafür, ob eine Veröffentlichung tatsächlich

712 Vgl. EGMR, 2012, von Hannover gegen Deutschland, Par. 117; 119.

713 EGMR, 1976, Handyside gegen Großbritannien, Par. 49.

714 EGMR, 2012, von Hannover gegen Deutschland (Nr. 2), nichtamtliche Übersetzung der deutschen Bundesregierung, Par. 103; zur Bedeutung der Boulevardpresse siehe unten, S. 145.

715 Berka, 1999, in Mayer (Hg.), Persönlichkeitsschutz und Medienrecht, S. 3f., zit. n. Kommenda. Der Persönlichkeitsschutz gegenüber Massenmedien. Die Sicht der Massenmedien, S. 404.

von allgemeinem Interesse und somit zulässig ist oder nicht.[716] Die Entscheidung darüber, ob das Interesse der Öffentlichkeit an Information oder das schutzwürdige Interesse des Betroffenen an einer Nichtveröffentlichung überwiegt, muss der Gerichtshof in jedem einzelnen Fall treffen. Als Beiträge zu Debatten von besonderem allgemeinem Interesse hat er zum Beispiel den Kampf gegen den Rassismus und die Leugnung des Holocaust[717] oder auch die Berichterstattung über Islamismus in Zusammenhang mit den Anschlägen vom 11. September 2001 bezeichnet.[718]

Allgemeingültig definiert der EGMR dieses allgemeine Interesse – wie auch den Begriff der demokratischen Gesellschaft[719] – dagegen nicht. RÄKER begrüßt den schwammigen Ansatz des EGMR, weil er glaubt, dass eine präzise Definition des allgemeinen Interesses zu einer (noch) unübersichtlicheren Einzelfallrechtsprechung führen konnte.[720]

Dass die Entscheidungen wie die ihnen zugrunde liegenden Fälle nicht immer vergleichbar sind, zeigen die unterschiedlichen Urteile, die die Straßburger Richter in den beiden „Caroline-Verfahren" gefällt haben, deutlich auf. Während Experten erwartet hatten, dass das Gericht auf der Grundlage der ersten Entscheidung auch im zweiten Verfahren eine Verletzung des Privat- und Familienlebens der Prinzessin feststellen würde,[721] hat dieses ein legitimes allgemeines Interesse festgestellt und die Veröffentlichung der Bilder für zulässig erklärt.

Auf den ersten Blick leuchtet es nicht ein, weshalb es nicht zulässig sein sollte, eine Prinzessin beim Einkaufen zu zeigen, Bilder aus dem Skiurlaub dagegen gezeigt werden dürfen. Das vom EGMR festgestellte legitime Interesse besteht auch gar nicht darin, zu zeigen, wie die Prinzessin Ski fährt, sondern vielmehr darin, wie die Tochter eines regierenden Fürsten ihre familiären Verpflichtungen

---

716 Kommenda, 2005, Der Persönlichkeitsschutz gegenüber Massenmedien. Die Sicht der Massenmedien, S. 404.

717 Haguenauer gegen Frankreich, zit. n Grabenwarter & Pabel, 2012, Europäische Menschenrechtskonvention, S. 319.

718 Brunet Lecomte und Lyon Mag gegen Frankreich, zit. n. Grabenwarter & Pabel, 2012, Europäische Menschenrechtskonvention, S. 319.

719 Siehe dazu oben, S. 117.

720 Vgl. Räker, 2007, Die Veröffentlichung von Abbildungen Prominenter ohne deren Zustimmung – Fuhrt das „Caroline-Urteil" des EGMR zu einem neuen juristischen Begriff?, S. 92.

721 Vgl. Zöchbauer, 2012, Was Journalisten (nicht) dürfen. Die neue „Caroline"-Entscheidung des EGMR: Eine Trendwende?, o.S.

mit ihrem Privatleben in Einklang bringt.[722] Das Verhalten eines Mitglieds eines herrschenden Fürstenhauses ist nicht mehr privat, wenn es in Verbindung zu seinen institutionellen Aufgaben steht oder stehen konnte.

Heute stehen, zumindest in westlichen Demokratien, nur noch vereinzelt Monarchen im Fokus, ihren Platz haben vielfach Politiker eingenommen. Auch sie müssen sich mehr Kritik gefallen lassen als Menschen, die politisch nicht in Erscheinung treten.[723] Dass Handlungen und Äußerungen, die die *res publica* betreffen[724] und einen Beitrag zur öffentlichen Willensbildung darstellen, eher veröffentlicht werden dürfen, lässt sich mit der Aufgabe der Presse, die Menschen aus zweiter Hand zu informieren und ihnen das Rüstzeug dafür zu geben, an gesellschaftlichen Entscheidungen aktiv teilzunehmen, erklären.

Das Bestehen legitimer Informationsinteressen der Öffentlichkeit erkannten die EGMR-Richter jedoch auch dann an, wenn Schauspieler oder Sportler im Mittelpunkt der medialen Debatte stehen,[725] können gesellschaftliche Diskussionen doch „nicht nur über Politik geführt werden, sondern legitimer Weise auch über die Bereiche Kultur und Sport."[726]

Ob am Unterhaltungssektor selbst dagegen überhaupt ein öffentliches Interesse besteht, ist umstritten. Zwar fallen auch Unterhaltungsformate unter das Recht auf freie Meinungsäußerung, der EGMR verdeutlichte aber, dass „das Interesse der Leser an Unterhaltung gegenüber dem Schutz der Privatsphäre regelmäßig geringeres Gewicht hat."[727] Zudem werden Aussagen, die im Rahmen von Unterhaltungsformaten fallen, bisweilen auch von der Freiheit der Kunst gedeckt, die weiter greift als die freie Meinungsäußerung und die vor allem für satirische Darstellungen herangezogen wird.[728]

Auf den Punkt bringt dies auch Luigi Lucheni als Erzähler im Musical Elisabeth, wenn er nach der Eheschließung zwischen dem österreichischen Kaiser

722 EGMR, 2012, von Hannover gegen Deutschland (Nr. 2), nichtamtliche Übersetzung der deutschen Bundesregierung, Par. 117.

723 Siehe dazu auch unten, S. 134.

724 Vgl. Kühling, Kommunikationsfreiheit (Meinungsäußerungs- und Informationsfreiheit), S. 672.

725 Vgl. EGMR, 2012, von Hannover gegen Deutschland (Nr. 2), nichtamtliche Übersetzung der deutschen Bundesregierung, Par. 109.

726 Räker, 2007, Die Veröffentlichung von Abbildungen Prominenter ohne deren Zustimmung – Fuhrt das „Caroline-Urteil" des EGMR zu einem neuen juristischen Begriff?, S. 95.

727 EGMR, 2012, von Hannover gegen Deutschland, nichtamtliche Übersetzung der deutschen Bundesregierung, Par. 114.

728 Siehe dazu auch unten, S. 190.

Franz Joseph und der Wittelsbacher Prinzessin sagt: „Der Vollzug der Ehe ist die Voraussetzung für die Geburt des Thronfolgers. Deshalb, verehrtes Publikum, ist diese Umarmung von öffentlichem Interesse.“[729]

2.1.1.1 Das öffentliche Interesse an Politikern

Es fällt auf, dass sich Politiker selbst – etwa auf Facebook – immer häufiger bereitwillig auch von ihrer privaten Seite zeigen,[730] Situationen, in denen sie ungewollt medialer Kontrolle ausgesetzt sind, sind rechtlich dagegen umstritten.

Generell kann festgehalten werden, dass Politiker eine Untergruppe der öffentlichen Person darstellen[731] und sich im Sinne der demokratischen Meinungsbildung mehr Kritik an ihren Handlungen und Aussagen gefallen lassen muss als andere. Wenn es um Politiker geht, sind *„the limits of acceptable criticism [...] accordingly wider [...] than as regards a private individual“*[732], hielt der EGMR im Fall **Lingens gegen Österreich** fest.[733] Wiederholt wurde diese Feststellung im Fall **Oberschlick Nr. 2 gegen Österreich**, und der Gerichtshof ergänzte: *„A politician inevitably and knowingly lays himself open to a close scrutiny of his every word and deed by both journalists and the public at large, and he must display a greater degree of tolerance, especially when he himself makes public statements that are susceptible of criticism.“*[734]

Für Politiker scheint der Persönlichkeitsschutz also generell gelockert, was vor allem daran liegt, dass sie von Berufs wegen an politischen Debatten teilnehmen – es steht also eine „demokratisch-funktionale Sichtweise“[735] dahinter. Dennoch ist auch der Politiker *„certainly entitled to have his reputation protected, even when he is not acting against the interests of open discussion of political issues, since exceptions to freedom of expression must be interpreted narrowly.“*[736]

---

729 Vereinigte Bühnen Wien, 2012, Musical Elisabeth, Part 5, Minute 5:19–5:29.

730 Vgl. Ziegler, 2007, Der Medien-Knigge, S. 175.

731 Vgl. Walter, 2014, Kommunikationsfreiheiten, S. 495.

732 EGMR, 1986, Lingens gegen Österreich, Par. 42.

733 Das Urteil im Fall Lingens ist grundlegend für die Unterscheidung zwischen Tatsachenbehauptungen und Werturteilen und wird im folgenden Teil im Detail analysiert, siehe unten, S. 175.

734 EGMR, 1997, Oberschlick gegen Österreich (Nr. 2), Par. 29.

735 EGMR 8.7.1986 (Lingens), Rn. 42; 23.5.1991, 11662/85 (Oberschlick), Rn 58f.; hierzu Ehlers/Marauhn, EU-Grundrechte; § 4, Rn 34, zit. n. Walter, 2014, Kommunikationsfreiheiten, S. 495.

736 EGMR, 1997, Oberschlick gegen Österreich (Nr. 2), Par. 29.

Ob es diesen Ehrenschutz für Politiker überhaupt noch gibt[737] oder ob „der Rufmord schon zur demokratischen Bürgertugend“[738] geworden ist, diese Frage wirft BERKA in Bezug auf dieses Urteil auf.[739] Mit Blick auf die EGMR-Rechtsprechung kann dieser latente Vorwurf jedoch nicht bestätigt werden. Der Gerichtshof zieht die Grenzen der Äußerungs- und damit auch der Pressefreiheit zwar weiter, wenn ein Thema von politischer Bedeutung ist – darauf berief sich die österreichische Regierung im Fall Pfeifer, als sie vorbrachte dass *„the applicant, though not a politician, had participated in a political debate and was therefore himself required to show a higher degree of tolerance towards criticism“*[740] – wenn es um das Privat- und vor allem das „sakrosankte“[741] Intimleben geht, wird diese Freiheit aber auch eingeschränkt, wenn Berichte das Leben von Politikern zum Inhalt haben.[742]

Auch wenn es gerechtfertigt ist, deren Handlungen und Aussagen medial zu kommentieren, ist anhand der Umstände des Einzelfalles dennoch immer auch zu prüfen, ob das Interesse der Öffentlichkeit legitim ist. Der Gerichtshof formuliert das folgendermaßen: „Selbst wenn unter bestimmten Umständen das Informationsrecht der Öffentlichkeit sich sogar auf Aspekte des Privatlebens von Personen des öffentlichen Lebens[743] erstrecken kann, insbesondere im Fall von Politikern, so trifft dies nicht zu, wenn die veröffentlichten Fotos und die Kommentare dazu sich ausschließlich auf Einzelheiten aus ihrem Privatleben beziehen und nur dazu

---

737 So die kritische Anmerkung von Korn, MR 1996, 28, zur Entscheidung des OGH 13.10.1995, 6Ob24/95, MR 1996, 26 (Oberschlick Nr. 2), zit. n. Berka, 1999, Persönlichkeitsschutz auf dem Prüfstand: Verfassungsrechtliche Perspektiven, S. 5.

738 Berka beruft sich vor allem auf Stark, Ehrenschutz in Deutschland (1996), der die von ihm konstatierte „Agonie des Ehrenschutzes“ in der Bundesrepublik Deutschland einer überzogenen Auffassung von der Meinungsfreiheit anlastet, wie sie angeblich vor allem das Bundesverfassungsgericht vertritt. Ähnlich in der Tendenz (und vor allem pointiert kritisch zum „Soldaten sind Morder“-Beschluss des BVerfG) ferner Tettinger, Die Ehre – ein ungeschütztes Verfassungsgut (1995); Kiesel, Die Liquidierung des Ehrenschutzes durch das BVerfG, NV wZ 1992, 1129, zit. n. Berka, 1999, Persönlichkeitsschutz auf dem Prüfstand: Verfassungsrechtliche Perspektiven, S. 5.

739 Berka, 1999, Persönlichkeitsschutz auf dem Prüfstand: Verfassungsrechtliche Perspektiven, S. 5.

740 EGMR, 2007, Pfeifer gegen Österreich, Par. 32. Das Urteil im Fall Pfeifer ist grundlegend für die Unterscheidung zwischen Tatsachenbehauptungen und Werturteilen und wird im folgenden Teil im Detail analysiert, siehe unten, S. 152.

741 Vgl. Ahrens, 2002, Persönlichkeitsrecht und Freiheit der Medienberichterstattung, S. 49, siehe dazu auch oben, S. 32.

742 Vgl. Heldrich, 2005, Persönlichkeitsschutz und Pressefreiheit nach der Europäischen Menschenrechtskonvention, S. 491.

743 Zur Person des öffentlichen Lebens, siehe auch unten, S. 142.

dienen, die Neugier eines bestimmten Publikums hierüber zu befriedigen, selbst wenn die betroffenen Personen einen gewissen Bekanntheitsgrad genießen."[744]

Dass das Gericht von diesem Leitsatz auch abweicht, zeigt die Entscheidung, dem Buch, in dem der frühere Leibarzt des französischen Staatspräsidenten Mitterand über dessen Gesundheitszustand berichtete, öffentliches Interesse zuzuerkennen, was damit begründet wurde, dass die Diskussion über die Amtszeit des Präsidenten gegenüber der ärztlichen Schweigepflicht überwiege.[745] Das Volk hat einen Anspruch darauf, dass seine Politiker voll einsatzfähig sind,[746] und daher wohl auch das Recht, es zu wissen, wenn dem nicht so ist. Auf diese Entscheidung des EGMR im Fall **Editions Plon gegen Frankreich** nahm auch das zweite „Caroline-Urteil" bei der Einstufung der Erkrankung Fürst Rainiers als zeitgeschichtliches Ereignis Bezug.[747]

Im Fall **Schwabe gegen Österreich** entschied der EGMR, dass „es im Rahmen der politischen Diskussion [auch] zulässig sein müsse, auf einen in alkoholisiertem Zustand herbeigeführten Unfall eines Politikers hinzuweisen."[748]

Keinen Beitrag von öffentlichem Interesse sah der Gerichtshof dagegen im Fall **Tammer gegen Estland.**[749] Der Journalist Russak hatte die Memoiren der Freundin und späteren Ehefrau des estnischen Innenministers Laanaru verfasst[750] und sie als Ehestörerin und Rabenmutter bezeichnet.[751]

Generell sind die Grenzen hinzunehmender Kritik auch gegenüber Beamten, die eine öffentliche Funktion ausüben, weiter als gegenüber Privatpersonen. Da sich diese im Gegensatz zu Politikern der öffentlichen Kontrolle nicht bewusst

---

744 EGMR, 2012, von Hannover gegen Deutschland (Nr. 2), nichtamtliche Übersetzung der deutschen Bundesregierung, Par. 110.

745 Vgl. EGMR, 2004, Editions Plon gegen Frankreich, Par. 8, siehe dazu auch oben, S. 32.

746 Vgl. Ziegler, 2007, Der Medien-Knigge, S. 170.

747 Vgl. EGMR, 2012, von Hannover gegen Deutschland (Nr. 2), nichtamtliche Übersetzung der deutschen Bundesregierung, Par. 118.

748 Kommenda, 2005, Der Persönlichkeitsschutz gegenüber Massenmedien. Die Sicht der Massenmedien, S. 405; siehe dazu auch unten, S. 178.

749 Siehe dazu auch unten, S. 183.

750 EGMR, 2001, Tammer gegen Estland, Par. 71.

751 Veröffentlicht in der Zeitung Postimees am 03.04.1996; dies ist die offizielle englische Übersetzung, die das Urteil zitiert. Es ist aber zu berücksichtigen, dass es sich bei den Worten „abielulohkuja" and „rongaema" um estnische Kraftausdrücke handelt (vgl. *Note by the Registry: The translation of the Estonian words „abielulohkuja" and „rongaema" is descriptive since no one-word equivalent exists in English.*), vgl. EGMR, 2001, Urteil Tammer gegen Estland, Par. 22.

aussetzen, dürfen an sie jedoch nicht ganz so strenge Maßstäbe angelegt werden wie an die Volksvertreter.[752]

Im Fall **Pedersen und Baadsgaard gegen Dänemark** kritisierte der EGMR die Vorwürfe, die diese beiden Journalisten gegen die Polizei erhoben hatten auch deshalb, weil der Polizeichef diesen aufgrund eines anhängigen Revisionsverfahrens nicht entgegentreten konnte.[753] Pedersen und Baadsgaard hatten in den Fernsehdokumentationen „Wegen Mordes verurteilt“ *(Dømt for mord)* und „Das blinde Auge der Polizei“ *(Politiets blinde øje)* den Vorwurf geäußert, die Polizei habe Aussage einer Zeugin nicht protokolliert.[754]

2.1.1.2 Das öffentliche Interesse an Richtern

Wie Politiker haben auch Richter und Staatsanwälte der medialen Berichterstattung gegenüber eine etwas andere Position als „Normalbürger“. Im Gegensatz zu den gewählten Volksvertretern, die sich tendenziell mehr gefallen lassen müssen als ihre Wähler, haben Richter eine stärkere Position. Dies ist darauf zurückzuführen, dass das Ansehen der Rechtsprechung als Eingriffsklausel in die Äußerungsfreiheit in der EMRK explizit niedergeschrieben wurde.[755] Somit können sie mit einem besonderen Schutz vor Beleidigungen rechnen, was „in Hinblick auf das notwendige Vertrauen der Öffentlichkeit in die Justiz“[756] angebracht ist, wie BERKA es formuliert. Trotz dieser herausgehobenen Stellung kann es auch bei der Justiz nie um den Ehrschutz der Institution gehen.[757] Einem modernen Grundrechtsverständnis entsprechend haben nur natürliche Personen das Recht auf Schutz ihrer Ehre. Im Zusammenhang mit Institutionen geht es dagegen immer nur um den Schutz der Funktionsfähigkeit.[758]

Ein bedeutendes Urteil in diesem Zusammenhang war jenes im Fall **Prager und Oberschlick gegen Österreich**. Unter dem Titel „Achtung! Scharfe Richter!“ hatte Prager die Verhandlungsführung von neun Richtern des Wiener

752 Vgl. Gering, 2012, Pressefreiheit in regionalen Menschenrechtssystemen, S. 157.
753 Vgl. EGMR, 2004, Pedersen und Baadsgard gegen Dänemark, Par. 90.
754 Vgl. EGMR, 2004, Pedersen und Baadsgard gegen Dänemark, Par. 10.
755 Europarat, 1950 i.g.F., Die Europäische Menschenrechtskonvention, nicht verbindliche deutsche Übersetzung, Artikel 10, Absatz 2.
756 Vgl. Berka, „Public Figures“ und „Public Interest, S. 96.
757 Vgl. EGMR, 15.2.2008, 20893/2003 /July und Liberation), Rn. 59, zit. n. Walter, 2014, Kommunikationsfreiheiten, S. 495.
758 Siehe Ehlers/Marauhn, EU-Grundrechte, §4, Rn 34, mit Nachweisen aus der Rechtsprechung des EGMR, die sich in Richtung der hier vorgeschlagenen Unterscheidung deuten lassen, vgl. Walter, 2014, Kommunikationsfreiheiten, S. 495.

Landesgerichts für Strafsachen kritisiert und wurde dafür wegen übler Nachrede verurteilt.[759] Oberschlick stand als Herausgeber vor Gericht. Dass Verleger und Herausgeber wie die Autoren für die Inhalte haften, hat der EGMR in seiner Entscheidungspraxis deutlich gemacht. Aus diesem Grund haben die Herausgeber auch das Recht, Tendenzen vorzugeben, innerhalb derer sich sowohl die angestellten Redakteure als auch freie Journalisten bewegen müssen.[760]

Der Gerichtshof betonte in diesem Verfahren zwar, dass das Funktionieren des Justizsystems zu den Angelegenheiten von öffentlichem Interesse zählt, und dass *„the press is one of the means by which politicians and public opinion can verify that judges are discharging their heavy responsibilities in a manner that is in conformity with the aim which is the basis of the task entrusted to them“*,[761] Richter aber müssten besonders geschützt werden, weil die Justiz als Garant für die Gerechtigkeit das öffentliche Vertrauen braucht, aber auch, weil „Richter wegen ihrer Verschwiegenheitspflicht diesen Angriffen oftmals nicht entgegentreten können.“[762]

Auf diese Entscheidung nahm der EGMR auch Bezug, als die Wiener Stadtzeitung **Falter** eine ähnliche Beschwerde **gegen Österreich** einbrachte. Nach Ansicht des Gerichtshofs habe der Vorwurf, eine Richterin habe Beweise absichtlich falsch gewürdigt, keine ausreichende Tatsachengrundlage.[763] Der Wahrheitsbeweis zumindest sei nicht gelungen.[764] Hier wird vor allem deutlich, dass ganz unabhängig davon, welche Person von einer Berichterstattung betroffen ist, immer in erster Linie geprüft werden muss, ob die Meldung selbst der Wahrheit entspricht.[765] Im Juni 2015 entschied der EGMR im Verfahren **Peruzzi gegen Italien**, dass ein italienischer Anwalt, der in einem „Rundschreiben“ an mehrere Richter des CSM dem Gericht von Lucca vorgeworfen hatte, dass er vorsätzlich Fehler gemacht hatte, zu Recht wegen übler Nachrede verurteilt worden war.[766]

Im Fall **Kobenter und Standard gegen Österreich** machte der EGMR jedoch auch deutlich, dass bei aller Strenge der angelegten Maßstäbe mediale Kritik

---

759 EGMR, 1995, Prager und Oberschlick gegen Österreich, Par. 8–11.

760 Vgl. Gering, 2012, Pressefreiheit in regionalen Menschenrechtssystemen, S. 80; zur inneren Pressefreiheit siehe auch oben, S. 104.

761 EGMR, 1995, Prager und Oberschlick gegen Österreich, Par. 34.

762 Vgl. menschenrechte.ac.at, Prager und Oberschlick gegen Österreich. Kritik an einem Richter und das Recht auf freie Meinungsäußerung, o.S.

763 Vgl. EGMR, 2012, Falter gegen Österreich (Nr. 2), Par. 45.

764 Vgl. Lehofer, 07.10.2012, EGMR: Falter gegen Österreich (Nr. 2) - wenn Kritik an einer Richterin zur üblen Nachrede wird, o.S.

765 Siehe dazu unten, S. 152.

766 Vgl. EGMR, 30.06.2015, Peruzzi gegen Italien, Entscheidung.

an Richtern nicht generell verboten ist. Die Kritik an einer Urteilsbegründung wurde als durchaus angemessen eingestuft, diese sei „haarsträubend“[767] gewesen und habe daher Anlass zu öffentlicher Kritik gegeben. Unter dem Titel „Strenge Kammer“ hatte Kobenter in der Tageszeitung *Der Standard* ein Urteil kommentiert, in dem ein Richter unter anderem ausführte, dass Homosexualität auch Lesben und Tiere beinhalten würde und Beispiele von Homosexualität im Tierreich angeführt.[768]

2.1.1.3 Das öffentliche Interesse an der Berichterstattung über Straftaten und Strafverfahren

Ein Sonderfall der Berichterstattung ist jener, der mit der Strafverfolgung in Verbindung steht. Die besondere Stellung von Gerichtsverfahren wird auch daran deutlich, dass der Konventionstext den Begriff der Presse ausschließlich in Artikel 6 EMRK nennt.[769] Sowohl die Opfer von Straftaten als auch die Täter sind vor medialer Bloßstellung zu schützen, erst Recht im Zuge des Ermittlungsverfahrens, in dem ja lediglich ein, wenn auch begründeter, Verdacht gegen eine Person besteht.[770] Wenn Journalisten in diesem Zusammenhang einen Namen nennen, können sie einen Ruf in besonderer Weise schädigen. Die Möglichkeit einer medialen Vorverurteilung und die damit verbundene Stigmatisierung gebieten besonderen Schutz der Identität von Verdächtigen und Opfern. Dennoch haben die Mitgliedstaaten des Europarats auch den Schutz vor der Nennung des Namens im Rahmen der Berichterstattung über ein Strafverfahren sehr unterschiedlich ausgestaltet: Während in Finnland, Luxemburg, Österreich und Portugal grundsätzlich die Identität eines jeden Straftäters geschützt wird, gewährleistet Frankreich nur den Schutz von Jugendlichen und unbescholtenen Erwachsenen, Italien gar nur jenen jugendlicher Straftäter.[771]

Auch in Österreich gibt es Situationen, in denen die Preisgabe der Identität von Verdächtigen gerechtfertigt ist, dann nämlich, wenn ein besonderes Interesse der Allgemeinheit daran besteht. Unter Umständen kann in diesem Fall auch

767 Gering, 2012, Pressefreiheit in regionalen Menschenrechtssystemen, S. 160.

768 Vgl. EGMR, 2007, Kobenter und Standard Verlags GmbH gegen Österreich, Par. 11.

769 Vgl. Europarat, 1950 i.g.F., Die Europäische Menschenrechtskonvention, nicht verbindliche deutsche Übersetzung, Artikel 6, Abs. 1, siehe auch oben, S. 101.

770 Vgl. Hoffmann-Riem, 2002, Beleidigende Werturteile und wahrheitswidrige Tatsachenbehauptungen, S. 40.

771 Vgl. Röggla, 2002, Pressefreiheit und justizieller Persönlichkeitsschutz in der EU – Ergebnisse einer Fragebogenerhebung über die Regelungen in den Mitgliedstaaten, S. 23.

die Veröffentlichung eines Bildes zulässig sein.[772] Es muss allerdings geprüft werden, ob eine identifizierende Berichterstattung das Fortkommen des Verdächtigen unverhältnismäßig beeinträchtigen konnte.[773] Unter dieses Fortkommen fallen alle wirtschaftlichen und persönlichen Entwicklungsmöglichkeiten eines Menschen.[774] Wird über eine reine Verdachtslage berichtet, ist generell besondere Vorsicht geboten. Die Betroffenen können von einer Verdachtsberichterstattung leicht in Misskredit gezogen werden, auch weil über die Ausräumung eines Verdachtes meistens weniger auffällig oder überhaupt nicht berichtet wird als über den ursprünglichen Vorwurf.[775]

Ausreichend ist das öffentliche Interesse an der Berichterstattung über eine Straftat etwa dann, wenn die Öffentlichkeit gewarnt werden soll oder wenn Zeugen eines Verbrechens gesucht werden. Dass eine Straftat besonders spektakulär ist, rechtfertigt die Erwähnung des Täters dagegen nicht. So war es für den EGMR trotz eines zeitlichen Zusammenhangs zu diesem in Österreich damals viel diskutierten Thema nicht zulässig, die Namen von Menschen zu nennen, die im Verdacht standen, Urheber der Briefbombenserie zu sein.[776]

Auch hier geht es darum, einen angemessenen Ausgleich zwischen dem Auftrag der Medien, Verfehlungen und Missstände aufzudecken und über Verdachtslagen zu informieren und dem Schutz der Ehre und des wirtschaftlichen Rufs des Betroffenen zu finden. Über einen Verdacht darf gleich wie über ein Gerücht nur dann berichtet werden, wenn es tatsächliche Anhaltspunkte gibt – auch hier muss eine Art Tatsachensubstrat vorliegen.[777]

Zudem muss sich im Bericht selbst ein Verweis darauf finden, dass es sich um einen (noch) nicht bewiesenen Umstand handelt. Die Darstellung hat außerdem ausgewogen zu sein, entlastende Umstände dürfen nicht verschwiegen werden.[778]

---

772 Im Bereich der Kriminalberichterstattung in Österreich sind zu diesem Zwecke die Wertungen des § 7a MedienG heranzuziehen, vgl. Berka, 1999, Persönlichkeitsschutz auf dem Prüfstand: Verfassungsrechtliche Perspektiven, S. 18.

773 Vgl. Zöchbauer, 2011, Was Journalisten (nicht) dürfen. Verdachtsberichterstattung: Der Persönlichkeitsschutz einerseits und die Meinungsfreiheit andererseits kollidieren in besonderer Weise, S. 118.

774 Vgl. Berka in Berka/Hohne/Noll/Polley, Mediengesetz § 7a Rz 22 mwN, zit. n. Österreichischer OGH (2011). Urteil vom 16.06.2011, GZ 6Ob147/10a, o.S.

775 Vgl. Zöchbauer, 2011, Was Journalisten (nicht) dürfen. Verdachtsberichterstattung: Der Persönlichkeitsschutz einerseits und die Meinungsfreiheit andererseits kollidieren in besonderer Weise, o.S.

776 Vgl. EGMR, 2000, News Verlags GmbH & Co. KG gegen Österreich, Par. 59.

777 Mehr zum Tatsachensubstrat, siehe unten, S. 157.

778 Vgl. Schiwy, 2010, Persönlichkeitsschutz und Pressefreiheit, S. 110.

2.1.2 Der Beitrag zu einer Debatte

Der EGMR hat im Urteil von Hannover gegen Deutschland Nr. 2 jedoch nicht nur das öffentliche Interesse als Abwägungskriterium festgelegt, sondern auch die Debatte. Zu einer solchen muss eine Aussage einen Beitrag leisten, will ein Journalist gelockerte Persönlichkeitsschutzpflichten für sich in Anspruch nehmen.

In seinem Sondervotum im Fall **Oberschlick gegen Österreich (Nr. 2)**[779] wies auch Richter MATSCHER auf die Bedeutung des in den Medien geführten öffentlichen Diskurses hin und sagte, dass es das Ziel von Artikel 10 EMRK sei, einen echten Gedankenaustausch zu ermöglichen, und nicht *„to protect primitive, fourth-rate journalism which, not having the qualities required to present serious arguments, has recourse to provocation and gratuitous insults to attract potential readers, without making any contribution to an exchange of ideas worthy of the name.“*[780] Auch im Urteil **Lingens gegen Österreich** wies der Gerichtshof darauf hin, dass *„the requirements of such protection have to be weighted in relation to the interests of open discussion of political issues.“*[781]

Gelockert wird hier jedoch nicht nur der Schutz der Persönlichkeitsrechte an sich, auch und vor allem die zumutbaren Prüfpflichten der Journalisten werden herabgesetzt, damit eine Nachricht nicht Gefahr läuft, durch eine schwierige und lange andauernde Verifizierung an Informationswert zu verlieren. Würde dies geschehen, könnten die Medien ihrer Rolle als Vermittler aktueller Informationen nur noch in geringem Ausmaß, vielleicht auch gar nicht mehr, gerecht werden. Die „ausschließliche Interdependenz zwischen Eingriffs- und Sorgfaltsintensität“[782] wird so durchbrochen.

Dass nicht nur mediale Debatten von allgemeinem Interesse sein können, macht die Entscheidung des EGMR im Fall **Jerusalem gegen Österreich** deutlich.[783] Der Gerichtshof erkannte der Aussage, die die Wiener Politikerin im Gemeinderat getätigt hatte, nicht nur öffentliches Interesse zu, sondern hielt auch fest, dass es sich dabei um einen Beitrag zu einer politischen Debatte handelte, da das Parlament *„the essential fora for political debate“*[784] ist. Um die Äußerungsfreiheit in diesem Rahmen einzuschränken, mussten schon sehr gewichtige

779 Mehr dazu siehe unten, S. 178.

780 EGMR, 1997, Oberschlick (Nr. 2), Sondervotum Richter Matscher.

781 EGMR, 2008, Lingens gegen Österreich, Par. 42.

782 Rhode, 2004, Publizistische Sorgfalt und redaktionelle Rechtspflichten. Eine Inhalts- und Strukturanalyse unter Einbezug der neuen Medien, S. 48.

783 Siehe dazu auch unten, S. 182.

784 EGMR, Jerusalem gegen Österreich, Par. 40.

Gründe vorliegen.[785] Jerusalem hatte gesagt, dass es auch in Wien „Psycho-Sekten“ gebe, die faschistoide Züge und einen totalitären Charakter hätten und das „Institut zur Forderung der Psychologischen Menschenkenntnis“ kritisiert, das ihrer Meinung nach maßgeblichen Einfluss auf die Drogenpolitik der ÖVP hatte.[786]

2.2 Die Bekanntheit der betroffenen Person

Dass das öffentliche Interesse an einem Vorgang für die Zulässigkeit einer Veröffentlichung nicht allein ausschlaggebend ist, kann an einem Beispiel verdeutlicht werden: Steuerhinterziehung ist im Allgemeinen ein Thema von öffentlichem Interesse, daran besteht kein Zweifel. Dennoch ist es nicht erlaubt, unbekannte Burger als mögliche oder auch nachweisliche Steuerhinterzieher ins mediale Rampenlicht zu zerren. Werden dagegen Schwarzgeldkonten von Personen bekannt, die in der Öffentlichkeit stehen, kann die Berichterstattung durchaus zulässig sein.

Dass Menschen, die eine Funktion bekleiden, die für das Funktionieren einer demokratischen Gesellschaft wichtig ist, besonderer öffentlicher und damit auch medialer Kritik ausgesetzt sind, wurde bereits erläutert. Der Fall Mosley[787] ist ein Beispiel dafür, dass auch Prominente aus anderen Bereichen gesteigerter Beobachtung ausgesetzt sind. Auch der EGMR hat entschieden, dass „öffentliche Personen unter Umständen auch kritische Beiträge dulden [müssen], die sich auf Aspekte des Privatlebens beziehen, wenn hieran, etwa weil es um ihre Glaubwürdigkeit in der Öffentlichkeit geht, ein öffentliches Interesse besteht, das über das konkrete Thema der Berichterstattung hinausreicht.“[788]

2.2.1 Der Prominenzbegriff

Damit die Einschränkungen, die der Schutz der Persönlichkeit der Pressefreiheit auferlegt, in den richtigen Fällen gelockert werden, wäre eine allgemeingültige Definition dessen, wer prominent ist, sinnvoll. Obwohl sich viele EGMR-Urteile mit dem Prominenzbegriff beschäftigen, hat der Gerichtshof aber keine eigene Definition dafür entwickelt. Er beschränkt sich vielmehr auf die Festlegung von

785 Vgl. EGMR, Jerusalem gegen Österreich, Par. 40.
786 Vgl. EGMR, Jerusalem gegen Österreich, Par. 10.
787 Siehe dazu oben S. 36.
788 EGMR, 07.02.2012, 39954/2008 (Axel Springer), Rn 97ff (Kokainkonsum eines Schauspielers, der sich in anderen Zusammenhängen gegen Drogenmissbrauch engagiert hatte), zit. n. Walter, 2014, Kommunikationsfreiheiten, S. 495.

Kriterien, die für diese Abwägung heranzuziehen sind. Zurückzuführen ist das auch darauf, dass es dem Gericht um die Beurteilung von Einzelfällen geht, nicht um eine abstrakte Klärung von Begriffen.[789]

Laut ZIEGLER sind Prominente Personen, „die nicht nur zu beruflich relevanten Themen befragt werden (dann wären sie Experten), sondern zu allen möglichen anderen gesellschaftlichen Ereignissen und Belangen in Erscheinung treten. Sie machen aus ihrem Familienleben, ihren Hobbys, Freizeitaktivitäten, mitunter auch sexuellen Wünschen und Vorlieben kein Geheimnis."[790] Als Promis werden im Allgemeinen also Menschen bezeichnet, die „in und für und von der Öffentlichkeit leben."[791]

Der Begriff der *„public figure"*, der oft als Synonym zu jenem des Prominenten verwendet wird, bezeichnet dagegen Menschen, „die sich von ihren Mitbürgern abheben."[792] Der Definition der Parlamentarischen Versammlung des Europarats aus dem Jahr 1998 folgend stehen alle *„persons holding public office and/or using public resources and, more broadly speaking, all those who play a role in public life, whether in politics, the economy, the arts, the social sphere, sport or in any other domain"*[793] zu Recht im Fokus der Öffentlichkeit, auch der medialen.

Laut NEBEN ist es auch wichtig, zwischen Prominenz und „Elite" zu unterscheiden. Während das Herausragen ersterer an einen nur faktischen Bekanntheitsgrad anknüpft, ist jenes der Elite mit einer Leistung verbunden.[794] Für RÄKER sind zudem auch die Gründe für die Bekanntheit einer Person relevant

---

789 Vgl. Räker, 2007, Die Veröffentlichung von Abbildungen Prominenter ohne deren Zustimmung – Fuhrt das „Caroline-Urteil" des EGMR zu einem neuen juristischen Begriff?, S. 96.

790 Ziegler, 2007, Der Medien-Knigge, S. 91.

791 Ziegler, 2007, Der Medien-Knigge, S. 91.

792 Neben, Triviale Personenberichterstattung als Rechtsproblem, S. 26, zit. n. Haug, 2011, Bildberichterstattung über Prominente. Unter besonderer Berücksichtigung der Zulässigkeit der gerichtlichen Beurteilung des Informationswertes von Medienberichten, S. 136.

793 Europarat, Parlamentarische Versammlung, 26.06.1998, Resolution 1165 über die Achtung des Privatlebens, Absatz 7. Verfügbar unter: assembly.coe.int/nw/xml/Xref/Xref-XML2HTML-EN.asp?fileid=16641&lang=en [15.08.2015].

794 Vgl. Neben, Triviale Personenberichterstattung als Rechtsproblem, S. 26, zit. n. Haug, 2011, Bildberichterstattung über Prominente. Unter besonderer Berücksichtigung der Zulässigkeit der gerichtlichen Beurteilung des Informationswertes von Medienberichten, S. 136.

dafür, was sie sich von medialer Seite gefallen lassen muss.[795] Darauf stellt ja auch das erste „Caroline-Urteil“ ab, indem es zwischen Personen, die ein gesellschaftlich relevantes Amt ausüben, Personen, die durch Leistungen in den Bereichen Sport oder Kultur bekannt sind und solchen, deren Bekanntheit lediglich an die Zugehörigkeit zu einer Familie oder die Nähe zu einem anderen Prominenten anknüpft, unterscheidet.[796]

Einen Extremfall stellt in diesem Zusammenhang die so genannte „C-Prominenz“ dar, die ihren Lebensunterhalt zum Teil allein durch ihre von Unterhaltungsmedien erzeugte Berühmtheit bestreitet und aus diesem Grund auch selbst weniger Wert auf ihre Privatsphäre legt.[797] Genauso wie jeder, der „an hervorgehobener Stelle im Wirtschaftsleben steht oder sonst wie zu den hervorgehobenen ‚gesellschaftlichen Machtträgern‘ zählt“,[798] unterwerfen sich auch diese Personen den „Bedingungen des Meinungskampfes“[799] und können dann nicht mehr behaupten, Privatpersonen mit Anrecht auf Anonymität zu sein.[800] Allein die Tatsache, mit der Presse zusammengearbeitet zu haben, reicht allerdings nicht dazu aus, um dem Betroffenen jeglichen Schutz vor der Veröffentlichung von fraglichen Artikeln oder Fotos zu nehmen.[801] Eine Frage muss in diesem Zusammenhang in jedem Fall erlaubt sein: Hat die Person die öffentliche Bühne bewusst betreten? Vor allem der Regenbogenpresse eilt ja der Ruf voraus, ihre „Opfer“ zu jagen und heimlich zu fotografieren.[802]

---

795 Vgl. Räker, 2007, Die Veröffentlichung von Abbildungen Prominenter ohne deren Zustimmung – Fuhrt das „Caroline-Urteil“ des EGMR zu einem neuen juristischen Begriff?, S. 95.

796 Siehe dazu oben, S. 125.

797 Räker, 2007, Die Veröffentlichung von Abbildungen Prominenter ohne deren Zustimmung – Fuhrt das „Caroline-Urteil“ des EGMR zu einem neuen juristischen Begriff?, S. 84; siehe dazu auch unten, S. 146.

798 Hoffmann-Riem, 2002, Beleidigende Werturteile und wahrheitswidrige Tatsachenbehauptungen, S. 40.

799 Hoffmann-Riem, 2002, Beleidigende Werturteile und wahrheitswidrige Tatsachenbehauptungen, S. 40.

800 Vgl. EGMR, 2004, von Hannover gegen Deutschland (Nr. 1), nichtamtliche Übersetzung des deutschen Justizministeriums, Sondervotum Zupancic.

801 Vgl. EGMR, 2012, von Hannover gegen Deutschland (Nr. 2), nichtamtliche Übersetzung der deutschen Bundesregierung, Par. 111.

802 Siehe dazu auch unten, S. 149.

Dass auch ein Medium selbst eine *public figure* ist, behauptete Wabl.[803] Er machte geltend, dass auch die Kronenzeitung als eine Person der Öffentlichkeit gesehen werden müsse, die schärfere Kritik hinzunehmen habe.[804]

2.2.2 *Die Boulevardberichterstattung*

Da die Form einer (medialen) Äußerung für deren Zulässigkeit nicht ausschlaggebend ist und „Groschenromane und Klatschberichte [...] grundsätzlich gleichberechtigt neben politischer Berichterstattung“[805] stehen, wird auch das große und komplexe Thema der „Klatschpresse“ an dieser Stelle zumindest gestreift.

Außer Zweifel steht, dass die Boulevardberichterstattung besonders viel Geld damit verdient, das Leben von Prominenten zu durchleuchten. Die Zahlen einschlägiger Medien zeigen, dass das Publikum diese Form der Berichterstattung schätzt und bereit ist, dafür zu bezahlen. Die strukturelle Diskriminierung trivialer Unterhaltung lasse sich auch deswegen nicht mit der Pressefreiheit vereinbaren, so HAUG.[806] Schließlich umfasst die Kommunikationsfreiheit ja auch die Freiheit der Empfänger, sich Informationen zu beschaffen.[807] Außerdem sei dieser „Klatsch“ für eine demokratische Gesellschaft sogar förderlich, wirke er doch „dem Entstehen des Gefühls einer Distanz zwischen ‚oben und unten‘ entgegen.“[808]

Dennoch: Öffentliche Neugier ist nicht öffentliches Interesse. Verfolgen die Medien allein das Ziel, Voyeurismus oder Sensationslust zu befriedigen, ziehen sie gegenüber dem Schutz der Persönlichkeitsrechte den Kürzeren.[809]

Dass auch Boulevardberichte nach den allgemeinen Kriterien abgewogen werden müssen, zeigt etwa das Urteil im Fall **Lillo-Stenberg und Saether gegen Norwegen**. Ein norwegisches Magazin hatte Fotos der Hochzeit des Rockmusikers

---

803 Mehr zum Verfahren Wabl gegen Österreich, siehe unten, S. 181.

804 Vgl. EGMR, 2000, Wabl gegen Österreich, Par. 32.

805 Räker, 2007, Die Veröffentlichung von Abbildungen Prominenter ohne deren Zustimmung – Führt das „Caroline-Urteil“ des EGMR zu einem neuen juristischen Begriff?, S. 85.

806 Vgl. Haug, 2011, Bildberichterstattung über Prominente. Unter besonderer Berücksichtigung der Zulässigkeit der gerichtlichen Beurteilung des Informationswertes von Medienberichten, S. 192.

807 Siehe dazu auch oben, S. 101.

808 Haug, 2011, Bildberichterstattung über Prominente. Unter besonderer Berücksichtigung der Zulässigkeit der gerichtlichen Beurteilung des Informationswertes von Medienberichten, S. 135.

809 Vgl. Kommenda, 2005, Der Persönlichkeitsschutz gegenüber Massenmedien. Die Sicht der Massenmedien, S. 418.

und der Schauspielerin veröffentlicht. Der Oberste Gerichtshof in Oslo wog die Interessen der Abgebildeten an ihrer Privatsphäre und die Interessen der Medieninhaberin an der Publikation ab und wies den Antrag auf Entschädigung ab; auch der EGMR sah in dieser Veröffentlichung keine Verletzung von Artikel 8 EMRK.[810]

2.3 Das frühere Verhalten der betroffenen Person

Nicht nur die möglicherweise objektiv begründbare Bekanntheit einer Person kann ein öffentliches Interesse an ihrem Tun rechtfertigen, sondern auch ihr eigenes früheres Verhalten. Ob und wie sehr ein Mensch sein Privatleben schützt oder ob er es vielleicht sogar bewusst in seine Öffentlichkeitsarbeit einfließen lässt,[811] spielt hier eine Rolle.

Auch hier kann der Politiker als Beispiel herangezogen werden, der seine Familie im Wahlkampf einspannt. Wer nämlich „werbend mit seinen Leistungen in die Öffentlichkeit tritt, muss gewisse, wenn auch nur sozial adäquate Minderungen des Schutzes seiner Persönlichkeit hinnehmen",[812] formuliert es HOFFMANN-RIEM. Und auch eine „funktionierende" Ehe wird in Wahlkampfzeiten ja gerne als eine besondere Leistung verkauft. Laut ZIEGLER darf sich einer, „der im Wahlkampf seine tüchtige Ehefrau und die wohlgeratenen Kinder als Bonus hervorhebt, mit ihnen landauf, landab den Propagandafeldzug führt"[813] nicht wundern, dass über sein Privatleben auch dann berichtet wird, wenn ihm das nicht passt.[814] Zu erwähnen ist in diesem Zusammenhang ein Urteil im Fall **Standard Verlags GmbH gegen Österreich** aus dem Jahr 2009.[815] Die Wiener Tageszeitung hatte unter dem Titel „Ein bürgerliches Gerücht" über die Ehe des damaligen Bundespräsidenten Klestil spekuliert.[816] RÄKER vertritt ebenfalls die Ansicht, dass man parallel zum in der Umsetzung des Urteils im Fall von Hannover Nr. 1 engeren Verständnis der „absoluten Person der Zeitgeschichte"[817]

810 Vgl. EGMR, 2014, Lillo-Stenberg und Saether gegen Norwegen, Par. 45.

811 Vgl. Ziegler, 2007, Der Medien-Knigge, S. 160.

812 Hoffmann-Riem, 2002, Beleidigende Werturteile und wahrheitswidrige Tatsachenbehauptungen, S. 40.

813 Ziegler, 2007, Der Medien-Knigge, S. 170.

814 Vgl. Ziegler, 2007, Der Medien-Knigge, S. 170.

815 EGMR, 2009, Standard Verlags GmbH (Nr. 2) gegen Österreich.

816 Vgl. derStandard.at, 19.05.2004, Ein bürgerliches Gerücht: Der Präsident & der kolportierte Scheidungsgrund, S. 1–3.

817 Siehe dazu auch oben, S. 124.

jenen Personen, die ihr Privatleben selbst zum Gegenstand des öffentlichen Interesses gemacht haben, weniger Schutz zukommen lassen muss.[818]

Auch in diese Debatte hat der technologische Fortschritt neue Aspekte eingebracht. Heute ist das Zurschaustellen privaten Handelns nämlich fast schon eine Art Volkssport. So viele Menschen wie vermutlich noch nie zuvor setzen sich in sozialen Netzwerken bereitwillig der medialen Öffentlichkeit aus. Auch wenn sie sich freiwillig darauf einlassen, so löst die „massenhafte Sammlung, Auswertung und Speicherung personenbezogener Informationen" durch Onlineanbieter dennoch bei vielen ein „wachsendes Unwohlsein" aus.[819] Strickling, Staatssekretär im US-Wirtschaftsministerium, hatte bereits vor den Enthüllungen Snowdens angekündigt, dass die US-Regierung die Daten der Verbraucher im Netz verfassungsmäßig schützen wolle.[820] Was genau unter einer solchen „Bill of Rights" für das Internet zu verstehen ist, ist aber noch unklar.[821]

2.4 Inhalt, Form und Auswirkungen der Veröffentlichung

Für die Entscheidung über die Zulässigkeit einer Veröffentlichung sind neben der Frage danach, wer von der Berichterstattung betroffen ist, der Art und Weise, in der ein Foto oder ein Artikel veröffentlicht wird und der Art, in der die betroffene Person dargestellt wird, auch deren mögliche Auswirkungen von Bedeutung.[822] Dass es für schutzwürdiges privates Verhalten der räumlichen Abgeschiedenheit bedarf, diese Annahme durfte seit dem ersten „Caroline-Urteil" überwunden sein.[823] Vielmehr geht es darum, zu unterscheiden, ob ein Verhalten

---

818 Vgl. Räker, 2007, Die Veröffentlichung von Abbildungen Prominenter ohne deren Zustimmung – Fuhrt das „Caroline-Urteil" des EGMR zu einem neuen juristischen Begriff?, S. 91.

819 Vgl. Hohne, 2012, „Neue" Persönlichkeitsrechte in „neuen Medien", S. 8. An dieser Stelle wird noch einmal auf die Schwierigkeit verwiesen, Daten, die sich im Netz befinden, wieder aus diesem zu entfernen, siehe oben, S. 36.

820 Vgl. Hohne, 2012, „Neue" Persönlichkeitsrechte in „neuen Medien", S. 8. An dieser Stelle wird noch einmal auf die Schwierigkeit verwiesen, Daten, die sich im Netz befinden, wieder aus diesem zu entfernen, siehe oben, S. 36.

821 Vgl. Hohne, 2012, „Neue" Persönlichkeitsrechte in „neuen Medien", S. 8. An dieser Stelle wird noch einmal auf die Schwierigkeit verwiesen, Daten, die sich im Netz befinden, wieder aus diesem zu entfernen, siehe oben, S. 36.

822 EGMR, 2012, von Hannover gegen Deutschland (Nr. 2), nichtamtliche Übersetzung der deutschen Bundesregierung, Par. 112.

823 Vgl. u.a. Räker, 2007, Die Veröffentlichung von Abbildungen Prominenter ohne deren Zustimmung – Fuhrt das „Caroline-Urteil" des EGMR zu einem neuen juristischen Begriff?, S. 95.

einen „wirklichen Bezug zur Sozialsphäre hat oder ob es sich um banale Alltäglichkeiten handelt, welche lediglich öffentlich sichtbar waren."[824] Daraus kann unter anderem der Schluss gezogen werden, dass die Beurteilung einer medial aufgegriffenen Situation auch davon abhängt, ob jemand lediglich in der Öffentlichkeit einkauft oder ob er mit überhöhter Geschwindigkeit über die Autobahn fährt und damit andere gefährdet.[825] Im Zentrum dieser Überlegungen steht also erneut das öffentliche Interesse an einem Sachverhalt.[826]

Zu berücksichtigen ist außerdem, wie schwer die Veröffentlichung eines Bildes für die betroffene Person wiegen (konnte). Neben dem Ausmaß der Verbreitung, der Frage also, ob es sich um ein regionales oder ein überregionales, um ein auflagenstarkes oder ein auflagenschwaches Medium handelt,[827] müssen die Richter – wie im Übrigen auch die Journalisten vor der Veröffentlichung – berücksichtigen, dass die Veröffentlichung eines Fotos für eine Person, die nicht in der Öffentlichkeit steht, schwerwiegender sein kann als die Wortberichterstattung.[828] Auch wenn die Freiheit der Berichterstattung nicht nur für Beiträge gilt, die *„are favourably received or regarded as inoffensive or as a matter of indifference, but also to those that offend, shock or disturb the State or any sector of the population"*,[829] ist eine Veröffentlichung auch dann nicht zulässig, wenn sie in den Bereich einer Schmähkritik oder einer Beleidigung fällt. Diese sind mit dem Ziel der Freiheit der Berichterstattung grundsätzlich nicht zu vereinbaren. Wer nämlich „nur beleidigt, trägt nicht zur Klärung von Fragen bei, die die Öffentlichkeit interessieren und berühren"[830] und verliert damit den Schutz dieses Grundrechts.[831] Der zeitliche Zusammenhang zwischen einem Ereignis und der medialen Reaktion darauf muss ebenfalls gegeben sein, damit diese gerechtfertigt werden kann. Ob dieser Kontext ausreicht, ist auch von der Art des Mediums

824 Räker, 2007, Die Veröffentlichung von Abbildungen Prominenter ohne deren Zustimmung – Fuhrt das „Caroline-Urteil" des EGMR zu einem neuen juristischen Begriff?, S. 95.

825 Vgl. Räker, 2007, Die Veröffentlichung von Abbildungen Prominenter ohne deren Zustimmung – Fuhrt das „Caroline-Urteil" des EGMR zu einem neuen juristischen Begriff?, S. 95.

826 Siehe dazu oben, S. 132.

827 Vgl. EGMR, 2012, von Hannover gegen Deutschland (Nr. 2), nichtamtliche Übersetzung der deutschen Bundesregierung, Par. 112.

828 Vgl. EGMR, 2012, von Hannover gegen Deutschland (Nr. 2), nichtamtliche Übersetzung der deutschen Bundesregierung, Par. 113.

829 EGMR, 1976, Handyside gegen Großbritannien, Par. 49.

830 Gerhart & Steffen, 2002, Kleiner Knigge des Presserechts, S. 100.

831 Siehe dazu auch unten, S. 189.

abhängig. Für ein Format, das nur drei- oder viermal im Jahr erscheint, dürfte diese Unmittelbarkeit auch dann noch angenommen werden, wenn die Veröffentlichung zwei Monate nach dem Ereignis erfolgt, für Tageszeitungen oder gar Onlinemedien gilt dies nicht. Nach Ansicht der EGMR-Richter MATSCHER und VILH-JALMSSON reichte dieser Zusammenhang auch im Fall **Oberschlick gegen Österreich (Nr. 2)** nicht aus, da sich der Artikel, der im März 1991 erschien, auf eine Veranstaltung bezog, die bereits im Oktober 1990 stattgefunden hatte.[832] Im Richterkollegium konnten sie sich mit dieser Meinung allerdings nicht durchsetzen.[833]

2.5 Die Umstände, unter denen die Fotos aufgenommen wurden

Wie bereits mehrfach ausgeführt, ist die örtliche Abgeschiedenheit seit dem ersten „Caroline-Urteil" zur Bestimmung der Grenze der schützenswerten Privatsphäre nicht mehr geeignet. Auch die *Media Lawyers Association* forderte, den Kontext einer Aufnahme zu berücksichtigen und machte deutlich, dass nicht jede Bildveröffentlichung automatisch unter Artikel 8 EMRK fällt.[834]

Auch wenn dieses Kriterium analog auf die Art und Weise anzuwenden ist, wie Journalisten an Informationen kommen, die sie in Form von Artikeln veröffentlichen – der Ehrenkodex der österreichischen Presse legt zum Beispiel ganz allgemein fest, dass unlautere Methoden wie Einschüchterung, Irreführung und geheime Abhörgeräte[835] nicht eingesetzt werden dürfen, um sich Unterlagen und Bildmaterial zu beschaffen[836] – wird diese Frage zum Anlass genommen, um auf die Besonderheiten der Bildberichterstattung einzugehen.

Per se gehört das Recht am eigenen Bild nämlich nicht zu den garantierten Grundrechten der EMRK.[837] Da Bilder aber „sehr persönliche oder sogar intime Informationen über eine Person oder ihre Familie enthalten können",[838] hat der EGMR entschieden, dass „die Freiheit der Meinungsäußerung [auch] die

---

832 Mehr zu dieser Entscheidung, siehe unten, S. 178.

833 Vgl. EGMR, 1997, Oberschlick gegen Österreich (Nr. 2), Sondervotum.

834 Vgl. EGMR, 2012, von Hannover gegen Deutschland (Nr. 2), nichtamtliche Übersetzung der deutschen Bundesregierung, Par. 92.

835 Vgl. Presserat, 02.12.2013, Ehrenkodex der österreichischen Presse, Art. 8.

836 Vgl. Presserat, 02.12.2013, Ehrenkodex der österreichischen Presse, Art. 8.

837 Vgl. Berka, 1999, Persönlichkeitsschutz auf dem Prüfstand: Verfassungsrechtliche Perspektiven, S. 11–12.

838 EGMR, 2012, von Hannover gegen Deutschland (Nr. 2), nichtamtliche Übersetzung der deutschen Bundesregierung, Par. 103.

Veröffentlichung von Fotos umfasst."[839] Im Allgemeinen haben Worte auch weniger Macht als Bilder, wenn es darum geht, wie stark und nachhaltig sie in das Leben der Betroffenen eingreifen können. Die Bildberichterstattung unterliegt deshalb auch etwas stärkeren Einschränkungen.[840] Die Straßburger Richter begründeten das damit, dass Bilder die Besonderheiten einer Person zum Ausdruck bringen und es ihr ermöglichen, „sich von anderen Mitmenschen zu unterscheiden."[841]

Aus diesem Grund ist das Recht auf Schutz des eigenen Bildes ein wichtiger Teilaspekt von Artikel 8 EMRK.[842] Dass ein Bild nicht ohne Einwilligung des Abgebildeten veröffentlicht werden darf, ist Teil des Selbstdarstellungsrechts einer Person. Eine Zustimmung gilt nicht für immer.[843]

Die Schutzwürdigkeit der Abgebildeten ist umso höher, „je weniger sie sich auf Grund der Heimlichkeit oder der Überrumpelung durch den Fotografen gegen die Aufnahmen zur Wehr setzen konnten."[844] Es ist mit dem Recht auf informationelle Selbstbestimmung nicht vereinbar, wenn die Menschen nicht mehr wissen, wer was wann über sie weiß.[845]

Vor allem der Boulevardpresse aber eilt der Ruf voraus, sich Fotos unter Bedingungen zu verschaffen, „die einer Dauerbelästigung gleichkommen und von der betroffenen Person als besonders heftiges Eindringen in ihr Privatleben, wenn nicht sogar als Verfolgung empfunden werden."[846] Auch in einem solchen Fall ist die Frage danach, ob die betroffene Person in Ausübung ihrer Funktion gezeigt

---

839 EGMR, 2012, von Hannover gegen Deutschland (Nr. 2), nichtamtliche Übersetzung der deutschen Bundesregierung, Par. 103.

840 Vgl. Grabenwarter/Pabel, EMRK, §23, Rn 47, zit. n. Walter, 2014, Kommunikationsfreiheiten, S. 495.

841 EGMR, 2012, von Hannover gegen Deutschland (Nr. 2), nichtamtliche Übersetzung der deutschen Bundesregierung, Par. 96.

842 Vgl. EGMR, 2012, von Hannover gegen Deutschland (Nr. 2), nichtamtliche Übersetzung der deutschen Bundesregierung, Par. 96.

843 Vgl. Hohne, 2012, „Neue" Persönlichkeitsrechte in „neuen Medien", S. 5; vgl. auch oben, S. 29.

844 Räker, 2007, Die Veröffentlichung von Abbildungen Prominenter ohne deren Zustimmung – Fuhrt das „Caroline-Urteil" des EGMR zu einem neuen juristischen Begriff?, S. 96.

845 Vgl. Hohne, 2012, „Neue" Persönlichkeitsrechte in „neuen Medien", S. 5.

846 EGMR, 2012, von Hannover gegen Deutschland (Nr. 2), nichtamtliche Übersetzung der deutschen Bundesregierung, Par. 103.

wird oder nicht,[847] für die Entscheidung darüber, ob eine Veröffentlichung zulässig ist, wichtig, wird der Begriff der Meinungs- und Pressefreiheit doch stark politik- und demokratiebezogen ausgelegt.[848] Das heimliche Fotografieren in die Wohnung eines deutschen Bundestagsabgeordneten, dem vorgeworfen wurde, kinderpornografisches Material bestellt zu haben, verurteilte der niedersächsische Journalisten-Verband als presserechtlich problematisch. Eine Lokalzeitung hatte ein Bild veröffentlicht, das laut Bildunterschrift einen Raum der Wohnung des Politikers zeigte, der von Polizeibeamten durchsucht wurde.[849]

Dieses Vorgehen ist jedoch viel mehr als nur „problematisch", es ist unzulässig, beinhaltet Artikel 8 EMRK doch ausdrücklich den Schutz der Wohnung.

Bei der Beurteilung der Bildberichterstattung ist auch zu berücksichtigen, dass der durchschnittliche Leser schriftliche Informationen eher anzweifelt, wenn sie ihm nicht plausibel erscheinen, Bilder jedoch als Belege gelten, ganz nach dem Motto: Ich habe das mit eigenen Augen gesehen.

Durch die Veröffentlichung von Bildern drückt der Verfasser zudem keine eigene Meinung aus, sondern suggeriert, Tatsachen zu verbreiten. Dies führt auch dazu, dass er deren Wahrheit in jedem Fall nachweisen muss[850] und ist wohl auch der Grund dafür, dass im österreichischen Pressekodex klar geregelt wurde, dass Fotomontagen und Bildbearbeitungen deutlich als solche gekennzeichnet werden müssen.[851]

---

847 Haug, 2011, Bildberichterstattung über Prominente. Unter besonderer Berücksichtigung der Zulässigkeit der gerichtlichen Beurteilung des Informationswertes von Medienberichten, S. 87.

848 Vgl. Haug, 2011, Bildberichterstattung über Prominente. Unter besonderer Berücksichtigung der Zulässigkeit der gerichtlichen Beurteilung des Informationswertes von Medienberichten, S. 87.

849 Vgl. handelsblatt.de, Das umstrittene Bild von Edathys Wohnung, o.S.

850 Siehe dazu auch unten, S. 156.

851 Vgl. Österreichischer Presserat, 2012, Grundsätze für die publizistische Arbeit. Ehrenkodex der Österreichischen Presse, Par. 3.3.

Teil 5: Die Abgrenzung von Tatsachenbehauptungen und Werturteilen in der Rechtsprechung des EGMR zu Artikel 10 EMRK

Artikel 10 EMRK schützt das Verbreiten von Meinungen und Informationen in gleicher Weise. Die Frage nach der Unterscheidung von Tatsachen und Meinungen wird im Rahmen dieses Schutzsystems folglich anders als in manchen Verfassungsordnungen nicht auf der Schutzbereichsebene, sondern erst bei der Rechtfertigung eines Eingriffs gestellt und beantwortet.[852]

Mit diesen in der Folge immer wieder zitierten Worten brachte der EGMR in seinem Urteil im Fall **Lingens gegen Österreich**[853] die Bedeutung dieser Unterscheidung auf den Punkt: *„The existence of facts can be demonstrated, whereas the truth of value-judgements is not susceptible of proof.“*[854] Die Abgrenzung zwischen Tatsachenbehauptungen – in EMRK und EGMR-Rechtsprechung werden diese als *„information“* bzw. als *„statements of facts“ bezeichnet* – und Werturteilen – diese werden *„ideas“* bzw. *„value-judgments“* genannt – ist also ausschlaggebend dafür, ob in einer gerichtlichen Auseinandersetzung der Wahrheitsbeweis gefordert werden darf oder nicht.[855] Laut BERKA handelt es sich um ein fixes Abwägungskriterium, auf das „man in allen Rechtsordnungen stößt, in denen der Persönlichkeitsschutz des Einzelnen an den Maßstäben der Meinungsfreiheit gemessen wird.“[856]

Daraus wird auch deutlich, dass der Anwendung der in dieser Arbeit bisher genannten Kriterien die Feststellung dessen zugrunde liegen muss, ob eine Behauptung vorliegt oder eine Wertung.

Obwohl die Trennung von Kommentar und Bericht eine Grundregel des Qualitätsjournalismus ist – der österreichische Pressekodex etwa fordert, dass es für den Leser klar erkennbar sein muss, „ob es sich bei einer journalistischen Darstellung

852 Vgl. EGMR, 1985, Barthold gegen Deutschland, Par. 42, zit. n. Grabenwarter & Pabel, 2012, Europäische Menschenrechtskonvention, S. 307.

853 Siehe dazu unten, S. 175.

854 EGMR, 1986, Lingens gegen Österreich, Par. 46.

855 Zum Wahrheitsbeweis siehe unten, S. 156.

856 Berka, 2005, Persönlichkeitsschutz und Massenmedien im Lichte der Grundfreiheiten und Menschenrechte, S. 520.

um einen Tatsachenbericht oder die Wiedergabe von Fremdmeinung(en) oder um einen Kommentar handelt“[857] – ist diese Abgrenzung oft sehr umstritten. MERSCH kritisiert, dass es keine griffigen, praxisnahen Anhaltspunkte dafür gibt, ob eine Behauptung oder eine Wertung vorliegt.[858] Und ZIEHLER stellt sogar die Frage, ob es nicht zweckmäßiger wäre, auf diese Kategorisierung ganz zu verzichten.[859] Im Fall der **Ukrainian Media Group gegen Ukraine** hat der EGMR aber festgehalten, dass allein die Tatsache, dass diese Unterscheidung im nationalen Recht eines Staates nicht vorgenommen wird, dazu führen kann, dass dort Entscheidungen getroffen werden, die mit Artikel 10 EMRK nicht vereinbar sind.[860]

Wenn sie auch schwierig und bisweilen kaum nachvollziehbar scheint, ist diese Abgrenzung also die Grundlage einer jeden weiteren Entscheidung darüber, ob eine Äußerung bewiesen werden muss oder nicht.

1. Die Tatsachenbehauptung

Wer eine Behauptung aufstellt, muss dazu in der Lage sein, sie zu belegen. „Kennzeichnend für eine Tatsachenbehauptung ist [nämlich] die objektive Beziehung zwischen Äußerung und Wirklichkeit.“[861] Die Wahrheitstreue ist zudem Teil der „Pflichten und Verantwortung“, die Artikel 10 EMRK der Freiheit der Meinungsäußerung zugrunde legt und gilt als die „wohl […] wichtigste Maxime der Publizistik.“[862]

Ist eine Aussage wahr, ist deren Veröffentlichung grundsätzlich folglich erlaubt. Wäre sie dies nicht, könnte die Presse ihre Aufgabe, die Öffentlichkeit zu informieren, nicht wahrnehmen, und man müsste von Zensur sprechen.

Wird eine Äußerung dagegen als Behauptung eingestuft und erweist sie sich als falsch, greift die Pressefreiheit nicht und der Verfasser unterliegt in der Abwägung mit dem Schutz der Persönlichkeitsrechte selbst dann, wenn die Äußerung eine Person betrifft, die die Öffentlichkeit selbst gesucht hat.[863] Unwahre Behauptungen fallen an sich nämlich nicht unter den Schutz der Meinungsfreiheit, ist

857 Vgl. Österreichischer Presserat, 2012, Grundsätze für die publizistische Arbeit. Ehrenkodex der Österreichischen Presse, Par. 3.1.
858 Vgl. Mersch, 2013, Die journalistische Sorgfalt: on- und offline, S. 53.
859 Vgl. Ziehler, 2005, Tatsachenaussagen und Werturteile: Eine überholte Kategorisierung?, S. 1.
860 Vgl. EGMR, 2001, Ukrainian Media Group gegen Ukraine, Par. 62.
861 Vgl. Müller-Riemenschneider, 2013, Pressefreiheit und Persönlichkeitsschutz, S. 81.
862 Rhode, 2004, Publizistische Sorgfalt und redaktionelle Rechtspflichten. Eine Inhalts- und Strukturanalyse unter Einbezug der neuen Medien, S. 37.
863 Siehe dazu auch oben, S. 146.

das Ziel der Berichterstattung doch die „Wahrheitsfreiheit, nicht die Freiheit der Unwahrheit".[864]

Neben einer möglichen Verurteilung aufgrund der Unzulässigkeit einer Aussage entziehen unwahre Meldungen einem Medium auch Glaubwürdigkeit, was negative wirtschaftliche Folgen nach sich ziehen kann.[865]

Auch die Veröffentlichung wahrer Aussagen ist jedoch nicht immer zulässig. Eine Nachricht etwa, die das Leben von Menschen gefährdet[866] oder von der Intimsphäre einer Person handelt – es geht hier um medizinische Diagnosen genauso wie um Sexualpraktiken –, darf generell nicht publiziert werden.[867] Steht ein Bericht über das Privatleben eines Menschen aber mit dessen öffentlicher Funktion in einem unmittelbaren Zusammenhang, kann auch dieser erlaubt sein. Dies ist etwa dann der Fall, wenn eine Aufdeckung dazu in der Lage ist, „das allgemeine Vertrauen in einen politischen Mandatar oder anderen Organwalter zu erschüttern"[868] oder auch wie im Fall **Editions Plon gegen Frankreich**, wenn eine Veröffentlichung zeigt, dass die betroffene Person in ihrer beruflichen Tätigkeit eingeschränkt sein könnte.[869] Bejahen die zuständigen Richter einen solchen Zusammenhang, dürfen sogar Behauptungen, die den höchstpersönlichen Lebensbereich eines Menschen betreffen, veröffentlicht werden,[870] immer vorausgesetzt, sie sind wahr.

2. Das Werturteil und sein Tatsachensubstrat

Da es „richtige oder falsche Meinungen genauso wenig gibt wie wertvolle oder niveaulose",[871] kann und muss ein Werturteil im Gegensatz zu einer Tatsachenbehauptung nicht nachgewiesen werden. Bedenkt man, dass eine geäußerte Meinung nicht einmal subjektiv aufrichtig sein muss und dass sich die Richtigkeit

---

864 Heinrich Paulus, 1831, Über die Prinncipien der Preßfreiheits-Gesetzgebung, III der Vorrede, zit. n. Berka, 1982, Medienfreiheit und Persönlichkeitsschutz. Die Freiheit der Medien und ihre Verantwortung im System der Grundrechte, S. 232.

865 Vgl. Schröder-Maiwald, 2009, Medienumsatz steigt bis 2013 auf knapp 58 Milliarden Euro, o.S.

866 Vgl. österreichischer Presserat, 02.12.2013, Ehrenkodex der österreichischen Presse, Art. 5.

867 Siehe dazu auch oben, S. 32.

868 Gruber, 2005, Medienrecht und neue Medien, S. 20.

869 Siehe dazu oben, S. 136.

870 Vgl. Mersch, 2013, Die journalistische Sorgfalt: on- und offline, S. 69.

871 Rhode, 2004, Publizistische Sorgfalt und redaktionelle Rechtspflichten. Eine Inhalts- und Strukturanalyse unter Einbezug der neuen Medien, S. 37.

von Wertungen allenfalls durch Überzeugungsarbeit vermitteln ließe,[872] sind Meinungselemente ohnehin nicht überprüfbar.

Der EGMR verlangt allerdings, dass auch Meinungen auf einer nachprüfbaren und wahren Grundlage, einem Tatsachensubstrat, beruhen,[873] denn mit einer Wertung, die jeder Grundlage entbehrt, verletzen die Medienschaffenden ihre Verpflichtung, verantwortungsvoll zu handeln. Vor allem Kommentare, die dazu in der Lage sind, den Ruf einer Person zu schädigen, dürfen nicht grundlos publiziert werden.[874] Der EGMR hielt dazu fest, dass „*the proportionality of an interference may depend on whether there exists a sufficient factual basis for the impugned statement, since even a value judgement without any factual basis to support it may be excessive.*[875] Ob die Grundlage, auf die eine Meinung gestützt wird, ausreicht, hängt von den gleichen Faktoren ab wie der Nachweis einer Tatsachenbehauptung an sich. Ist nicht klar, ob eine Äußerung als Wertung oder als Behauptung einzustufen ist, ist eine Tatsachenbasis zu isolieren und deren Wahrheitsgehalt zu erörtern.[876]

Wie die Zulässigkeit einer Behauptung hängt auch die einer Wertung vom Kontext ab, in dem sie getätigt wird. Wird ein Kommentar in einer aufgeheizten Situation veröffentlicht, ist der anzulegende Maßstab weniger streng als sonst. Auch das vorangegangene Verhalten des Kritisierten hat Einfluss auf den Toleranzlevel. Wer zum Beispiel medial angegriffen oder beleidigt wird, ist nicht dazu verpflichtet, sachlich zu reagieren.[877] Besonders gut zu beobachten ist diese Dynamik in Wahlkämpfen. Auch hier muss der Grundsatz gelten: Wie man in den Wald hineinruft, so schallt es heraus. Ist ein Politiker selbst „nicht für eine zurückhaltende Art im Umgang mit dem politischen Gegner bekannt, so hat er deutlich weiter gezogene Toleranzgrenzen zu akzeptieren, dann ist eine polemische, auch in der Form schärfere Reaktion erlaubt."[878] Der EGMR wertete es als Teil der politischen Auseinandersetzung, für den der Wahrheitsbeweis nicht erbracht werden musste, dass Oberschlick den damaligen Kärntner Landeshauptmann Haider als Trottel

---

872 Vgl. Hoffmann-Riem, 2002, Beleidigende Werturteile und wahrheitswidrige Tatsachenbehauptungen, S. 33–34.

873 Vgl. Kühling, 2006, Kommunikationsfreiheit (Meinungsäußerungs- und Informationsfreiheit), S. 655.

874 Vgl. Hoffmann-Riem, 2002, Beleidigende Werturteile und wahrheitswidrige Tatsachenbehauptungen, S. 39, siehe dazu auch unten, S. 189.

875 EGMR, 2007, Pfeifer gegen Österreich, Par. 42.

876 Vgl. Mersch, 2013, Die journalistische Sorgfalt: on- und offline, S. 56–57.

877 Vgl. Lendl, 2005, Der EGMR und die österreichische Rechtsprechung, S. 25.

878 Lendl, 2005, Der EGMR und die österreichische Rechtsprechung, S. 25.

bezeichnete.[879] Die Straßburger Richter gaben zwar zu bedenken, dass diese Äußerung polemisch sei, begründeten ihre Entscheidung für die Zulässigkeit dieser Aussage aber damit, dass auch Haider provoziert hatte.[880] Es habe sich also um eine politische Debatte gehandelt, und eine solche könne ein harscheres Vorgehen durchaus rechtfertigen.[881]

Auch ein wahrer Kern kann jedoch über- oder falsch interpretiert werden. Wenn das Medium aufgrund einer wahren Begebenheit berichtet, die Wertung zu dieser aber in keinem Verhältnis steht, verneint das Gericht zwar nicht an sich das Vorliegen einer Tatsachenbasis, bezeichnet die Äußerung aber als „wertgeladen."[882] Die Lehre spricht in diesem Zusammenhang von einem Wertungsexzess. Aus der Argumentation im Fall Oberschlick lässt sich erkennen, dass auch die Entscheidung darüber, ob eine Wertung exzessiv ist oder nicht, an denselben Kriterien festgemacht wird, wie sie der EGMR in seinem Urteil im Fall von Hannover gegen Deutschland (Nr. 2) viele Jahre später für die Bildberichterstattung genannt hat.[883]

3. Der Wahrheitsbeweis

Wer eine Behauptung aufstellt, kann also dazu verpflichtet werden, deren Wahrheit nachzuweisen. Als erbracht gilt dieser Nachweis, „wenn sich die Behauptung in ihrem wesentlichen Inhalt als richtig erweist."[884] Welche Elemente eines Beitrags wesentlich sind und folglich nachgewiesen werden müssen, entscheidet das Gericht in jedem einzelnen Fall. Zuständig sind die nationalen Gerichte. Im Fall **Jerusalem gegen Österreich** konnte der EGMR beispielsweise nicht überprüfen, ob die aufgestellten Behauptungen der Wahrheit entsprachen, weil die österreichischen Gerichte den Wahrheitsbeweis zwar gefordert, ihn dann aber abgelehnt hatten.[885]

Da Behauptungen den Anspruch erheben, die Wirklichkeit abzubilden, fallen Prognosen und Schlussfolgerungen grundsätzlich nicht in diese Kategorie. Eine Schlussfolgerung aber kann dennoch beweisbar und somit beweispflichtig sein,

879 Vgl. EGMR, 1997, Oberschlick gegen Österreich (Nr. 2), Par. 33, siehe dazu unten, S. 178.
880 Vgl. EGMR, 1997, Oberschlick gegen Österreich (Nr. 2), Par. 33.
881 Vgl. EGMR, 1997, Oberschlick gegen Österreich (Nr. 2), Par. 33.
882 Grabenwarter & Pabel, 2012, Europäische Menschenrechtskonvention, S. 321.
883 Siehe dazu auch oben, S. 130.
884 Gruber, 2005, Medienrecht und neue Medien, S. 20.
885 Vgl. EGMR, 2001, Jerusalem gegen Österreich, Par. 46; siehe dazu auch unten, S. 182.

dann nämlich, wenn sie auf naturwissenschaftlichen Gesetzen oder geschichtswissenschaftlich gefestigten Erkenntnissen beruht.[886] Bei der Beurteilung dessen, ob ein Ereignis historisch eindeutig ist, ist der Gerichtshof zurückhaltend.[887] Den Holocaust aber wertet er zum Beispiel als eine historisch gefestigte Erkenntnis. Wer diesen leugnet, kann sich folglich nicht auf Artikel 10 EMRK berufen. Das entscheidende Argument ist die Regelung zur „wehrhaften Demokratie" in Art. 17 EMRK.[888]

Einen Sonderfall stellen auch Behauptungen dar, die die Intimsphäre eines Menschen betreffen. An sich entlastet es den Verfasser nämlich nicht, wenn er nachweisen kann, dass eine Behauptung, die diese sakrosankte Sphäre betrifft, wahr ist. Zulässig kann eine solche Äußerung aber dann sein, wenn sie in einem unmittelbaren Zusammenhang mit dem öffentlichen Leben steht, und dieser Zusammenhang als wichtig genug eingestuft wird, um diesen Schutz auszuhebeln.[889]

Auch Werturteile sind von der Äußerungsfreiheit nur dann gedeckt, wenn sie auf einem ausreichenden Tatsachensubstrat beruhen. Der Beweis dieses Tatsachenkerns kann gefordert werden.[890] Erkennt das Gericht keine ausreichende Grundlage, ist auch ein Kommentar nicht zulässig und kann die Verurteilung des Verfassers nach sich ziehen.[891]

Ist auf den ersten Blick nicht klar, ob es sich um eine Behauptung handelt oder um eine Wertung, etwa weil eine Äußerung „durch subjektive Elemente eingefärbt ist",[892] so liegt es auch im Interesse des Verfassers, Argumente anzuführen, die seine These stützen. HOFFMANN-RIEM spricht in diesem Zusammenhang von einer modifizierten Beweislast, die auch dann gilt, wenn eine Behauptung weder erweislich wahr noch erweislich falsch ist.[893]

---

886 Vgl. Ziehler, 2005, Tatsachenaussagen und Werturteile: Eine überholte Kategorisierung?, S. 5.

887 Vgl. die ausführliche Diskussion in EGMR, 23.9.1998, 24662/1994 (Lehideux und Isorni), Rn 47, bzgl. französischer Kollaboration mit dem Naziregime, zit. n. Walter, 2014, Kommunikationsfreiheiten, S. 496.

888 EGMR, 23.9.1998, 24662/94 (Lehideux und Isorni gegen Frankreich), Rn 47; 24.6.2003, 65831/2001 (Garaudy); 13.12.2005, 7458/2003 (Witzsch) (Nr. 2), zit. n. Walter, 2014, Kommunikationsfreiheiten, S. 496.

889 Vgl. Gruber, 2005, Medienrecht und neue Medien, S. 20.

890 Siehe dazu auch oben, S. 155.

891 Vgl. Mersch, 2013, Die journalistische Sorgfalt: on- und offline, S. 56–57.

892 Mersch, 2013, Die journalistische Sorgfalt: on- und offline, S. 56–57.

893 Vgl. Hoffmann-Riem, 2002, Beleidigende Werturteile und wahrheitswidrige Tatsachenbehauptungen, S. 42.

4. Der Nachweis journalistischer Sorgfalt

Im Gegensatz zu ihren Lesern, Sehern und Hörern erfüllen Journalisten ihre Wahrheitspflicht bisweilen schon dann, wenn sie sich „ernsthaft und nach Kräften um eine wahrheitsgemäße Berichterstattung“[894] bemühen und im guten Glauben annehmen können, dass die von ihnen publizierte Geschichte wahr ist. Sie müssen aus Gründen, die objektiv nachvollziehbar sind, der Überzeugung sein, die Wahrheit zu veröffentlichen.[895] Ihre persönliche Überzeugung spielt dagegen keine Rolle, ist diese doch zum einen nicht nachweisbar, und darf zum anderen ein so hohes Gut wie der Schutz der Persönlichkeitsrechte nicht allein davon abhängen, ob ein Einzelner gewissenhaft handelt oder nicht.[896]

Dieser Nachweis journalistischer Sorgfalt gilt neben dem Zugang zu Informationen, dem Quellenschutz und dem damit einhergehenden Zeugnisverweigerungsrecht[897] als ein wichtiges Privileg der Presse in einer demokratischen Gesellschaft.

Ein formeller Ausschlusstatbestand ist die Wahrnehmung der journalistischen Sorgfalt jedoch nicht. Mängel werden nur dann berücksichtigt, wenn sie tatsächlich Auswirkungen auf den veröffentlichten Beitrag haben.[898] SWOBODA kritisiert, dass diesem Aspekt in der Rechtsprechung zu wenig Aufmerksamkeit geschenkt wird.[899] KOZIOL verbannt Vorstellungen, wonach die Beachtung der journalistischen Sorgfaltspflicht ein Rechtfertigungsgrund sei und es in diesem Fall statt einer Verantwortlichkeit des Autors eine „Art von Gefährdungshaftung des Medieninhabers“ gibt, in das „Reich der Utopien.“[900] „Dies würde dazu fuhren, dass die Presse für Fehlinformationen jeglicher Art haften müsse, etwa so wie ein Hersteller für ein mangelhaftes Produkt.“[901] Eine derartige Losung verkenne die Bedeutung der Pressefreiheit in einer demokratischen Gesellschaft. RHODE bezeichnet die Möglichkeit der Presse, an Stelle der Wahrheit einer

894 Rhode, 2004, Publizistische Sorgfalt und redaktionelle Rechtspflichten. Eine Inhalts- und Strukturanalyse unter Einbezug der neuen Medien, S. 39.

895 Vgl. Mersch, 2013, Die journalistische Sorgfalt: on- und offline, S. 73.

896 Vgl. Rhode, 2004, Publizistische Sorgfalt und redaktionelle Rechtspflichten. Eine Inhalts- und Strukturanalyse unter Einbezug der neuen Medien, S. 40.

897 Siehe dazu auch unten, S. 163.

898 Vgl. Swoboda, 1999, Das Recht der Presse, S. 153–154.

899 Vgl. Swoboda, 1999, Das Recht der Presse, S. 153–154.

900 Vgl. Koziol, 2005, Der Schutz der Persönlichkeitsrechte gegenüber Massenmedien, 665ff, Rz 11 ff., zit. n. Schiwy, 2010, Persönlichkeitsschutz und Pressefreiheit, S. 111.

901 Vgl. Koziol, Der Schutz der Persönlichkeitsrechte gegenüber Massenmedien, 2005, 665ff, Rz11 ff., zit. n. Schiwy, 2010, Persönlichkeitsschutz und Pressefreiheit, S. 111.

Aussage die Einhaltung ihrer Sorgfaltspflicht nachzuweisen, als „Ausschnitt und Gelenkstelle“ im Spannungsverhältnis zwischen dem Persönlichkeitsschutz auf der einen Seite und den Kommunikationsfreiheiten auf der anderen.[902] Begründen lässt sich diese Relativierung der Beweispflicht zu Gunsten der Presse auch damit, dass es, wie es das deutsche Bundesverfassungsgericht formulierte, zu einer Einschränkung und Lähmung der Medien führen könnte,[903] wenn ihre Verpflichtung, eine Aussage nachzuweisen, absolut wäre.

4.1 Der Sorgfaltsmaßstab

Generell kann festgehalten werden, dass von einem Journalisten nicht zu erwarten ist, dass er für den Beweis einer Behauptung dieselben Kriterien erfüllt wie ein Staatsanwalt, der oft durch mehrere Instanzen hindurch versucht, einen Verdacht nachzuweisen. Medien verfugen auch bei weitem nicht über jene technischen und rechtlichen Möglichkeiten, die die Justiz hat. Journalisten können bei ihrer Recherche weder auf „spezielle verfahrensrechtliche noch hoheitliche Mittel“[904] zurückgreifen.

Der Maßstab, der an diese Sorgfalt angelegt wird, steigt direkt proportional zur Beeinträchtigung, die das Leben des Betroffenen durch die Aussage erfahren kann. Laut RHODE geht es letztlich um nichts anderes als eine medienspezifische Ausprägung des von Alexy definierten Abwägungsgesetzes, wonach „die Wichtigkeit der Erfüllung eines Prinzips umso größer sein muss, je höher der Grad an Beeinträchtigung des anderen Prinzips ist.“[905]

Geht es um Berichte über eine Person, die im Rampenlicht steht, kann das den Sorgfaltsmaßstab demnach absenken.[906] Die Tatsache, dass die Berichterstattung (auch) von ihrer Geschwindigkeit lebt, muss den Medienvertretern ebenfalls zugutegehalten werden.[907] „Je wichtiger und dringlicher das aktuelle

902 Vgl. Rhode, 2004, Publizistische Sorgfalt und redaktionelle Rechtspflichten. Eine Inhalts- und Strukturanalyse unter Einbezug der neuen Medien, S. 50.

903 Vgl. BVerfG 54, S. 208; 219–220, zit. u.a. in Goring, 1988, Äußerungsfreiheit und Informationsfreiheit als Menschenrechte, S. 547.

904 Rhode, 2004, Publizistische Sorgfalt und redaktionelle Rechtspflichten. Eine Inhalts- und Strukturanalyse unter Einbezug der neuen Medien, S. 39.

905 Alexy, Robert, Theorie der Grundrechte, Frankfurt3 1996, S. 146, zit. n. Rhode, 2004, Publizistische Sorgfalt und redaktionelle Rechtspflichten. Eine Inhalts- und Strukturanalyse unter Einbezug der neuen Medien, S. 45, siehe dazu auch oben, S. 88.

906 Vgl. Mersch, 2013, Die journalistische Sorgfalt: on- und offline, S. 78.

907 Vgl. Mersch, 2013, Die journalistische Sorgfalt: on- und offline, S. 65.

öffentliche Informationsinteresse ist, desto geringere Anforderungen dürfen an die aufzuwendende Sorgfalt gestellt werden",[908] fordert RHODE.

Neben der Verpflichtung, neue Entwicklungen laufend in die Berichterstattung einzubauen, sieht sich der Journalist in einem solchen Fall ganz besonders mit der Frage konfrontiert, ab welchem Wissensstand er mit einer Geschichte überhaupt an die Öffentlichkeit gehen darf, damit die journalistische Sorgfaltspflicht als eingehalten gilt. Diesen Punkt hat der EGMR im Urteil **Gutierrez Suarez gegen Spanien** beleuchtet. Demnach kommt es darauf an, welche Belege er zu dem Zeitpunkt haben konnte, in dem er die Informationen veröffentlichte.[909] Veröffentlicht werden Beiträge in diesem Sinne nicht erst dann, wenn sie tatsächlich einer breiten Öffentlichkeit zugänglich sind, sondern schon dann, wenn der verantwortliche Mitarbeiter seinen Bericht aus der Hand gibt, „sodass nach dem gewöhnlichen organisatorischen bzw. automatisierten Ablauf die Möglichkeit der Kenntnisnahme durch die Öffentlichkeit nicht mehr aufzuhalten ist."[910]

Wie übertriebene Forderungen an die Presse diese zu stark einschränken, wären auch zu geringe Anforderungen eine nicht hinnehmbare Einschränkung des Schutzes der Persönlichkeitsrechte. Aus diesem Grund wurde in Österreich noch im 20. Jahrhundert darüber diskutiert, ob der Sorgfaltsbeweis überhaupt dazu geeignet sein kann, vor einer Verurteilung zu schützen. Die Frage, welcher Sorgfaltsgrad ausreicht, damit eine Nachricht nicht sanktioniert wird, war in diesen Diskussionen noch zweitrangig.[911] Die Entscheidung ist zwar längst zugunsten der Presse gefallen, brisante Behauptungen aus investigativen Recherchen oder potentiell belastende Verdachtsberichterstattungen müssen aber noch immer besonders sorgfältig geprüft werden, bevor ihre Ergebnisse veröffentlicht werden dürfen.[912]

Was den Sorgfaltsmaßstab ebenfalls erhöht, sind Berichte über lange zurückliegende Ereignisse.[913] Dies auch, weil das Argument, Medien stehen unter Zeit- und Konkurrenzdruck in diesem Fall nicht gelten kann. Ebenso besonders streng beleuchtet werden Fälle, in denen Menschen kritisiert werden, die ein Rechtsprechungsorgan verkörpern. Keine ausreichende Sorgfalt attestierte der EGMR im Jahr 2012 der Wiener Stadtzeitung Falter. Diese hatte den Vorwurf erhoben, eine

908 Rhode, 2004, Publizistische Sorgfalt und redaktionelle Rechtspflichten. Eine Inhalts- und Strukturanalyse unter Einbezug der neuen Medien, S. 48.

909 Vgl. EGMR, 2010, Gutierrez Suarez gegen Spanien, Par. 37.

910 Mersch, 2013, Die journalistische Sorgfalt: on- und offline, S. 66.

911 Vgl. Mersch, 2013, Die journalistische Sorgfalt: on- und offline, S. 63.

912 Rhode, 2004, Publizistische Sorgfalt und redaktionelle Rechtspflichten. Eine Inhalts- und Strukturanalyse unter Einbezug der neuen Medien, S. 45.

913 Vgl. Gering, 2012, Pressefreiheit in regionalen Menschenrechtssystemen, S. 163.

Richterin habe Beweise mit Absicht falsch gewürdigt.[914] In seiner Entscheidung nahm der EGMR auf die Bedeutung des Richteramtes Bezug und bestätigte die Entscheidung der österreichischen Gerichte, die die Zeitung verurteilt hatten. Die Rechtsprechung müsse gegen unberechtigte Angriffe geschützt werden, vor allem weil Richter sich gegen Kritik aufgrund ihres Amtsgeheimnisses oft nicht zur Wehr setzen können.[915] Auch solche Zurückhaltungs- und Mäßigungspflichten sind bei der Abwägung der Zulässigkeit einer Äußerung zu berücksichtigen und mit entgegenstehenden Gesichtspunkten (etwa Aufdeckung von Missständen, von denen allein der Betroffene kraft seiner Stellung Kenntnis hat)[916] abzugleichen. Solch besonderen Pflichten unterliegt jeder Arbeitnehmer seinem Arbeitgeber gegenüber, aber auch beispielsweise Rechtsanwälte, die sich über die Justiz im Allgemeinen äußern.[917]

Aus all diesen Überlegungen wird deutlich, dass sich auch die Strenge des geforderten journalistischen Maßstabes an den Kriterien orientiert, die der EGMR im zweiten „Caroline-Urteil" ausgearbeitet hat.[918]

4.2 Die Beachtung der Berufsgrundsätze

Damit er das „objektiv zu verlangende Maß an Sorgfalt"[919] erfüllt, muss der Journalist neben den gesetzlichen Bestimmungen auch die allgemeinen Berufsgrundsätze beachten.[920] Die im Journalismus für Qualität stehende Devise *„Check, recheck, crosscheck"* ist hier genauso zu beachten wie die Verpflichtung, den Betroffenen selbst Gelegenheit zu einer Stellungnahme zu geben. In vielen Ländern sind diese Verpflichtungen in einem Pressekodex niedergelegt. Der österreichische Ehrenkodex betont auch, dass persönliche Diffamierungen, Verunglimpfungen und Verspottungen gegen das journalistische Ethos verstoßen.[921]

---

914 Vgl. EGMR, 2012, Falter Zeitschriften GmbH gegen Österreich (Nr. 2), Par. 45, siehe dazu auch oben, S. 138.

915 Vgl. EGMR, 2012, Falter Zeitschriften GmbH gegen Österreich, 39; siehe dazu auch oben, S. 137.

916 Vgl. EGMR, 12.2.2008, 14277/2004 (Guja), Rn 72ff.; 19.2.2009, 4063/2004 (Marchenko), Rn 46, zit. n. Walter, 2014, Kommunikationsfreiheiten, S. 497.

917 Vgl. EGMR, 15.12.2005, 73797/2001 (Kyprianou), Rn 173, zit. n. Walter, 2014, Kommunikationsfreiheiten, S. 497.

918 Siehe dazu oben, S. 147.

919 Mersch, 2013, Die journalistische Sorgfalt: on- und offline, S. 63.

920 Mersch, 2013, Die journalistische Sorgfalt: on- und offline, S. 63.

921 Vgl. österreichischer Presserat, 02.12.2013, Ehrenkodex der österreichischen Presse, Art. 5.

Auch an dieser Stelle wird auf die Neuerungen hingewiesen, die das Internet und die neuen Medien mit sich bringen. Im Zeitalter von Blogs und *User Generated Content* ist es so einfach wie noch nie, Äußerungen öffentlich zu tätigen. An dieser Entwicklung wird deutlich, wie schwer dieses Privileg der Medien, das nicht nur für Berufsjournalisten gilt, sondern auch für Publizisten, für Leserbriefschreiber[922] oder eben auch für User, in die Persönlichkeitsrechte eingreifen kann.[923] Alle Nicht-Berufsjournalisten sind zwar auch dazu angehalten, sich der Pflichten und Verantwortung bewusst zu sein, die Artikel 10 EMRK im Allgemeinen für die Ausübung des Rechts auf Meinungsäußerung niederschreibt, im Gegensatz zu Berufsjournalisten sind sie aber an keine Berufsgrundsätze gebunden, weshalb es schwer ist, zu bestimmen, was in diesem Zusammenhang das objektiv zu verlangende Sorgfaltsmaß ist.[924]

4.3 Recherche, Quellenschutz und Zeugnisverweigerungsrecht

Neben dieser Privilegierung der Medien, die es Journalisten zum Teil erspart, ihre Behauptungen nachweisen zu müssen, genießt die Presse auch weitere Vorrechte. So erleichtert etwa der Zugang zu Behördeninformationen die Recherche. Auf liberale Regelungen in diesem Bereich fuhrt es die Organisation *Reporter ohne Grenzen* zurück, dass Finnland, Norwegen und die Niederlanden das Ranking der Pressefreiheit anführen.[925] Vor allem investigative Journalisten sind auf den Schutz der Informationsbeschaffungsfreiheit angewiesen, und auch das Recht auf Geheimhaltung der Quellen, das Redaktionsgeheimnis, ist ein wichtiger Aspekt, ohne den die Presse ihre gesellschaftliche Rolle nicht im erforderlichen Umfang wahrnehmen könnte.[926] Das deutsche Bundesverfassungsgericht

922 Vgl. Gering, 2012, Pressefreiheit in regionalen Menschenrechtssystemen, S. 79.

923 Vgl. dazu auch EGMR, 1992, Castells gegen Spanien und EGMR, 1992, Thorgeirson gegen Island.

924 In Russland trat am 1. August 2014 ein Gesetz in Kraft, das es auch Bloggern verbietet, „extremistische oder persönlichkeitsverletzende Beiträge im Internet zu veröffentlichen. Was extremistisch oder persönlichkeitsverletzend ist, bestimmen aber die Behörden." Jeder Mensch, der Inhalte online veröffentlicht und mehr als 3.000 Besucher täglich hat, gilt als Medienvertreter, muss sich registrieren lassen, ist für Kommentare anderer auf seiner Seite verantwortlich und für Informationen beweispflichtig, vgl. Großheim, 01.08.2014, Neues Internetgesetz in Russland. Blogger unter Druck, o.S.

925 Mehr dazu siehe oben, S. 24.

926 Vgl. Europarat, Ministerkomitee, 08.03.2000, *Recommendation N. 7/2000 of the Committee of Ministers to Member States on the right of journalists not to disclose their*

berief sich im „Spiegel-Urteil“ 1966 auf Artikel 5 GG,[927] stellte fest, dass „eine freie, nicht von der öffentlichen Gewalt gelenkte, keiner Zensur unterworfene Presse [...] ein Wesenselement des freiheitlichen Staates“ ist und gab dem Nachrichtenmagazin *Der Spiegel* Recht, das Beschwerde dagegen eingelegt hatte, dass die Redaktionsräume durchsucht und Unterlagen beschlagnahmt worden waren.[928] Auch der EGMR bezeichnete den Schutz der journalistischen Quellen als einen wichtigen Pfeiler der Pressefreiheit.[929]

Wenn es um den Schutz journalistischer Quellen geht, gibt es laut EGMR-Rechtsprechung eine besonders strenge Verhältnismäßigkeitsprüfung.[930] Wegen der potenziell abschreckenden Wirkung eines solchen Eingriffes verlangt der Gerichtshof ein *„overriding requirement in the public interest“*.[931] In den bisher entschiedenen Fällen wurde ein solches Interesse nie bejaht: Reine Schadenersatzinteressen reichen nicht aus, und auch das Ziel, die Verbreitung vertraulicher Informationen zu verhindern, wird nur in den seltenen Fällen anerkannt, in denen keine anderen Mittel zur Verfügung stehen und ein besonders nachhaltiger Schaden droht. Für die Pressefreiheit bedeutet das, dass sie sich auf einen sehr umfassenden Quellenschutz berufen kann.[932]

Dieser Quellenschutz setzt aber voraus, dass zwei verschiedene Personen betroffen sind, eine informierende Quelle und ein veröffentlichender Journalist.

---

sources of information, o.S., vgl. Gering, 2012, Pressefreiheit in regionalen Menschenrechtssystemen, S. 84.

927 Bundesrepublik Deutschland, 1949 i.g.F., Grundgesetz für die Bundesrepublik Deutschland, Artikel 5 Absatz 1: Jeder hat das Recht, seine Meinung in Wort, Schrift und Bild frei zu äußern und zu verbreiten und sich aus allgemein zugänglichen Quellen ungehindert zu unterrichten. Die Pressefreiheit und die Freiheit der Berichterstattung durch Rundfunk und Film werden gewährleistet. Eine Zensur findet nicht statt.

928 Vgl. Deutsches Bundesverfassungsgericht, 05.08.1966, Spiegel-Verlag Rudolf Augstein GmbH & Co KG gegen Deutschland, Abschnitt C., o.S. Begrundet wurden Durchsuchung und Beschlagnahme mit dem Verdacht des Landesverrats. Der Spiegel hatte am 10. Oktober 1962 unter dem Titel „Bedingt abwehrbereit“ über die militärische Situation Deutschlands und der Nato berichtet, vgl. Der Spiegel, 10.10.1962, Bedingt abwehrbereit, o.S.

929 Vgl. EGMR, 1996, Goodwin gegen Großbritannien, Par. 39.

930 Vgl. zuletzt EGMR, 28.6.2012, 15054/2007 (Ressiot ua), Rn 110ff., zit. n. Walter, 2014, Kommunikationsfreiheiten, S. 498.

931 EGMR, 11.7.2002, 28957/1995 (Goodwin), Rn 39; 15.12.2009, 821/2003 (Financial Times Ltd. ua), Rn 59, zit. n. Walter, 2014, Kommunikationsfreiheiten, S. 498.

932 Vgl. Walter, 2014, Kommunikationsfreiheiten, S. 498.

Veröffentlicht die Quelle ihre Informationen dagegen selbst, kann sie nicht unter Hinweis auf die Meinungsäußerungs- oder Pressefreiheit schweigen.[933]

Ob sich Medien auf ihr Redaktionsgeheimnis auch dann berufen können, wenn es um die Herausgabe von Userdaten geht, hat der EGMR noch nicht geklärt. Auch in Österreich hätte diese Frage im Jahr 2013 im Zentrum eines Verfahrens stehen können. Der damalige FPK-Obmann Scheuch und die FPK klagten *derStandard.at*, das Portal möge die Daten von Usern herausgeben, damit sie diese straf- und zivilrechtlich belangen können. Laut E-Commerce-Gesetz sind Medien mit Internetforen angemeldeter Mitglieder dazu verpflichtet, Userdaten an Dritte weiterzugeben, wenn diese das verlangen, weil sie ein „überwiegendes rechtliches Interesse an der Feststellung der Identität eines Nutzers“ haben und glaubhaft machen können, diese Information zu brauchen, um eine rechtswidrige Äußerung gerichtlich verfolgen zu können.[934] Da das LG Wien die Verwendung des umstrittenen Begriffs der „Nazi-Wiederbelebung“ jedoch für zulässig befand, beschäftigte es sich mit dieser Frage gar nicht.[935] Diese Grundfrage bleibt somit noch offen.

Das Zeugnisverweigerungsrecht, auf das sich Journalisten vor Gericht berufen können, ist die logische Fortsetzung dieses Rechts. Der belgische Journalist **Gijsels** berief sich auch vor dem EGMR auf den Quellenschutz, als er sich weigerte, die von ihm befragten Experten vor Gericht zu nennen.[936] Ein Zeugniszwangsverfahren wie es noch 1848 gegen Redakteure der Berliner Volkszeitung angewandt wurde, denen vorgeworfen worden war, angeblich strafbare Artikel verfasst zu haben,[937] ist heute nicht mehr möglich, zumindest nicht in westlichen Demokratien.

Im Verfahren **Delfi gegen Estland** entschied der EGMR, dass der Forenbetreiber zum Schadenersatz verpflichtet ist, wenn jemand durch ein Posting beleidigt wird – und das selbst dann, wenn die entsprechenden Posts bereits entfernt wurden. Auch wenn der Ausgangsfall vergleichsweise unbedeutend war – es ging darum, ob Fähren vor der estnischen Küste das Eis kaputt machen dürfen. Auf der Plattform *Delfi.ee* war im Jänner 2006 ein Artikel über eine estnische Fährgesellschaft erschienen. Dass das Unternehmen seine Routen zu bestimmten Inseln geändert

933 Vgl. Walter, 2014, Kommunikationsfreiheiten, S. 498–499.

934 Vgl. Republik Österreich, 2002 i.g.F., Bundesgesetz, mit dem bestimmte rechtliche Aspekte des elektronischen Geschäfts- und Rechtsverkehrs geregelt werden (E-Commerce-Gesetz), § 18 Abs 4.

935 Vgl. derStandard.at, 17.09.2013, Landesgericht: Keine derStandard.at Userdaten fur Kurt Scheuch, o.S.

936 Vgl. EGMR, 1997, de Haes und Gijsels gegen Belgien, Par. 34.

937 Vgl. Wetzel, 1982, S. 148, zit. n. Wilke, 2002, Gewalt gegen die Presse. Episoden und Eskalationen in der deutschen Geschichte, S. 138.

hatte, führte dazu, dass die Fähren das Eis an Stellen zerbrachen, an denen Eisstraßen angelegt hätten werden sollen.[938] Diese Eisstraßen ermöglichen es den Inselbewohnern, ohne Fähre nach Hause zu kommen. Der Artikel wurde emotional diskutiert, es fielen Begriffe wie „Abschaum", „Schweine" und „Bastard". Es wurde auch zu Gewalt gegen den Besitzer der Firma aufgerufen.[939] *Delfi.ee* entfernte die beleidigenden Kommentare, dennoch klagte der Besitzer des Fährunternehmens auf Entschädigung. Nationale Gerichte verurteilten den Betreiber.[940]

Der EGMR bestätigte die Entscheidung und stellte fest, dass *Delfi.ee* die die anstößigen Kommentare nicht schnell genug entfernt hatte.[941]

Auch wenn der Anlassfall recht unbedeutend war und es nur um eine Summe von 320 Euro ging, so wird dieses Urteil vermutlich dennoch weitreichende Folgen für die Nutzung des Internets in Europa haben. Betreiber von kommerziellen Nachrichtenangeboten müssen sich darauf gefasst machen, dass sie für diffamierende Kommentare anonymer Nutzer zur Rechenschaft gezogen werden könnten.[942]

5. Die Bedeutung der Unterscheidung für die nationale Verfahrenspraxis

Um deutlich zu machen, welche Bedeutung es für die Betroffenen in der Praxis hat, ob eine Aussage als Tatsachenbehauptung oder als Werturteil eingestuft wird, ist auch Bezug auf die nationale Rechtsordnung zu nehmen. Wer sich in seinem Persönlichkeitsrecht verletzt fühlt, wendet sich nämlich zunächst an die nationalen Instanzen, nicht an den EGMR.

Alle europäischen Länder sehen sowohl das strafrechtliche Vorgehen gegen die mediale Verbreitung ehrenrühriger Tatsachen in ihren Rechtsordnungen vor als auch die Möglichkeit, Schadenersatz und die Verhinderung der Weiterverbreitung einzuklagen – dies auf zivilrechtlichem Weg.[943] Theoretisch gibt es diese Möglichkeiten für jede Art der Kommunikation, nicht nur für die mediale. „Die

938 Vgl. EGMR, 2015, Delfi gegen Estland, Par. 16.
939 Vgl. EGMR. 2015, Delfi gegen Estland, Par. 18.
940 Vgl. EGMR. 2015, Delfi gegen Estland, Par. 31.
941 Vgl. EGMR. 2015, Delfi gegen Estland, Par. 162.
942 Vgl. auch Spiegel Online, 16.06.2015, Europäischer Gerichtshof für Menschenrechte: Forenbetreiber haftet für Beleidigungen der Nutzer, o.S.
943 Vgl. Röggla, 2002, Pressefreiheit und justizieller Persönlichkeitsschutz in der EU – Ergebnisse einer Fragebogenerhebung über die Regelungen in den Mitgliedstaaten, S. 19.

wichtigsten Anwendungsfälle treten aber auf dem Gebiet der Massenmedien, vor allem der (Boulevard-)Presse und gelegentlich auch des Rundfunks auf."[944] Wichtig ist die Feststellung, ob es sich bei einer Aussage um eine Behauptung oder um eine Wertung handelt, nicht nur für die Eruierung der Beweislast – jede Entscheidung für ein Werturteil befreit den Autor ja vom Beweis der Wahrheit – sie hat auch Einfluss darauf, welches Vorgehen überhaupt Aussicht auf Erfolg hat.

An dieser Stelle kann dieser Aspekt nur gestreift werden, Bezug genommen wird auf die österreichische Gesetzeslage.

5.1 Das strafrechtliche Vorgehen

Auch wenn Behauptungen wahr sein müssen, sind unwahre strafrechtlich erst dann relevant, wenn sie dazu geeignet sind, „dem Betroffenen einen sittlichen Makel anzuhängen oder ihn verachtenswert erscheinen zu lassen."[945] Die Straftatbestände, aufgrund derer gegen eine mediale Äußerung vorgegangen werden kann, sind im Großen und Ganzen die drei Ehrenschutzdelikte Verleumdung, üble Nachrede und Beleidigung. Zugrunde gelegt wird diesem Vergleich das österreichische Strafgesetzbuch.

Damit der Verfasser eines Beitrags wegen Verleumdung verurteilt werden kann, muss eine Behauptung nachweislich unwahr sein.[946] Auch die üble Nachrede setzt eine Tatsachenbehauptung voraus. Die Strafbarkeit besteht in diesem Fall aber schon dann, wenn es dem Täter nicht gelingt, die Wahrheit der von ihm aufgestellten Behauptung nachzuweisen.[947]

Der Straftatbestand der Beleidigung hingegen greift auch bei Werturteilen, die eine Nicht- oder Missachtung einer Person zum Ausdruck bringen.[948] Die Abgrenzung von Tatsachenbehauptungen und Werturteilen spielt für die strafrechtliche Sanktionierung einer Äußerung folglich eine wichtige Rolle.

Dennoch: Die Bedeutung dieser Vorgehensweise ist eingeschränkt. Zum einen werden diese Delikte nur auf Antrag verfolgt, zum anderen sind die Straferwartungen nicht allzu hoch. Und nach einer alten Gerichtsweisheit lassen ohnehin nur Querulanten und Polizisten Beleidigungen verfolgen.[949]

---

944 Kühling, Medienfreiheit (Rundfunk-, Presse und Filmfreiheit), S. 721–722.

945 Rhode, 2004, Publizistische Sorgfalt und redaktionelle Rechtspflichten. Eine Inhalts- und Strukturanalyse unter Einbezug der neuen Medien, S. 54.

946 Vgl. Republik Österreich, 1974 i.g.F., Strafgesetzbuch, § 297 StGB.

947 Vgl. Republik Österreich, 1974 i.g.F., Strafgesetzbuch, § 111 StGB.

948 Vgl. Republik Österreich, 1974 i.g.F., Strafgesetzbuch, § 115 StGB.

949 Vgl. Kubiciel & Winter, Globalisierungsfluten und Strafbarkeitsinseln, S. 305 (313), zit. n. Schiwy, 2010, Persönlichkeitsschutz und Pressefreiheit, S. 102.

5.2 Das zivilrechtliche Vorgehen

Sind Behauptungen falsch, aber ansehensneutral, sind sie nicht strafbar, können aber zivilrechtlich sanktioniert werden.[950] In den vergangenen 100 Jahren sind die Möglichkeiten zivilrechtlicher Haftung stetig verbessert worden. Dies liegt auch daran, dass es den meisten Betroffenen heute um einen finanziellen Ausgleich geht, während die „höheren Volkskreise" noch im 19. Jahrhundert der Meinung waren, man könne sich die Ehre nicht abkaufen lassen.[951]

Wie bereits erwähnt entfalten die in der EMRK verankerten Rechte genauso wie verfassungsrechtlich garantierte Grundrechte im Privatrecht mittelbare Wirkung.[952] Auch dies ist von Bedeutung, wenn es um die verfahrensrechtlichen Folgen der Verbreitung unwahrer Aussagen geht.

Wie aber beeinflussen die Grundrechte die Zivilgerichte in ihren Entscheidungen? Hier ist zwischen dem Einfluss auf die nationale Rechtsprechung – die österreichische – und der Wirkung der EGMR-Rechte auf die Rechtsvereinheitlichung in Europa zu unterscheiden.[953]

Lange Zeit ging der OGH zum Beispiel davon aus, dass das Recht auf Ersatz ideeller Schäden im Falle einer Freiheitsberaubung nur dann greift, wenn das Gesetz das ausdrücklich vorsieht.[954] Erst im Jahr 1975 und unter Berufung auf Artikel 5 EMRK gab der Gerichtshof diese Haltung auf. Heute besteht im Fall einer Verletzung der Freiheit durch einen Träger öffentlicher Gewalt ein verschuldensunabhängiger Anspruch auch auf Ersatz des immateriellen Schadens.[955] Ein Beispiel aus jüngster Zeit ist eine Entscheidung des OGH aus dem Jahr 2012, in der es um unerwünschte Fotoaufnahmen ging, die während eines Lokalaugenscheins gemacht wurden. Ein Hausbesitzer hatte den gegnerischen Rechtsanwalt ohne dessen Einverständnis fotografiert. Diese Aufnahme ist nicht zulässig, urteilte der

---

950 Vgl. Rhode, 2004, Publizistische Sorgfalt und redaktionelle Rechtspflichten. Eine Inhalts- und Strukturanalyse unter Einbezug der neuen Medien, S. 54.

951 Vgl. Schiwy, 2010, Persönlichkeitsschutz und Pressefreiheit, S. 105.

952 Siehe dazu oben, S. 97.

953 Vgl. Karner, 2014, Menschenrechte und Persönlichkeitsschutz in Österreich und Europa, S. 31.

954 Vgl. StRsp seit OGH in GIUNF 4.185; zutreffend hingegen nur die Judikatur zum Trauerschmerz, siehe OGH 2 Ob 84/01 v ZVR 2001/73 (Karner), zit. n. Karner, 2014, Menschenrechte und Persönlichkeitsschutz in Österreich und Europa, S. 32.

955 Vgl. OGH 1 Ob 226/74 SZ 47/69 EvBl 1949/456; OGH 5 Os 28/50 EvBl 1950/414, zit. n. Karner, 2014, Menschenrechte und Persönlichkeitsschutz in Österreich und Europa, S. 32.

OGH, und er begründete dies mit dem allgemeinen Persönlichkeitsrecht und mit Artikel 8 EMRK.[956]

Nun aber zu den Rechtsfolgen von Persönlichkeitsverletzungen im Einzelnen.

Wie auch bei allen anderen rechtlich geschützten Positionen „kommen bei einer unzulässigen Gefährdung oder bei Wiederholungsgefahr verschuldensunabhängige Unterlassungsansprüche, bei Andauern der Störung verschuldensunabhängige Beseitigungsanspruche in Betracht, die auf die Beseitigung der Störungsquelle gerichtet sind."[957] Es geht dabei beispielsweise um den Widerruf unwahrer Aussagen, die Ehre oder Fortkommen schädigen können (§ 1330 ABGB), eine Urteilsveröffentlichung nach § 8 MedienG oder eine Gegendarstellung nach § 9 MedienG.

Bevor auf die unterschiedlichen Möglichkeiten eingegangen wird, mit denen sich ein vermeintliches Opfer medialer Berichterstattung gegen diese wehren kann, ist festzuhalten, dass die Schadenersatzpflicht der Medienhäuser und Journalisten grundsätzlich auf außervertragliches Deliktsrecht zurückgeht. Dass die Entschädigungssummen im Falle von Prominenten beachtliche Hohen erreichen,[958] macht deutlich, dass nicht nur eine erlittene Schmach finanziell ausgeglichen werden soll, sondern auch die wirtschaftliche Ausnutzung der Persönlichkeit.[959] Oft geht es bei Persönlichkeitsrechtsverletzungen nämlich auch um Gewinnabschöpfung. Sensationelle - wenn auch unwahre - Meldungen aus dem Leben von Prominenten verkaufen sich gut. Hohe Strafen für die missbräuchliche Verwendung bekannter Namen sollen daher auch präventive Wirkung haben.[960]

---

956 Vgl. OGH 6 Ob 256/12h ecolex 2012, 222 (Hofmacher)=EvBl 2013/104 (Karner); krit. Zöchbauer, Verbot der Bildaufnahmen? MR 2013, 59f., zit. n. Karner, 2014, Menschenrechte und Persönlichkeitsschutz in Österreich und Europa, S. 32.

957 Siehe Reischauer in Rummer, ABGB^3 (2004 und 2007) § 1294 Rz 29f und 43ff, § 1330 Rz 4 und 23 ff; Koziol, Haftpflichtrecht I^3 Rz 4/10; Mayrhofer, Schuldrecht Allgemeiner Teil (1986) 17ff; Canaris, JBl 1991, 215ff. Vgl. aber OGH 7 Ob 150/97b ecolex 1998, 124 (Rubin) = EFSlg 83.029 (massive Beeinträchtigung der Privatsphäre eines Arztes durch eine ehemalige, an „paranoidem Liebeswahn" leidende Patientin): Kein Unterlassungsanspruch, wenn der Störer handlungsunfähig und damit außerstande ist, einem gerichtlichen Unterlassungsgebot Folge zu leisten. Dazu Hirsch, Ist der Unterlassungsanspruch wirklich verschuldensunabhängig? JBl 1998, 541ff., zit. n. Karner, 2014, Menschenrechte und Persönlichkeitsschutz in Österreich und Europa, sieh-36.

958 Vgl. Schiwy, 2010, Persönlichkeitsschutz und Pressefreiheit, S. 108.

959 Vgl. Schiwy, 2010, Persönlichkeitsschutz und Pressefreiheit, S. 103.

960 Vgl. Karner, 2014, Menschenrechte und Persönlichkeitsschutz in Österreich und Europa, S. 37.

In gewisser Weise führten die kontinentaleuropäischen Gerichte einen dem anglo-amerikanischem Recht vergleichbaren Strafschadenersatz ein.[961] Diese Entwicklung ist problematisch, verstößt ein solcher Strafschadenersatz doch gegen Grundprinzipien des kontinentaleuropäischen Schadenersatzrechts: diesem kommt nämlich immer eine Ausgleichsfunktion zu, auch dann, wenn es um ideelle Schäden geht.[962]

In allen Rechtsordnungen wurde außerdem anerkannt, dass neben dem Ersatz materieller Schäden besonders bei Persönlichkeitsverletzungen auch der nicht vermögenswerte Schaden, der ideelle Schaden, auszugleichen ist. „Dies nicht nur deshalb, weil es dabei um besonders gravierende, den Kernbereich der Person betreffende Schäden geht, sondern auch weil bei Ablehnung eines Ersatzes immaterieller Nachteile bei Persönlichkeitsrechtsverletzungen diese oft völlig folgen- und sanktionslos bleiben.“[963]

Rechtsvergleichend kann festgehalten werden, dass die europäischen Rechtsordnungen im 20. Jahrhundert bestrebt waren, den Schutz der Persönlichkeitsrechte auszubauen und die engen gesetzlichen Regeln zum Schutz ideeller

961 Siehe Stürner FS Großfeld (1999) 1201ff; C. Schäfer, Strafe und Prävention im Bürgerlichen Recht, AcP 202 (2002) 422ff. Überzeugende Kritik bei Seitz, NJW 1996, 2848ff, Canaris, FS Deutsch (1999) 85ff, 105ff, zit. n. Karner, 2014, Menschenrechte und Persönlichkeitsschutz in Österreich und Europa, S. 45.

962 Vgl. Koziol/Wilcox (Hg.), Punitive Damages: Common Law and Civil Law Perspectives (2009); Koziol, Grundfragen des Schadenersatzrechts (2010) Rz 2/55ff; Bydkinski, JBl 1965, 253f., Karner/Koziol, Gutachten 15. ÖJT II/1, 24f., zit. n. Karner, 2014, Menschenrechte und Persönlichkeitsschutz in Österreich und Europa, S. 46.

963 Canaris, JBl 1991, 220; F. Bydlinski, Der immaterielle Schaden in der österreichischen Rechtsentwicklung, FS von Caemmerer (1978) 785. Vgl. auch das für den Ersatz immaterieller Nachteile bei Verletzung des allgemeinen Persönlichkeitsrechts in Deutschland grundlegende „Ginseng“-Urteil des BGH (BGHZ 35, 363, 367f. = NJW 1961, 2059): Die Ausbildung des zivilrechtlichen Persönlichkeitsschutzes wäre aber lückenhaft und unzureichend, wenn eine Verletzung des Persönlichkeitsrechts keine der ideellen Beeinträchtigung adäquate Sanktion auslosen wurde. Die Ausschaltung des Ersatzes immaterieller Schäden im Persönlichkeitsschutz wurde bedeuten, dass Verletzungen der Wurde und Ehre des Menschen ohne eine Sanktion der Zivilrechtsordnung blieben. Die Rechtsordnung wurde dann auf das wirksamste und oft einzige Mittel verzichten, das geeignet ist, die Respektierung des Personenwerts des Einzelnen zu sichern. Gebilligt vom BVerfG in BVerfGE 34, 269 = NJW 1973, 1221 (Soraya-Beschluss), zit. n. Karner, 2014, Menschenrechte und Persönlichkeitsschutz in Österreich und Europa, S. 37.

Schäden zu überwinden.[964] In Deutschland zum Beispiel wurde die in § 253 BGB angeordnete enge Begrenzung des Ausgleichs ideeller Nachteile („Wegen eines Schadens, der nicht Vermögensschaden ist, kann Entschädigung in Geld nur in den durch das Gesetz bestimmten Fällen gefordert werden.") durch eine „nachdrückliche Herausbildung des Persönlichkeitsschutzes"[965], in Italien wurden die Lehren des *danno biologico* und des *danno alla salute* entwickelt.[966] Nur in Österreich legten die Gerichte das Gesetz – das ABGB enthielt mit § 16 bereits eine Generalklausel, nach der der ideelle Schaden ersetzt werden konnte – lange Zeit sehr restriktiv aus, wie KARNER verwundert feststellt.[967]

Rechtsvergleichend lässt sich darüber hinaus feststellen, dass der Eingriff in die Persönlichkeit in allen Rechtsordnungen erheblich sein muss, damit der ideelle Schaden in Geld ersetzt wird.[968] Anders als in vielen anderen Rechtsordnungen, der griechischen etwa oder der portugiesischen, geht es im österreichischen Recht nicht um die Schwere der Persönlichkeitsrechtsverletzung, sondern darum, ob der Schädigende sich grob schuldhaft verhalten hat oder nicht.[969] Bloße Bagatellschäden werden nicht berücksichtigt. STOLL weist darauf hin, dass „es jedem zuzumuten sei, ein gewisses Maß an seelischer Erschütterung für die

964 Vgl. von Bar, Gemeineuropäisches Deliktsrecht I Rz 573ff, 586ff sowie Band II Rz 16ff, zit. n. Karner, 2014, Menschenrechte und Persönlichkeitsschutz in Österreich und Europa, S. 39.

965 Dazu Bydlinski, JBl 1965, 175ff; Larenz/Canaris, Schuldrecht II/213 § 80 (489ff); MunchKomm/Rixecker, BGB6 (2012) § 12 Anh Rz 1ff, jeweils mwN, zit. n. Karner, 2014, Menschenrechte und Persönlichkeitsschutz in Österreich und Europa, S. 38.

966 Vgl. Karner, 2014, Menschenrechte und Persönlichkeitsschutz in Österreich und Europa, S. 38.

967 OGH 27 Ob I 51 ZBl 1927/248M; OLG Wien 5 R 301/49 EvBl 1949/456; OGH 5 Os 28/50 EvBl 1950/414; 3 Ob 244/51 EvBl 1951/487; 2 Ob 689/50 JBl 1851, 377 (Klang); 3 Ob 106/52 JBl 1952, 465 (Klang); 1 Ob 466/61 EvBl 1962/161, zit. n. Karner, 2014, Menschenrechte und Persönlichkeitsschutz in Österreich und Europa, S. 39.

968 Vgl. Karner, 2014, Menschenrechte und Persönlichkeitsschutz in Österreich und Europa, S. 42.

969 Eine Erheblichkeitsschwelle sieht auch § 1316 Abs 2 des Diskussionsentwurfs der beim Bundesministerium für Justiz eingerichteten Arbeitsgruppe für ein neues österreichisches Schadenersatzrecht vor, abgedruckt in JBl 2008, 365ff (369); dazu Christandl/Hinghofer-Szalkay, Sinn und Funktion einer gesetzlichen Erheblichkeitsschwelle im Nichtvermögensschadensrecht - Eine kritische Auseinandersetzung, JBl 2009, 284ff, zit. n. Karner, 2014, Menschenrechte und Persönlichkeitsschutz in Österreich und Europa, S. 42.

Teilnahme am sozialen Leben in Kauf zu nehmen."[970] Zudem ist ein „Mindestmaß an Objektivierbarkeit"[971] notwendig, damit ein ideeller Schaden ersatzfähig ist. Würde diese nicht gefordert, wären die Gerichte wohl heillos überlastet. Auch reine Gefühlsschäden werden (in Österreich) nicht ersetzt. „Solch reiner Seelenschmerz ist nicht ausreichend objektivierbar und deshalb rechtlich nicht fassbar."[972] Kommt es dem Schädiger dagegen genau auf die Herbeiführung des ideellen Nachteils an oder liegt eine sittenwidrige Schädigung vor, kann sogar ein reiner Gefühlsschaden ersatzfähig sein.[973] Nun aber zu den einzelnen Möglichkeiten, sich gegen falsche und unerlaubte mediale Darstellung zur Wehr zu setzen. Auch hier wird die österreichische Rechtslage als Referenzwert herangezogen.

Wurde ein Artikel bereits veröffentlicht, kann der Betroffene darauf mit einer **Gegendarstellung** reagieren.[974] Das Gericht kann das Medium dazu verpflichten, diese zu veröffentlichen. Die Redaktion darf sich von deren Inhalt jedoch distanzieren und darauf hinweisen, dass die Veröffentlichung von Gesetzes wegen erfolgt oder gerichtlich angeordnet wurde. Eine Gegendarstellung muss innerhalb von drei Monaten nach der beanstandeten Veröffentlichung erfolgen und hat sich an dieser zu orientieren. Sie kann nur gegen eine Tatsachenbehauptung erwirkt werden, gegen eine Meinungsäußerung ist sie nicht zulässig.[975]

Auch dieses Recht steht den Betroffenen aber nicht uneingeschränkt zu. Im Fall **Melnychuk gegen Ukraine** hielt der EGMR fest, dass dem Gegendarstellungsanspruch das Recht der Medien auf redaktionelle Gestaltungsfreiheit gegenübersteht.[976] Diese Freiheit kann nur in Ausnahmefällen so stark eingeschränkt werden, dass das betroffene Medium dazu verpflichtet werden kann, eine Richtigstellung, eine Entschuldigung oder ein Urteil bei einer Ehrverletzung

---

970 Gutachten 45. DJT I/1, 15ff, zit. n. Karner, 2014, Menschenrechte und Persönlichkeitsschutz in Österreich und Europa, S. 43.

971 Karner, 2014, Menschenrechte und Persönlichkeitsschutz in Österreich und Europa, S. 43.

972 Vgl. Bydlinski, Jbl 1965, 243f., ders, System und Prinzipien 223; Koziol, Haftpflichtrecht I3 Rz 11/10; Karner, Der Ersatz ideeller Schäden bei Körperverletzung (1999) 79f; s schon Hans Stoll, Gutachten 45. DJT I/1, 143f, zit. n. Karner, 2014, Menschenrechte und Persönlichkeitsschutz in Österreich und Europa, S. 43.

973 Koziol, Haftpflichtrecht I3 Rz 11/10; Karner, Ersatz ideeller Schäden 79f. Zur sittenwidrigen Schädigung vgl. Bydlinski, JBl 1965, 251, zit. n. Karner, 2014, Menschenrechte und Persönlichkeitsschutz in Österreich und Europa, S. 44.

974 Vgl. Republik Österreich, 1981 i.g.F., Mediengesetz, § 9.

975 Vgl. Kräutler, 2007, Schutz vor medialen Übergriffen in Österreich, S. 164.

976 Vgl. EGMR, 2005, Melnychuk gegen Ukraine.

im Einzelfall zu veröffentlichen.[977] Im Fall **Kaperzyński gegen Polen** stellten die Straßburger Richter eine Verletzung von Artikel 10 EMRK fest, weil ein Journalist wegen einer unterlassenen Veröffentlichung einer Gegendarstellung zu einem zweijährigen Berufsverbot verurteilt worden war.[978]

Während im Rahmen einer Gegendarstellung eine Partei lediglich die Möglichkeit hat, ihre eigene Sicht der Dinge darzulegen, aber keine Aussage darüber trifft, ob diese Sicht wahr ist oder[979], kann ein Geschädigter, der die Unwahrheit einer Nachricht nachweisen kann, beantragen, dass das Medium selbst einen **Widerruf** veröffentlichen soll. Dieser Anspruch greift, wenn die inkriminierte Behauptung in ein geschütztes Rechtsgut eingreift, nicht jedoch gegen unrichtige und unvollständige Tatsachenbehauptungen, Meinungsäußerungen und wahre, aber unzulässige Nachrichten aus dem höchstpersönlichen Lebensbereich. Beruht eine Meinung allerdings auf einem unrichtigen Tatsachensubstrat oder fehlen wichtige Tatsachen für die Meinungsbildung, kann dieser Anspruch geltend gemacht werden.[980]

Besondere Formen des Widerrufs sind die Richtigstellung und die Ergänzung. Hat ein Medium eine Meldung veröffentlicht, die sich im Nachhinein als unwahr herausstellt, ist es dazu verpflichtet, neue Erkenntnisse, die das Dargestellte widerlegen bzw. relativieren, ebenfalls öffentlich zugänglich zu machen. Eine besondere Form der Berichtigung ist es, wenn sich eine Redaktion einer Gegendarstellung anschließt.[981]

Erfährt der Betroffene dagegen von einer geplanten Veröffentlichung, hat er die Möglichkeit, diese mit einer **Unterlassungsklage** zu verhindern.[982] Damit eine dahingehende einstweilige Verfügung erlassen wird, muss die Gefahr eines Eingriffs anhand konkreter Anhaltspunkte nachgewiesen werden. Unterlassungsklage kann außerdem etwa dann eingebracht werden, wenn die Weiterführung einer Verleumdung mit den Worten „mehr dazu in der nächsten Ausgabe" angedroht wird oder wenn zu befürchten ist, dass eine Verletzung der Persönlichkeitsrechte wiederholt wird.[983]

977 Vgl. Gering, 2012, Pressefreiheit in regionalen Menschenrechtssystemen, S. 87.
978 Vgl. EGMR, 2012, Kaperzyński gegen Polen, Par. 73.
979 Mikich & Otto, 2010, Freiheit strengt an, ist aber schon – ein Beitrag über Möglichkeiten und Grenzen des kritischen Journalismus, S. 81.
980 Vgl. Fechner, 2006, Medienrecht, S. 94.
981 Vgl. Seethaler, 2010, Öffentliche Aufgabe und Wahrhaftigkeitspflicht in der Berichterstattung: Kommunikationswissenschaftliche Aspekte, S. 70.
982 Vgl. Fechner, 2006, Medienrecht, S. 85.
983 Vgl. Gruber, 2005, Medienrecht und neue Medien, S. 47–48.

Auch hier ist die Unterscheidung von Tatsachenbehauptung und Werturteil relevant: Einen Unterlassungsanspruch gibt es nämlich nur gegenüber Falschmeldungen und gegen wahre Tatsachenbehauptungen, die den Intim- und Privatbereich einer Person zum Gegenstand haben. Die Veröffentlichung von Meinungsäußerungen kann dagegen nicht verhindert werden.

Abschließend noch eine Bemerkung zur Entschädigung auf Ebene des EGMR: Auch dieser spricht den Verletzten nach Artikel 41 EMRK ja eine „gerechte Entschädigung" zu, wenn das notwendig ist und das innerstaatliche Recht das erlittene Unrecht nicht ausgleicht.[984] Diese Schadenersatzjudikatur des EGMR wurde sowohl vom Institut für Europäisches Schadenersatzrecht (ESR) als auch vom *European Centre of Tort and Insurance Law* (ECTIL) analysiert. Gezeigt haben sich dabei auch „genuine Standpunkte" des EGMR-Schadenersatzrechts, die es laut KARNER verdienen, „ernstlich erwogen" zu werden:[985] Dazu zählt er in erster Linie den Ausgleich ideeller Schäden von juristischen Personen,[986] und die bloße Feststellung der Rechtsverletzung als gerechte Entschädigung. Nach BYDLINSKI handelt es sich dabei um einen besonderen Fall der Naturalrestitution, der allein darin besteht, dass die Opfereigenschaft offiziell anerkannt wird.[987]

5.3 Das Verfahren vor dem Presserat

Die Abgrenzung zwischen Tatsachenbehauptung und Werturteil spielt hier zwar nur eine untergeordnete Rolle, aber auch die dritte Möglichkeit, sein Recht einzufordern (oder vielmehr seinen Unmut kundzutun), soll nicht unerwähnt bleiben. Es ist dies das Verfahren vor dem Presserat. Diese Möglichkeit, den Presserat auf einen Artikel aufmerksam zu machen, hat jeder Leser. Wenn er es für nötig hält, leitet der zuständige Senat dann ein medienethisches Verfahren ein. Wer von einem Artikel persönlich betroffen ist, kann ein Beschwerdeverfahren in die Wege

984 Vgl. Europarat, 1950 i.g.F., Die Europäische Menschenrechtskonvention, nicht verbindliche deutsche Übersetzung, Artikel 41.

985 Vgl. Karner, 2014, Menschenrechte und Persönlichkeitsschutz in Österreich und Europa, S. 48.

986 Siehe Kissling/Kelliher, Compensation for Pecuniary and Non-pecuniary Loss, in Fenyves/Karner/Koziol/Steiner (Hg.), Tort Law in the Jurisprudence of the European Court of Human Rights (2011) Rz 11/114ff (S 619ff), zit. n. Karner, 2014, Menschenrechte und Persönlichkeitsschutz in Österreich und Europa, S. 48.

987 Vgl. Bydlinski, Methodologische Ansätze zum Schadenersatzrecht der EMRK, in Fenyves/Karner/Koziol/Steiner (Hg.), Tort Law in the Jurisprudence of the European Court of Human Rights (2011) Rz 2/244ff (S 224ff), zit. n. Karner, 2014, Menschenrechte und Persönlichkeitsschutz in Österreich und Europa, S. 48.

leiten. In diesem Verfahren ist der Presserat ein Schiedsgericht. Als Entscheidungsgrundlage des Senats dient der „Ehrenkodex für die österreichische Presse", der Presserat kann die Medienverantwortlichen allerdings lediglich rügen.[988]

Außerdem ist es „in höchstem Maße problematisch, mehr noch, fast anstößig",[989] dass Menschen, die von einer medialen Äußerung selbst betroffen sind, den Presserat nur dann anrufen können, wenn sie mit dem beteiligten Printmedium – für Radio, Fernsehen und Webseiten, die keine Verbindung zu einem Printprodukt aufweisen, ist der Presserat gar nicht zuständig – eine Vereinbarung abschließen, in der sie auf den ordentlichen Rechtsweg verzichten.[990] Selbstkontrolle könne und dürfe „kein Surrogat für den Schutz von Grundrechten sein und diesen auch nicht aushebeln"[991], kritisiert BERKA diese Regelung.

6. Die Abgrenzungspraxis des EGMR

Wenn es darum geht, den Journalisten einen Leitfaden an die Hand zu geben, damit diese sich auf dem unübersichtlichen Terrain, zu dem der Schutz der Persönlichkeitsrechte geworden ist, orientieren können,[992] sind die Entscheidungen des Europäischen Gerichtshofs für Menschenrechte zu untersuchen. Im Folgenden werden die bedeutendsten Entscheidungen des EGMR zu Tatsachenbehauptungen und Werturteilen dargestellt. Um auch die Entwicklung der Rechtsprechung aufzuzeigen, werden die Urteile chronologisch geordnet.

Dass sich die Medien, wie in den folgenden Fällen dargestellt, besonders oft an Politikern abarbeiten und sich im Zuge dessen auch abschätzig über deren Charakter und deren Verhalten äußern[993] oder ihnen gar unredliche Motive oder Dilettantismus vorwerfen, liegt wohl vor allem daran, dass an deren Aussagen generell ein allgemeines Interesse besteht, was sie öfter als andere zu Objekten der Berichterstattung werden lässt.

Dass viele Fälle dargestellt werden, in denen Österreich Partei war, liegt zum einen daran, dass Österreich die Abgrenzung von Tatsachenbehauptungen und Werturteilen als eines der ersten Länder in sein nationales Recht und in die

988 Vgl. Österreichischer Presserat, o.J., Mitteilungen und Beschwerden, o.S.
989 Vgl. Berka, 2010, Media Governance zwischen Recht und Selbstregulierung, S. 53.
990 Vgl. Österreichischer Presserat, 02.12.2013, Verfahrensordnung der Beschwerdesenate des Österreichischen Presserates, § 11 Absatz 2.
991 Vgl. Berka, 2010, Media Governance zwischen Recht und Selbstregulierung, S. 53.
992 Siehe dazu auch oben, S. 18.
993 Vgl. dazu auch Ziehler, 2005, Tatsachenaussagen und Werturteile: Eine überholte Kategorisierung?, S. 5.

Entscheidungspraxis seiner Gerichte aufgenommen hat, weshalb diese dann auch verstärkt eingefordert wurde, zum anderen aber kam es, wie erwähnt, auch zu einer „unerfreuliche Serie von Verurteilungen Österreichs durch den EGMR wegen Verstoßes gegen Artikel 10 EMRK."[994]

6.1 Lingens gegen Österreich

Wenige Wochen nach der Nationalratswahl 1975 bezeichnete der österreichische Journalist Lingens den damaligen Bundeskanzler und SPÖ-Spitzenkandidaten Kreisky als „unmoralisch", „würdelos" und als „übelsten Opportunisten". Er behauptete zudem, Kreisky verletze das „Mindesterfordernis politischen Anstandes".[995]

Vorausgegangen war diesen Äußerungen, dass Kreisky FPÖ-Chef Peter den Rücken stärkte und das Vorgehen von dessen Kritiker Wiesenthal als „Mafiamethode" bezeichnete.[996] Die österreichischen Gerichte verurteilten Lingens wegen übler Nachrede und begründeten das vor allem damit, dass er nicht dazu in der Lage gewesen sei, die Wahrheit seiner Behauptungen nachzuweisen.[997] Er selbst berief sich darauf, dass er den Wahrheitsbeweis gar nicht antreten müsste, seien seine Äußerungen doch Werturteile und als solche weder beweispflichtig noch beweisbar. Der EGMR teilte diese Ansicht und befand, dass die Verurteilung des Journalisten nicht nur unverhältnismäßig war, sondern auch zum Schutz des guten Rufs des Bundeskanzlers nicht notwendig.[998]

Der Gerichtshof bekräftigte zwar auch hier, dass die freie Berichterstattung über politisch relevante Themen möglich sein müsse und dass sich Politiker im medialen öffentlichen Diskurs mehr gefallen lassen müssen als Privatpersonen,[999] er stellte aber auch fest, dass die Tatsachenbasis, auf die Lingens seine Äußerung gründete, genauso unbestritten war wie sein guter Glaube. Die Veröffentlichungen stellten daher auch keinen Wertungsexzess dar.[1000] Müsste er diese Aussage

994 Bundesministerium für Justiz, 2009, o.S., siehe dazu auch oben, S. 83.

995 Die Artikel sind am 14. und am 21. Oktober 1975 in der Zeitschrift „Profil" erschienen, die Nationalratswahl fand am 5. Oktober 1975 statt, vgl. amtliche gerichtliche Übersetzung vgl. EGMR, 1986, Lingens gegen Österreich, Par. 12–19.

996 Vgl. EGMR, 1986, Lingens gegen Österreich, Par. 10.

997 Urteil LG Wien vom Urteil vom 26.03.1979, im Wesentlichen bestätigt vom OLG Wien am 01.04.1981, vgl. auch EGMR, 1986, Lingens gegen Österreich, Par. 46.

998 Vgl. EGMR, 1986, Lingens gegen Österreich, Par. 47, vgl. auch Neuhold et al., 2004, Österreichisches Handbuch des Völkerrechts, Band 2, Materialienteil, S. 299.

999 Vgl. EGMR, 1986, Lingens gegen Österreich, Par. 42.

1000 Vgl. EGMR, 1986, Lingens gegen Österreich, Par. 46.

beweisen – und genau das hatten die österreichischen Gerichte gefordert – würde laut EGMR die Meinungsfreiheit an sich verletzt.[1001]

Dass die Beiträge in der politisch aufgeladenen Zeit rund um die Nationalratswahl erschienen waren und Kreisky seinen politischen Gegner auch selbst angegriffen hatte, spielte bei der Entscheidungsfindung ebenfalls eine, wenn auch untergeordnete Rolle.[1002] Die österreichische Regierung hatte sich auf die Notwendigkeit der Wahrung des guten Rufs berufen und die Verurteilung Lingens' damit gerechtfertigt, dass *„freedom of expression could not prevent national courts from exercising their discretion and taking decisions necessary in their judgment to ensure that political debate did not degenerate into personal insult.“*[1003]

Der Gerichtshof stimmte dem zwar zu, führte jedoch aus, dass bei der vorliegenden Fallkonstellation die Abwägung mit dem Erfordernis einer offenen politischen Debatte ausschlaggebend sei.[1004] Auch Richter VILHJAMSSON ging in seinem Sondervotum auf diesen Punkt ein. Da das OLG Wien festgestellt hatte, dass Lingens an Kreisky *„in his capacity both as a party leader and as a private individual“* Kritik geübt hatte, teilte es die Ansicht, dass Artikel 8 EMRK bei der Auslegung von Artikel 10 in diesem Fall keine Rolle spiele, nicht.[1005]

Was aber weder die nationalen Gerichte noch der EGMR erwähnen, ist die Tatsache, dass beide Artikel unter der Rubrik „Meinung“ veröffentlicht wurden.[1006] Einer Verurteilung kann der Journalist also allein aufgrund der Platzierung eines Beitrags nicht entgehen, wenn auch diese Einordnung ein Hinweis darauf ist, welchen Hintergrund eine Äußerung hat. Genauso wenig kann sich ein Medium darauf stützen, dass veröffentlichte Meinungen nicht mit der der Redaktion übereinstimmen, wenn diese die Rechte Dritter verletzen. Dieses rein formale Abgrenzungskriterium kann schon deshalb nicht herangezogen werden, weil dadurch die absurde Situation entstehen könnte, dass die Seite, auf der ein Beitrag platziert wird, darüber entscheidet, welche Bedeutung den Persönlichkeitsrechten zukommt.

1001 Vgl. EGMR, 1986, Lingens gegen Österreich, Par. 46.
1002 Vgl. EGMR, 1986, Lingens gegen Österreich, Par. 37.
1003 EGMR, 1986, Lingens gegen Österreich, Par. 37.
1004 Vgl. EGMR, 1986, Lingens gegen Österreich, Par. 42, siehe dazu auch oben, S. 132.
1005 Vgl. EGMR, 1986, Lingens gegen Österreich, Sondervotum Vilhjamsson.
1006 Vgl. Lingens, 14.10.1975, Der Fall Peter; Lingens, 21.10.1975, Versöhnung mit den Nazis – aber wie?.

6.2 Oberschlick gegen Österreich (Nr. 1)

Der Publizist Oberschlick reagierte mit einer Strafanzeige auf den Vorschlag des damaligen FPÖ-Generalsekretärs Grabher-Meyer, die finanzielle Unterstützung für österreichische Familien um die Hälfte zu erhöhen, um die Anzahl der aus finanziellen Gründen vorgenommen Abtreibungen zu verringern, sie für Migrantenfamilien gleichzeitig aber um den gleichen Betrag zu kürzen.[1007]

Oberschlick verglich den Vorstoß mit den Ideen des Parteiprogramms der deutschen Nationalsozialisten,[1008] erstattete Anzeige und veröffentlichte diese auch in der Zeitschrift Forum. Während die Staatsanwaltschaft das Verfahren einstellte, brachte Grabher-Meyer Privatanklage wegen übler Nachrede ein. Das OLG Wien folgte seinen Argumenten und befand, dass Oberschlicks Aussage beim Durchschnittsleser den Eindruck erweckt haben musste, der FPÖ-Generalsekretär habe eine verächtliche Gesinnung. Das Landesgericht, an das die Causa zurückverwiesen wurde, verurteilte Oberschlick; die Ausgabe wurde eingezogen.[1009]

Der EGMR aber hielt fest, dass die Freiheit der Meinungsäußerung auch die freie Wahl der Äußerungsmittel enthielt, und ein solches Mittel könne auch die Strafanzeige sein: „*Article 10 protects not only the substance of the ideas and information expressed, but also the form in which they are conveyed*",[1010] so der EGMR. Zudem berief er sich auf ihre *Margin of Appreciation*[1011] und hielt fest, dass diese der Republik – zumindest im geforderten Ausmaß – nicht zusteht.[1012]

6.3 Schwabe gegen Österreich

Unter dem Titel „Zweierlei Maß?" verglich der damalige Obmann der Jungen ÖVP den Autounfall eines Kärntner ÖVP-Bürgermeisters mit einem Jahre zurückliegenden Autounfall eines SPÖ-Politikers, nachdem die SPÖ den betroffenen ÖVP-Politiker kritisiert und zum Rücktritt aufgefordert hatte.[1013]

1007 Vgl. ORF Spätnachrichten vom 29.03.1983, zit. n. EGMR, Oberschlick gegen Österreich (Nr. 1), Par. 11.

1008 Vgl. EGMR, 1985, Oberschlick gegen Österreich (Nr. 1), Par. 13; vgl. auch Ziehler, S. 3.

1009 Vgl. EGMR, 1985, Oberschlick gegen Österreich (Nr. 1), Par. 17–24.

1010 Vgl. EGMR, 1985, Oberschlick gegen Österreich (Nr. 1), Par. 57.

1011 Siehe dazu auch oben, S. 120.

1012 Vgl. EGMR, 1985, Oberschlick gegen Österreich (Nr. 1), Par. 56.

1013 Vgl. EGMR, 1992, Schwabe gegen Österreich, Par. 9–10.

Im Gegensatz zu den österreichischen Gerichten sah der EGMR in diesem Vergleich lediglich einen Versuch, zu untermauern, dass mit zweierlei Maß gemessen wurde. Eine rechtlich gleiche Bewertung der Fälle habe Schwabe dagegen nicht suggeriert, so die EGMR-Richter,[1014] und er müsse diese daher auch nicht nachweisen.[1015]

Auch in diesem Fall drehte sich die Argumentation des Gerichtshofs vor allem darum, ob die Einschränkung der Äußerungsfreiheit in einer demokratischen Gesellschaft notwendig war oder nicht.[1016]

6.4 Oberschlick gegen Österreich (Nr. 2)

Im zweiten Verfahren, das der österreichische Publizist Oberschlick vor den EGMR brachte, entschieden die Richter, dass auch der Begriff „Trottel" nicht beweispflichtig ist, nachdem das OLG Wien Oberschlick verurteilt hatte, weil er mit dieser Äußerung „die Grenzen sachlich zulässiger Kritik überschritten" habe.[1017]

Als Trottel hatte Oberschlick den damaligen Kärntner Landeshauptmann Haider bezeichnet,[1018] weil „der Ausdruck ‚Nazi' im Sinne von Haiders Rede ein Kompliment gewesen wäre",[1019] wie er schrieb. In seiner Rede bei der „Friedensfeier" am Ulrichsberg hatte Haider die Verdienste der deutschen und österreichischen Soldaten für die freiheitlich-demokratischen Werte von heute gelobt und einen Journalisten kritisiert, der seiner Meinung nach alle die herabgesetzt hatte, die im Zweiten Weltkrieg gefallen waren.[1020]

Die Straßburger Richter gaben zwar zu bedenken, dass die Äußerung polemisch war, begründeten ihre Entscheidung für deren Zulässigkeit aber damit, dass auch Haider selbst mit seiner Rede, die Oberschlick kommentierte, provoziert hatte.[1021] Es habe sich also um eine politische Debatte gehandelt, und eine solche könne ein harscheres Vorgehen durchaus rechtfertigen.[1022] Die Richter begründeten ihre Entscheidung also vor allem mit dem Kontext, in dem die Äußerung gefallen war.[1023]

1014 Vgl. EGMR, 1992, Schwabe gegen Österreich, Par. 31.
1015 Vgl. EGMR, 1992, Schwabe gegen Österreich, Par. 34.
1016 Vgl. EGMR, 1992, Schwabe gegen Österreich, Par. 25.
1017 Vgl. EGMR, 1997, Oberschlick gegen Österreich (Nr. 2), Par. 18.
1018 Vgl. EGMR, 1997, Oberschlick gegen Österreich (Nr. 2), Par. 18.
1019 Vgl. EGMR, Oberschlick gegen Österreich (Nr. 2), Par. 9.
1020 Vgl. EGMR, 1997, Oberschlick gegen Österreich (Nr. 2), Par. 8.
1021 Vgl. EGMR, 1997, Oberschlick gegen Österreich (Nr. 2), Par. 33.
1022 Vgl. EGMR, 1997, Oberschlick gegen Österreich (Nr. 2), Par. 33.
1023 Siehe dazu auch oben, S. 135.

Der österreichische Richter MATSCHER schloss sich der Mehrheit des Kollegiums bei dieser Entscheidung nicht an und begründete dies damit, dass die Freiheit der Meinungsäußerung den Austausch von Kritik und Werturteilen umfasse, nicht aber Beleidigungen legitimiere.[1024] Auf die Entscheidung in dieser Causa berief sich dann auch SCHÄFFER in seinem Sondervotum im Urteil Pfeifer.[1025] Wenn die Tatsachengrundlage dafür ausreiche, sei es auch erlaubt, einen beleidigenden Begriff zu verwenden, argumentierte er. Mit seiner Schlussfolgerung blieb Schäffer zwar in der Minderheit, die Berufung auf dieses Urteil ist jedoch ein Hinweis darauf, dass es sich auch bei dieser Auslegung mittlerweile um ständige Rechtsprechung handelt.

6.5 De Haes und Gijsels gegen Belgien

Nicht nur Politikern werfen Medien bisweilen eine rechtsradikale Gesinnung vor. Der belgische Journalist Gijsels und der Herausgeber de Haes verdächtigten auch Richter. Mit einer Serie von Artikeln reagierten sie auf eine Gerichtsentscheidung, durch die einem Vater das Sorgerecht für seine Kinder zugesprochen wurde. Zwei Jahre zuvor war dieser Mann von seiner Ehefrau und seinen Schwiegereltern wegen Inzest und Vernachlässigung der Kinder angezeigt worden. Gijsels und de Haes warfen den Richtern Parteilichkeit und Nachsicht gegenüber dem Vater vor und stellten in diesem Zusammenhang die politische Vergangenheit des Mannes in den Kontext einer rechtsextremen Gesinnung.[1026]

Obwohl Richter im Gegensatz zu Politikern einen verstärkten Schutz genießen, weil das Vertrauen der Bevölkerung in die Organe der Rechtsprechung sicherzustellen ist,[1027] und sich sogar weniger Kritik gefallen lassen müssen als der „Normalbürger", verurteilte der EGMR auch die Verurteilung dieser Beschwerdeführer durch die belgischen Gerichte.[1028] Wie im Fall Prager und Oberschlick[1029] stellte der Gerichtshof auch hier fest, dass die journalistische Freiheit auch einen bestimmten Grad an Übertreibung, ja sogar Provokation, umfasse.[1030] Auch wenn die Kommentare, die hier veröffentlicht wurden, nach Ansicht des Gerichts ohne

1024 Vgl. EGMR, 1997, Oberschlick gegen Österreich (Nr. 2), Sondervotum Matscher.
1025 Siehe dazu unten, S. 187.
1026 Vgl. EGMR, 1997, de Haes und Gijsels gegen Belgien, Par. 19.
1027 Vgl. EGMR, 1997, de Haes und Gijsels gegen Belgien, Par. 37.
1028 Vgl. EGMR, 1997, de Haes und Gijsels gegen Belgien, Par. 49.
1029 Mehr dazu siehe oben, S. 137.
1030 Vgl. EGMR, 1997, de Haes und Gijsels gegen Belgien, Par. 46.

Zweifel sehr kritisch waren, so wurden sie dennoch im Verhältnis zu den dargelegten Ereignissen als nicht exzessiv eingestuft.[1031]

6.6 Nilsen und Johnsen gegen Norwegen

An der Redlichkeit der Motive eines Strafrechtsprofessors zweifelten die norwegischen Polizisten und Gewerkschaftsfunktionäre Nilsen und Johnsen. Einen Bericht, in dem der Wissenschaftler einem Teil der Polizisten der Stadt Bergen Fehlverhalten und unrechtmäßige Gewaltanwendung vorwarf, bezeichneten sie in Interviews als Missinformation, um der Polizei zu schaden und das Vertrauen in die Polizei zu untergraben.[1032] Die Polizeigewerkschaft akzeptiere es nicht, dass Dilettanten private Untersuchungen von großem Ausmaß durchführen,[1033] so Nilsen und Johnsen. Sie warfen dem Professor *„falsehood, deliberate lies, unworthy and malicious motives, dishonest motives [und] having fabricated allegations of police brutality“*[1034] vor.

Bis auf den Vorwurf der absichtlichen Lüge, mit der die Polizisten auch nach Ansicht des EGMR die Grenzen zulässiger Kritik überschritten hatten,[1035] werteten die Straßburger Richter die Äußerungen, die in Norwegen als Verleumdung verurteilt worden waren, als Werturteile, während die nationalen Gerichte darin beweispflichtige Behauptungen gesehen hatten.[1036]

Sie berücksichtigten in ihrer Entscheidung auch, dass der Professor sich aktiv an einer öffentlichen Debatte beteiligt hatte, und dass diese von öffentlichem Interesse war.[1037] Auch die Aussagen des Professors mussten daher berücksichtigt werden, hatte dieser doch selbst schwere Anschuldigungen erhoben. Auch in diesem Fall kann man also von einem hitzigen Wortgefecht sprechen, ähnlich wie etwa in Wahlkämpfen.[1038]

1031 Vgl. EGMR, 1997, de Haes und Gijsels gegen Belgien, Par. 48.
1032 Vgl. EGMR, 1999, Nilsen und Johnsen gegen Norwegen, Par. 13.
1033 Vgl. EGMR, 1999, Nilsen und Johnsen gegen Norwegen, Par. 20.
1034 EGMR, 1999, Nilsen und Johnsen gegen Norwegen, Par. 45.
1035 Vgl. EGMR, 1999, Nilsen und Johnsen gegen Norwegen, Par. 49.
1036 Vgl. EGMR, 1999, Nilsen und Johnsen gegen Norwegen, vgl. dazu auch Ziehler, 2005, Tatsachenaussagen und Werturteile: Eine überholte Kategorisierung?, S. 3–5.
1037 Vgl. EGMR, 1999, Nilsen und Johnsen gegen Norwegen, Par. 46.
1038 Siehe dazu auch oben, S. 155.

6.7 Wabl gegen Österreich

Dass mitunter auch die Medien selbst in die Nähe des Verbotsgesetzes gestellt werden und sich dem Vorwurf ausgesetzt sehen, „Nazi-Journalismus"[1039] zu betreiben, zeigt der Fall Wabl. Vorausgegangen war dieser Äußerung des damaligen österreichischen Nationalratsabgeordneten ein Bericht der Steirerkrone, in dem stand, dass Wabl bei einer Demonstration gegen die Stationierung von Abfangjägern in ein Handgemenge verwickelt war, in dessen Zuge ein Polizist am Unterarm verletzt wurde. Als die strafrechtlichen Ermittlungen gegen den Politiker bereits eingestellt waren, veröffentlichte die Steirerkrone einen Artikel mit dem Titel „Gruner Wabl soll nun zum Aids-Test."[1040] Wenige Tage später entschuldigte sich die Zeitung für diese Forderung.[1041]

Dass Wabl die Zeitung bei der darauf folgenden Pressekonferenz dennoch angriff, sei laut EGMR nicht nur unverhältnismäßig gewesen, sondern auch keineswegs spontan. Darüber hinaus habe Wabl auch die Möglichkeit, den Behauptungen mit einer Unterlassungsklage zu begegnen, nicht genutzt, kritisierte der EGMR das Vorgehen des Politikers.[1042]

6.8 Jerusalem gegen Österreich

Wenn es auch keine mediale Veröffentlichung war, so ist doch auch der Fall Jerusalem hier zu nennen. Die Äußerungen der Wiener Gemeinderätin stufte der Gerichtshof als zulässige Wertungen ein. Die Politikerin hatte im Rahmen einer Debatte darüber, ob eine Vereinigung, die Eltern unterstützte, deren Kinder sich Sekten angeschlossen hatten, Forderungen erhalten sollte, erklärt, mit Sekten seien nicht mehr religiöse Gruppierungen, die sich von einer der großen Kirchen abgespaltet haben, sondern „Psycho-Sekten" gemeint. Sie sagte, dass es solche auch in Wien gebe, dass diese einen gemeinsamen Nenner hätten, nämlich ihre

1039 Vgl. EGMR, 2000, Wabl gegen Österreich, Par. 14.

1040 Vgl. EGMR, 2000, Wabl gegen Österreich, Par. 7.

1041 Die Erklärung im Wortlaut: „Die ‚Steirerkrone' mochte im Zusammenhang mit dem Bericht uber die Aids-Test-Forderung von Fellner klarstellen, dass es nie beabsichtigt war, NR-Abg. Andreas Wabl mit der Krankheit Aids persönlich oder politisch zu diffamieren. Fur grobe Unterstellungen, die unserer selbst auferlegten Fairness und journalistischen Ehre nicht angemessen waren, mochten wir uns entschuldigen." Weiters veröffentlichte die Zeitung einen Artikel mit folgender Überschrift: „Diffamierung von Grün-Abgeordneten nicht beabsichtigt – Hygieniker Mose beruhigt: „Kein Aids Fall durch Kratzer!" Steirerkrone, 17.08.1988, vgl. dazu auch EGMR, 2000, Wabl gegen Österreich, Par. 11–12.

1042 Vgl. EGMR, 2000, Wabl gegen Österreich, Par. 41–43.

faschistoiden Zuge und ihren totalitären Charakter, und fügte hinzu, dass sie „in der Regel zu einem Ich-Verlust derjenigen führten, der sich an diese Sekten wandten" und dass sich der Einzelne der Gruppe unterordnete. Anschließend kritisierte sie das „Institut zur Forderung der Psychologischen Menschenkenntnis" (IPM) und erwähnte den Schweizer Verein zur Förderung der Psychologischen Menschenkenntnis (VPM).[1043]

Im Gegensatz zu den österreichischen Gerichten befand der EGMR, dass *„the impugned statements in the present case, reflecting as they did fair comment on matters of public interest by an elected member of the Municipal Council, are to be regarded as value judgements rather than statements of fact."*[1044] Offen blieb die Frage, ob eine ausreichende Tatsachengrundlage für diese Aussagen bestand, was der EGMR aber nicht überprüfen konnte, weil die nationalen Gerichte zwar den Wahrheitsbeweis gefordert hatten, diesen dann aber ablehnten. Nach Ansicht des EGMR stellte dies eine Überschreitung der *Margin of Appreciation* dar.[1045]

6.9 Feldek gegen Slowakei

Der slowakische Schriftsteller Feldek stellte den Politiker Slobodník in seinem Artikel *„For a better picture of Slovakia - without a minister with a fascist past"*[1046] in Verbindung zu einem totalitären System. In einem Interview erklärte er darüber hinaus, dass er Slobodník nicht charakterisieren wolle, er weise lediglich darauf hin, dass *„the fact that he (Slobodník, Anm.) attended a terrorist training course organised by the SS falls within the term ‚fascist past'. I consider that such a person has nothing to do in the government of a democratic State ..."*[1047]

Feldek konnte nachweisen, dass Slobodník Mitglied der Hlinka-Jugend war und an einem terroristischen Kurs in einem Lager der Gestapo bei Sekule teilgenommen hatte,[1048] weshalb der Begriff *„fascist past"* laut EGMR hier nicht aus der Luft gegriffen war, auch wenn *„this was not coupled with specific activities propagating fascist ideals"*[1049], wie die Richter festhielten.

Auch in diesem Fall begründete der EGMR die Zulässigkeit der Wertung[1050] unter anderem damit, dass die Frage von öffentlichem Interesse war, weil sie

1043 EGMR, 2001, Jerusalem gegen Österreich, Par. 10.
1044 EGMR, 2001, Jerusalem gegen Österreich, Par. 43.
1045 Vgl. EGMR, 2001, Jerusalem gegen Österreich, Par. 45–46.
1046 Vgl. EGMR, 2001, Feldek gegen Slowakei, Par. 11.
1047 Vgl. EGMR, 2001, Feldek gegen Slowakei, Par. 13.
1048 Vgl. EGMR, 2001, Feldek gegen Slowakei, Par. 82.
1049 Vgl. EGMR, 2001, Feldek gegen Slowakei, Par. 86.
1050 Vgl. EGMR, 2001, Feldek gegen Slowakei, Par. 85.

während der Regierungsbildung 1992 aufkam und Slobodník als Minister gehandelt wurde[1051] und dass es sich um eine zentrale Frage in der Debatte um die politische Ausrichtung des damals neu gegründeten Staates Slowakei handelte.[1052] Einer restriktiven Auslegung des Begriffs *„fascist past"* stimmte der EGMR nicht zu, wie er auch im Fall Scharsach verneinte, dass die Bezeichnung einer Person als „Nazi" *per se* schon unzulässig ist.[1053]

6.10 Tammer gegen Estland

In einem Interview, das er mit Russak, einem anderen Journalisten, führte, und das am 3.4.1996 in der Zeitung *Postimees* erschien, fragte Tammer diesen unter anderem: *„Übrigens, glauben Sie nicht, dass Sie aus dem falschen Menschen jetzt eine Heldin gemacht haben? Ein Mensch, der schließlich die Ehe eines anderen Menschen zerstört hat, eine unfähige und sorglose Mutter, die ihr Kind im Stich lässt. Kein gutes Vorbild für junge Mädchen."*[1054] Gemeint war Vilja Laanaru, die Freundin und spätere Ehefrau des estnischen Innenministers Savisaar. Vorausgegangen war diesem Interview, dass Russak die Memoiren Laanarus schreiben sollte, das Manuskript dann aber nicht veröffentlichen durfte, weil Laanaru dies aufgrund von Meinungsverschiedenheiten gerichtlich untersagen ließ, Russak die Geschichte in der Tageszeitung *Eesti Päevaleht* aber dennoch veröffentlichte.[1055]

Die estnischen Gerichte verurteilten Tammer und hielten fest, dass er seine Kritik auch ohne den Gebrauch von Beleidigungen ausdrücken hätte können[1056] – und der EGMR gab ihnen Recht.[1057] Auch die Tatsache, dass Laanaru in der Öffentlichkeit stand, rechtfertigte diese harsche Kritik nach Ansicht des EGMR nicht, zumal sie von ihrer Funktion in der Regierung im Oktober 1995 zurückgetreten

1051 Vgl. EGMR, 2001, Feldek gegen Slowakei, Par. 79, 81.

1052 Vgl. EGMR, 2001, Feldek gegen Slowakei, Par. 84–85.

1053 Siehe dazu unten, S. 185.

1054 *„By the way, don't you feel that you have made a hero out of the wrong person? A person breaking up another's marriage [abielulohkuja], an unfit and careless mother deserting her child [rongaema]. It does not seem to be the best example for young girls." [Note by the Registry: The translation of the Estonian words „abielulohkuja" and „rongaema" is descriptive since no one-word equivalent exists in English.]*, vgl. EGMR, 2001, Tammer gegen Estland, Par. 22.

1055 Vgl. EGMR, 2001, Tammer gegen Estland, Par. 14–20.

1056 Vgl. EGMR, 2001, Tammer gegen Estland, Par. 27.

1057 Vgl. EGMR, 2001, Tammer gegen Estland, Par. 67; zur Beleidigung siehe auch unten, S. 189.

war, und die EGMR-Richter betonten, dass die nationalen Richter sich um einen Ausgleich zwischen den beiden Positionen bemüht hatten.[1058]

6.11 Dichand u.a. gegen Österreich

Mit der höheren Frustrationstoleranz von Politikern begründete es der EGMR dagegen, dass Dichand, alias Cato, dem Anwalt und Nationalratsabgeordneten Graff via Kronenzeitung ungestraft vorwerfen durfte, er sei dickhäutig und richte sich gegen allgemein anerkannte moralische Begriffe,[1059] weil er bei Mandatsantritt seine Tätigkeit als Rechtsanwalt nicht aufgegeben hatte. Zudem unterstellte er ihm, ein von ihm vertretenes Unternehmen konnte aus einem Gesetz, an dem er selbst mitgewirkt hatte, Vorteile ziehen.[1060]

Während die österreichischen Gerichte darin eine unwahre Behauptung gesehen hatten (Graff war Abgeordneter, aber nicht Regierungsmitglied), betonte der EGMR, dass der gesamte Artikel gewertet werden müsse, und in diesem werde Graffs Funktion genau beschrieben.[1061] Außerdem untersuchte der EGMR die Behauptung, Graff habe als Ausschussvorsitzender an Gesetzen mitgewirkt, die für seine Mandanten Vorteile bringen.[1062] Was das betrifft, entschieden die Straßburger Richter, dass es eine unverhältnismäßig große Bürde für Dichand war, nachzuweisen, dass ausschließlich Graffs Klienten etwas von diesem Gesetz hatten, wie es das Handelsgericht Wien gefordert hatte. Die Richter erkannten eine Tatsachengrundlage an, die eine Wertung rechtfertigte, noch dazu, da es sich um ein Thema von öffentlichem Interesse handelte.[1063] Dies galt auch für Punkt drei der Analyse,[1064] wonach Dichand kritisierte, dass Graff seine anrüchige Haltung sogar im Fernsehen vertreten habe dürfen.[1065]

6.12 Scharsach und News Verlagsgesellschaft gegen Österreich

Wie zum Beispiel der Fall Oberschlick (Nr. 1) weist auch der Fall Scharsach einen Bezug zum Thema Nationalsozialismus auf. Im Gegensatz zu den nationalen

1058 Vgl. EGMR, 2001, Tammer gegen Estland, Par. 68–69.
1059 Vgl. EGMR, 2002, Dichand u.a. gegen Österreich, Par. 45.
1060 Vgl. EGMR, 2002, Dichand u.a. gegen Österreich, Par. 13.
1061 Vgl. EGMR, 2002, Dichand u.a. gegen Österreich, Par. 46, 48.
1062 Vgl. EGMR, 2002, Dichand u.a. gegen Österreich, Par. 45.
1063 Vgl. EGMR, 2002, Dichand u.a. gegen Österreich, Par. 50.
1064 Vgl. EGMR, 2002, Dichand u.a. gegen Österreich, Par. 50.
1065 Vgl. EGMR, 2002, Dichand u.a. gegen Österreich, Par. 45.

Gerichten stufte es der EGMR als ein *„permissible value judgment"*[1066] ein, dass der Journalist jene FPÖ-Mitglieder, die sich nicht klar von Parteifreunden mit nationalsozialistischem Gedankengut distanzierten, als „Kellernazis" bezeichnete.

Unter dem Titel „Braun statt Schwarz und Rot?" hatte Scharsach unter anderem behauptet, dass aus der FPÖ braune Schläger, Brandstifter und Bombenleger hervorgegangen seien und dass einige führende Vertreter des braunen Terrors ihre Karriere in der FPÖ gestartet hätten. Unter Haider durften selbst jene „Kellernazis", die die Partei in den frühen 1980er Jahren verlassen hatten, wieder für politische Ämter kandidieren, kritisierte er. Er nannte auch Namen, unter anderem den der damaligen niederösterreichischen Landtagsabgeordneten Rosenkranz, die ihn wegen übler Nachrede vor Gericht brachte. Dieses verurteilte Scharsach und stützte sich dabei vor allem auf den Begriff „Kellernazi", den es als Behauptung wertete, die nur dann zulässig ist, wenn eine Verurteilung nach dem Verbotsgesetz vorliegt. Rosenkranz aber war nie verurteilt worden.[1067]

Der EGMR berücksichtigte bei seiner Entscheidung einmal mehr den politischen Kontext, in dem der Artikel erschienen war, *„namely when a possible coalition government including the FPÖ was being mooted, and that it expressed the first applicant's view that such a coalition government was not desirable."*[1068] Scharsachs Artikel war daher von öffentlichem Interesse. Der Begriff „Kellernazi" wurde erklärt und an einer Stelle genannt, in dem einige FPÖ-Politiker – darunter Rosenkranz – dafür kritisiert wurden, sich von der extremen Rechten nie distanziert zu haben. Das Argument der nationalen Gerichte, wonach man es von einer Ehefrau nicht erwarten könne, ihren Mann öffentlich zu kritisieren, überzeugte den EGMR nicht, war doch Frau Rosenkranz selbst die Politikerin und somit eine Person des öffentlichen Lebens.[1069]

Die Verwendung des Begriffs „Nazi" rechtfertigt nach Ansicht der Straßburger Richter nicht automatisch eine *„conviction for defamation on the ground of the special stigma attached to it."*[1070] Damit fällt auch die Argumentation des OLG

1066 EGMR, 2003, Scharsach und News Verlagsgesellschaft mbH gegen Österreich, Par. 41.

1067 Vgl. EGMR, 2003, Scharsach und News Verlagsgesellschaft mbH gegen Österreich, Par. 18.

1068 EGMR, 2003, Scharsach und News Verlagsgesellschaft mbH gegen Österreich, Par. 38.

1069 Vgl. EGMR, 2003, Scharsach und News Verlagsgesellschaft mbH gegen Österreich, Par. 38.

1070 EGMR, 2003, Scharsach und News Verlagsgesellschaft mbH gegen Österreich, Par. 43.

Wien, wonach die Bezeichnung nur dann gerechtfertigt ist, wenn die betroffene Person nach dem Verbotsgesetz verurteilt wurde. In Analogie zur abgeschwächten Beweispflicht der Presse im Vergleich zu einem Staatsanwalt gilt auch hier, dass *„the standards applied when assessing someone's political activities in terms of morality are different from those required for establishing an offence under criminal law."*[1071]

Im Gegensatz etwa zum Fall Wabl, wo der Begriff des „Nazijournalismus" ohne jeden Zusammenhang verwendet worden sei, bestehe dieser hier, ist er doch genau dazu verwendet worden, die fehlende Abgrenzung mancher Politiker zur extremen Rechten zu illustrieren, so der Gerichtshof.[1072]

6.13 Sokolowski gegen Polen

Die Bemerkung, ein Politiker habe sich durch sein politisches Handeln des schweren Diebstahls an Bevölkerung und Gemeinwesen schuldig gemacht,[1073] stufte der EGMR als eine zulässige Wertung ein. Aus dem Kontext werde klar, dass er dem Politiker J.K. keinen realen Diebstahl unterstellt habe,[1074] verteidigte sich Autor Sokolowski. Die Sanktionierung seiner Aussage durch die polnischen Gerichte wertete er *als „undue restriction of public debate on issues of interest to the local public."*[1075] Die polnische Regierung dagegen berief sich darauf, dass J.K. beschuldigt worden war, einen Diebstahl begangen oder dies zumindest gewollt zu haben, was nachgewiesen werden könne und müsse und somit eine Behauptung sei. Da der Beschuldigte aber kein Dieb war und es auch keinen Hinweis darauf gebe, müsse sich diese Behauptung nicht einmal ein Politiker gefallen lassen.[1076]

Im Gegensatz zum späteren Urteil im Fall Pfeifer, in dem es unter anderem darum ging, dem Publizisten keine Nähe zu einer kriminellen Handlung zu unterstellen, sah der EGMR in dieser Äußerung keine Behauptung und begründete dies damit, dass *„a serious accusation of theft cannot […] be justifiably read into*

1071 EGMR, 2003, Scharsach und News Verlagsgesellschaft mbH gegen Österreich, Par. 43.

1072 Vgl. EGMR, 2003, Scharsach und News Verlagsgesellschaft mbH gegen Österreich, Par. 44.

1073 Vgl. EGMR, 2005, Sokolowski gegen Polen, Par. 6–10.

1074 Vgl. EGMR, 2005, Sokolowski gegen Polen, Par. 35.

1075 Vgl. EGMR, 2005, Sokolowski gegen Polen, Par. 37.

1076 Vgl. EGMR, 2005, Sokolowski gegen Polen, Par. 38–39; siehe dazu auch oben, S. 134.

such a statement, particularly when the satirical character of the text and the irony underlying it are taken into account."[1077]

6.14 Pfeifer gegen Österreich

Unter dem Titel „Tödlicher Tugendterror" wurde in der Zeitschrift „Zur Zeit" behauptet, der österreichische Publizist Pfeifer habe durch einen Kommentar, den er fünf Jahre zuvor in der Zeitschrift „Die Gemeinde" veröffentlicht hatte, eine „Menschenhatz" ausgelöst, die einen Politikwissenschaftler, gegen den Anklage nach dem Wiederbetätigungsgesetz erhoben worden war, in den Selbstmord getrieben habe.[1078] Auch ein Foto des Publizisten wurde abgedruckt, in einem Schreiben an die Abonnenten der Zeitung wurden die Vorwürfe wiederholt.[1079]

Die österreichischen Gerichte sahen in der Aussage, Pfeifer sei „Mitglied einer Jagdgesellschaft" gewesen, eine Wertung, die im Rahmen einer politischen Debatte zulässig war,[1080] während der EGMR festhielt, dass der Vorwurf, ein Mitglied einer Jagdgesellschaft zu sein, die Vernetzung mit anderen voraussetze und eine solche nachweisbar wäre, im konkreten Fall aber nicht nachgewiesen werden könne, da es sie nicht gebe. Auch der zeitliche Zusammenhang zwischen dem Kommentar, den Pfeifer veröffentlicht hatte, und dem Selbstmord fehle, kritisierten die Straßburger Richter.[1081]

Welche Unterschiede aber bestehen zum Fall Lingens aus dem Jahr 1986? Handelt es sich hier tatsächlich um eine nicht nachvollziehbare Trendwende von Seiten des EGMR – KOMMENDA etwa kommentierte die Entscheidung mit den Worten: „Da soll sich noch einer auskennen"[1082]– oder liegen die Dinge hier einfach anders?

Nach Ansicht des Gerichts suggeriert die Äußerung, Pfeifer sei Mitglied einer Jagdgesellschaft, die Professor P. in den Tod getrieben habe, einen Kausalzusammenhang zwischen dessen Verhalten und dem Selbstmord des Politologen. Über einen solchen Zusammenhang dürfe nicht spekuliert werden. Mit dieser Aussage wurden die Grenzen zulässiger Kritik laut Gerichtshof auch deshalb

---

1077 EGMR, 2005, Sokolowski gegen Polen, Par. 46; zu den satirischen Darstellungen im Allgemeinen siehe auch unten, S. 190.

1078 Vgl. EGMR, 2007, Pfeifer gegen Österreich, Par. 11.

1079 EGMR, 2007, Pfeifer gegen Österreich, Par. 17.

1080 Sie erinnerten auch daran, dass nach ständiger EGMR-Rechtsprechung auch Meinungen zulässig waren, die „*offend, shock or disturb*", vgl. EGMR, 1976, Handyside gegen Großbritannien, Par. 49.

1081 Vgl. EGMR, 2007, Pfeifer gegen Österreich, Par. 28.

1082 Kommenda, 2008, Schutz vor übler Nachrede geht vor Meinungsfreiheit, o.S.

überschritten, weil *„it in fact accused the applicant of acts tantamount to criminal behaviour."*[1083]

Auch wenn er ihn als unmoralisch und würdelos bezeichnete, einen konkreten Vorwurf kriminellen Handelns hatte Lingens Kreisky nicht gemacht. Es scheint also nicht so, als habe der Gerichtshof seine Meinung um 180 Grad geändert, vielmehr mussten die Straßburger Richter bei der Bewertung dieser beiden Fälle von unterschiedlichen Prämissen ausgehen.

Der Einschätzung, man habe Pfeifer kriminelles Handeln unterstellt, widerspricht Richter LOUICADES in seinem Sondervotum. Er teilt zwar die Ansicht, dass der Begriff übertrieben sei, ist aber der Meinung, dass *„it was used more as a figure of speech, in order to designate the unfriendly attitude of these persons towards P."*[1084] Louicades ordnet die Äußerung daher als eine Wertung ein, deren Tatsachengrundlage ausreicht.[1085] Auch der von Amts wegen an der Entscheidung beteiligte österreichische Richter SCHÄFFER führte aus, dass der Begriff „Jagdgesellschaft" in der deutschen Sprache nicht unbedingt auf eine organisierte Gruppe hinweise, sondern oft auch lediglich ein Hinweis auf ein *„spontaneous social phenomenon"*[1086] sein könne. Die Mehrheit des Kollegiums jedoch befand diese Grundlage für nicht ausreichend. Die Bezeichnung „Jagdgesellschaft" impliziere nämlich, dass der Beschwerdeführer mit anderen zusammengearbeitet und das Ziel verfolgt habe, P. anzugreifen, was nicht der Fall gewesen sei.[1087]

7. Schmähkritik, Beleidigung und üble Nachrede

Rein persönliche Verunglimpfungen und Kränkungen, die darauf abzielen, eine Person zu diffamieren[1088] – das versteht man unter Schmähkritik –, fallen auch dann nicht in den Schutzbereich der Äußerungsfreiheit, wenn sie als Wertungen angesehen werden. Der Schutz der Persönlichkeitsrechte muss sich mit den von der Presse in diesem Fall „genutzten" Freiheiten in der Sache selbst also gar nicht auseinandersetzen.[1089] Wie das Verbreiten falscher Behauptungen laufen Beleidigungen und Schmähkritik dem Ziel der freien Berichterstattung zuwider. Wer

1083 Vgl. EGMR, 2007, Pfeifer gegen Österreich, Par. 47.
1084 EGMR, 2007, Pfeifer gegen Österreich, Sondervotum Loucaides.
1085 Vgl. EGMR, 2007, Pfeifer gegen Österreich, Sondervotum Loucaides.
1086 Vgl. EGMR, 2007, Pfeifer gegen Österreich, Sondervotum Schäffer, Par. 9.
1087 Vgl. EGMR, 2007, Pfeifer gegen Österreich, Par. 48.
1088 Vgl. Hoffmann-Riem, 2002, Beleidigende Werturteile und wahrheitswidrige Tatsachenbehauptungen, S. 39.
1089 Vgl. Michael & Morlok, 2008, Grundrechte, S. 129.

nämlich „nur beleidigt, trägt nicht zur Klärung von Fragen bei, die die Öffentlichkeit interessieren und berühren."[1090] Wenn eine Wertung einzig und allein auf die Kränkung einer Person abzielt, kann sie auch über die Wahrnehmung journalistischer Sorgfalt nicht gerechtfertigt werden.[1091]

Zudem gehören „verächtliche Werturteile, die weder einen sachlichen Kern haben, noch in den Rahmen einer sachlichen Auseinandersetzung fallen",[1092] zu den von Rechtsprechung und Literatur anerkannten Eingriffen in den Intimbereich, mit denen die Würde des Menschen verletzt wird.[1093]

Ob eine gewagte Aussage zulässig ist oder nicht, hängt oft zwar davon ab, in welchem Kontext sie veröffentlicht wird und wen sie betrifft, strafrechtlich relevantes Verhalten aber kann nie gerechtfertigt sein.[1094] Und strafrechtlich relevant ist ein Wertungsexzess, wenn „der abfälligen Beurteilung jeder Tatsachenhintergrund fehlt, wenn die Wertung in Relation zum Tatsachensubstrat ganz unverhältnismäßig überzogen ist oder jedes Maß an Sachlichkeit vermissen lässt."[1095]

8. Humoristische Darstellungen und Satire

Schwierig ist es auch, festzustellen, ob eine Äußerung ein Wertungsexzess ist und daher nicht zulässig, oder ob es sich um eine satirische Darstellung handelt. Auch die Freiheit der Kunst hat der EGMR ja an Artikel 10 EMRK zu messen.[1096] Im Gegensatz zu einem Werturteil ist die Satire jedoch nicht von der Meinungsäußerungsfreiheit gedeckt, sondern von der Freiheit der Kunst. Diese geht weiter als jene der Presse. Nach dem Prinzip *„in dubio pro libertate"* ist eine satirische Darstellung immer dann erlaubt, wenn sie nicht offensichtlich keine Satire ist.[1097]

Als zulässige Satire wertete der EGMR zum Beispiel ein Essay zum Motorradunfall Hermann Maiers. Unter dem Titel „Aua! Hermann Maier. Österreich

---

1090 Gerhart & Steffen, 2002, Kleiner Knigge des Presserechts, S. 100.

1091 Vgl. Mersch, 2013, Die journalistische Sorgfalt: on- und offline, S. 56; siehe dazu auch oben, Tammer gegen Estland, S. 183.

1092 Michael & Morlok, 2008, Grundrechte, S. 129.

1093 Vgl. Michael & Morlok, 2008, Grundrechte, S. 102–103.

1094 Vgl. Ahrens, 2002, Persönlichkeitsrecht und Freiheit der Medienberichterstattung, S. 87.

1095 Lendl, 2005, Der EGMR und die österreichische Rechtsprechung, S. 25; zum Tatsachensubstrat siehe auch oben, S. 157.

1096 Vgl. u.a. Bürgenthal & Thürer, 2010, Menschenrechte. Ideale, Instrumente, Institutionen, S. 196.

1097 Vgl. Loock, 2005, Das allgemeine Persönlichkeitsrecht der öffentlichen Person in den Medien, S. 57. Gronau, 139.

hinkt. Auch Rainer Nikowitz plagen nach dem nationalen Beinbruch arge Phantomschmerzen"[1098] hatte Profil-Journalist Nikowitz unter anderem geschrieben: „Auch Maiers lieber Freund Stephan Eberharter musste was sagen, und er entschied sich vermutlich im letzten Moment gegen: ‚Super, jetzt gwinn ich endlich auch einmal was. Hoffentlich prackt's den miesen Hund mit den Krucken hin, und er bricht sich den anderen Haxn auch noch.'"[1099]

Eberharter war der Ansicht, der Artikel unterstelle ihm verächtliches Verhalten seinem Kollegen gegenüber und klagte.[1100] Während das österreichische Gericht feststellte, dass der Durchschnittsleser den Beitrag so versteht wie Eberharter, und Nikowitz verurteilte, berief sich das Magazin darauf, eine intellektuelle Leserschaft zu haben, die sehr wohl dazu in der Lage sei, Humor und Satire zu erkennen.[1101] Ein Leser, der ernsthaft glaube, Eberharter habe diese Stellungnahme so abgegeben, sei *„simply ignorant"*.[1102] Begründet wurde das auch damit, dass Nikowitz' satirische Essays eines der Markenzeichen der Zeitschrift sind und dass der Text selbst auch andere satirische Elemente enthält.[1103] So sahen das auch die Straßburger Richter. Auch ihrer Meinung nach handelte es sich im Fall **Nikowitz und Verlagsgruppe News GmbH gegen Österreich** ganz offensichtlich um einen ironischen Kommentar zu einem Thema von öffentlichem Interesse. Der Durchschnittsleser könne erkennen, dass Eberharter dieses Statement nie abgegeben habe. Man könne die Passage höchstens als ein Werturteil über dessen Charakter interpretieren.[1104] Insgesamt bewege sich die inkriminierte Äußerung innerhalb der *„limits of acceptable satirical comment in a democratic society"*,[1105] so der EGMR.

Auch unter dem Deckmantel der Satire darf das Persönlichkeitsrecht jedoch nicht außer Kraft gesetzt werden. Im Fall **Ricci gegen Italien** verurteilten die Straßburger Richter den Produzenten eines satirischen Fernsehmagazins wegen

---

1098 Nikowitz, 03.09.2001, Aua!, S. 124.

1099 Nikowitz, 03.09.2001, Aua!, S. 124., vgl. EGMR, 2007, Nikowitz und Verlagsgruppe News GmbH gegen Österreich, Par. 6.

1100 Vgl. EGMR, 2007, Nikowitz und Verlagsgruppe News GmbH gegen Österreich, Par. 7.

1101 Vgl. EGMR, 2007, Nikowitz und Verlagsgruppe News GmbH gegen Österreich, Par. 9.

1102 EGMR, 2007, Nikowitz und Verlagsgruppe News GmbH gegen Österreich, Par. 16.

1103 Vgl. EGMR, 2007, Nikowitz und Verlagsgruppe News GmbH gegen Österreich, Par. 17.

1104 Vgl. EGMR, 2007, Nikowitz und Verlagsgruppe News GmbH gegen Österreich, Par. 25.

1105 Vgl. EGMR, 2007, Nikowitz und Verlagsgruppe News GmbH gegen Österreich, Par. 26.

der Veröffentlichung von Aufnahmen eines Konkurrenten, an die er durch das Überwachen einer Frequenz gekommen war, weshalb der EGMR das Dokument als vertraulich eingestufte.[1106] Auch die Verhinderung der Verbreitung vertraulicher Informationen wird im zweiten Absatz von Artikel 10 EMRK als Schranke der Äußerungsfreiheit angeführt.[1107]

Dass auch der Kunst Schranken gesetzt sind, machte der EGMR in seiner Entscheidung **Almeia Leitao Bento Fernandes gegen Portugal** deutlich. Die Beschwerdeführerin hatte einen Roman geschrieben, der von einer angeblich fiktiven Familie handelte. Verwandte von Bento Fernandes erkannten sich und verstorbene Familienmitglieder, fühlten sich diffamiert und klagten. Die portugiesischen Gerichte verurteilten sie nach eingehender Abwägung zwischen dem Recht auf freie Meinungsäußerung und dem Recht auf Achtung ihres Privatlebens verurteilt. Die EGMR-Richter stellten einstimmig fest, dass Artikel 10 EMRK durch diese Entscheidung nicht verletzt wurde.[1108]

1106 Vgl. EGMR, 2013, Ricci gegen Italien.

1107 Mehr dazu siehe oben, S. 104.

1108 Vgl. EGMR, 2015, Almeida Leitao Bento Fernandes gegen Portugal, Entscheidung.

Teil 6: Ergebnis und Denkanstöße

1. Die Spannung zwischen Pressefreiheit und Persönlichkeitsschutz

Sowohl die Pressefreiheit als auch der Schutz der Persönlichkeit fallen in das System des Menschenrechtsschutzes. Den Anstoß zur Entwicklung der modernen Menschenrechte gab eine Rede des amerikanischen Präsidenten Roosevelt im Jahr 1941, entwickelt wurden die heutigen Garantien dann unter dem Eindruck des Zweiten Weltkrieges und mit dem Ziel und der Überzeugung, dass sich ein solcher Flächenbrand nicht wiederholen darf. Heute sind die meisten Völkerrechtler der Meinung, dass der völkerrechtliche Menschenrechtsschutz *ius cogens*-Charakter hat und *erga omnes* wirkt.[1109]

Mit der Pressefreiheit und dem Schutz der Persönlichkeitsrechte geraten zwei bedeutende Menschenrechte, zwei Säulen demokratischer Gesellschaften, miteinander in Konflikt. Die Pressefreiheit bezeichnete zum Beispiel US-Richter CARDOZO als *„the matrix, the indispensable condition of nearly every other form of freedom"*,[1110] die Menschenwürde, die den Persönlichkeitsrechten zugrunde liegt, gilt gar als das Grundrecht *par excellence*.[1111] Die Tatsache, dass zum einen von einem Recht, zum anderen von einer Grundfreiheit die Rede ist, spielt in der Praxis des EGMR zwar keine Rolle,[1112] die Wortwahl ist aber ein Hinweis darauf, dass nicht alle Menschenrechte zu Grundrechten, also positiviert und damit durchsetzbar, werden.[1113]

Da vor Gericht nur positiviertes Recht durchsetzbar ist, hat der Schutz der Persönlichkeitsrechte einen schweren Stand: Gerade weil die Menschenwürde allumfassend sein muss, sind seine Grenzen oft schwammig. Konkretisiert wird sie daher durch einzelne Rechte.[1114] In Konflikt mit der Pressefreiheit geraten aber vor allem das Selbstdarstellungsrecht in der Öffentlichkeit, der Schutz des Privatlebens und das Recht auf informationelle Selbstbestimmung, das vor Eingriffen in die Integrität persönlicher Daten durch deren Erhebung, Speicherung, Verwendung und Weitergabe durch Dritte schützt, der Schutz von Wohnung und

1109 Siehe dazu oben, S. 37.
1110 Siehe dazu oben, S. 19.
1111 Siehe dazu oben, S. 27.
1112 Siehe dazu oben, S. 61.
1113 Siehe dazu oben, S. 39.
1114 Siehe dazu oben, S. 27.

Korrespondenz und auch das Recht am eigenen Bild.[1115] Die Pressefreiheit, die als eine Facette der Freiheit der Meinungsäußerung gilt, unterscheidet sich von dieser zum einen durch ihre demokratiepolitische Bedeutung, zum anderen auch die Tatsache, dass sie nicht nur die Freiheit des Sendenden gewährleistet, sondern auch dem Empfänger das Recht verleiht, sich Informationen zu beschaffen, aber auch diese nur zu haben.[1116] In diesem Zusammenhang wäre es wichtig, zwischen Meinungsfreiheit und Äußerungsfreiheit zu unterscheiden. Ungenauigkeiten und Missverständnisse entstehen auch daraus, dass diese Begriffe vielfach nicht nur in einem Atemzug genannt, sondern bisweilen sogar zu einem einzigen Begriff zusammengefasst werden. Die Lösung könnte darin liegen, die beiden Rechte, die der Titel der Bestimmung enthält, klar voneinander zu trennen und folglich nicht von der „Freiheit der Meinungsäußerung" zu sprechen, sondern von den Freiheiten der Meinung und der Äußerung.

Ein Urteil, das sich in der Frage der Abwägung zwischen Persönlichkeitsschutz und Pressefreiheit als wegweisend erweisen sollte, erstritt die monegassische Prinzessin Caroline im Jahr 2004 vor dem EGMR. Die Straßburger Richter kamen zum Ergebnis, dass, wer in eine Rolle, an der die Öffentlichkeit Interesse hat, nur hineingeboren wird, dem öffentlichen Interesse nicht gleich schutzlos ausgeliefert werden darf wie etwa tatsächliche regierende Monarchen oder gewählte Politiker. Letztere müssen sich auch nach diesem Urteil eine strengere Kontrolle gefallen lassen, kann ihr privates Verhalten doch auch für die Beurteilung ihrer Amtsführung und für eine eventuelle Wiederwahl ausschlaggebend sein.[1117]

In der Rechtswissenschaft wurde dieses Urteil zum Teil heftig kritisiert. Der Bereich der Unterhaltung als Teil der Medienberichterstattung werde durch diese Entscheidung tabuisiert, und die triviale Unterhaltung strukturell diskriminiert,[1118] was mit der Pressefreiheit nicht vereinbar sei, hieß es. Dem EGMR wurde vorgeworfen, die Meinungsbildung, die in den Medien stattfindet, durch diese Beschränkung auf staatstragende Fragen zu verkürzen.[1119]

Im Jahr 2012 traf der EGMR eine weitere Entscheidung in Sachen von Hannover gegen Deutschland. Mit dieser Entscheidung machte der Gerichtshof noch einmal deutlich, dass die Umstände eines jeden Einzelfalles zu berücksichtigen sind. Vielfach wird dieses Urteil als eine Trendwende angesehen. Richtungsweisend ist es vor allem, weil der EGMR zum ersten Mal konkrete Vorgaben zur

1115 Siehe dazu oben, S. 29.
1116 Siehe dazu oben, S. 25.
1117 Siehe dazu oben, S. 124.
1118 Siehe dazu oben, S. 145.
1119 Siehe dazu oben, S. 128.

Abwägung von Pressefreiheit und Persönlichkeitsschutz machte und fünf Fragen auflistete, die ab diesem Zeitpunkt als eine Art Prüfschema angesehen werden können. Zu beantworten ist bei der Einordnung dessen, ob eine mediale Äußerung zulässig ist oder nicht, ob die Veröffentlichung einen Beitrag zu einer Debatte von allgemeinem Interesse leistet, wie bekannt ist die betroffene Person ist und worüber berichtet wird, wie sich die betroffene Person selbst im Vorfeld verhalten hat, welchen Inhalt, welche Form und welche Auswirkungen die Veröffentlichung hat sowie die Frage, unter welchen Umständen die Bilder aufgenommen wurden. Eine klare Abgrenzung dieser fünf Kriterien ist schwierig, beeinflussen sie sich gegenseitig doch stark.[1120]

2. Die Bedeutung von EMRK und EGMR-Rechtsprechung

Nach seiner Verurteilung im ersten von Caroline von Hannover angestrengten Verfahren musste Deutschland die Rechtsfiguren der absoluten und der relativen Person der Zeitgeschichte aufgeben, auch Österreich geht seit einer Serie von Verurteilungen nach Artikel 10 EMRK nicht mehr vom Schlagzeilenleser aus, sondern vom Durchschnittsleser, der einen Artikel bis zum Ende liest.[1121] Nicht umsonst gilt die EMRK als das weltweit wichtigste System zur Fortentwicklung und Institutionalisierung des Menschenrechtsschutzes, die Richter entscheiden nicht nur über einen Einzelfall, sondern sie legen auch die Linien fest, an denen sich der Schutz der Menschenrechte allgemein orientiert. Die Wirkungen ihrer Urteile gehen daher oft weit über den Anlassfall hinaus. Falls nötig, hat der verurteilte Staat konventionswidrige Gesetze abzuändern. Seit der Einführung des so genannten „Piloturteil"-Verfahrens kann der Gerichtshof sogar generelle Empfehlungen zur Verhinderung weiterer gleich gelagerter Fälle abgeben.[1122]

Auch über die Grenzen des Europarats hinaus wird die Bedeutung der EMRK immer größer, was auch daran liegt, dass diese Konvention im völkerrechtlichen Kontext neue Wege geht: Sie regelt nicht nur die Beziehung zwischen Staaten oder internationalen Organisationen und Staaten, sondern auch zwischen Staaten und Individuen und verleiht diesen somit partielle Völkerrechtssubjektivität.[1123] Für den großen Erfolg der EMRK verantwortlich ist auch die Möglichkeit der Individualbeschwerde: In über 60 Jahren wurden 22 Beschwerden

1120 Siehe dazu oben, S. 130ff.
1121 Siehe dazu oben, S. 125; 83.
1122 Siehe dazu oben, S. 84.
1123 Siehe dazu oben, S. 53.

von Staaten gegen andere eingebracht, während es allein im Jahr 2013 65.900 Individualbeschwerden gab.[1124]

Schon an diesen Fallzahlen wird die Bedeutung der Rechtsprechung des EGMR für den Schutz der Menschenrechte und Grundfreiheiten in Europa deutlich. Da der Gerichtshof aber demokratisch nicht legitimiert ist, kommt an seiner Rolle immer wieder Kritik auf: Pfiffner und Bollinger etwa kritisieren, dass er sich zu einer Art vierten Instanz aufspielt, EGMR-Richterin Keller fordert dazu auf, das Verhältnis zwischen dem EGMR und den nationalen Gerichten als Kooperationsmodell zu verstehen und mehr miteinander zu reden.[1125] Vielleicht konnte das Unverständnis, das viele Entscheidungen nach sich ziehen, dann auch verringert werden. Der Grat, auf dem sich der EGMR bei seinen Entscheidungen bewegt, ist nämlich ein schmaler: Entscheidet er zu konservativ, entwickelt er den Schutz der Menschenrechte nicht weiter, ist es zu fortschrittlich, steht er im Verdacht, das Recht nicht anzuwenden, sondern es selbst setzen wollen.

3. Die Abgrenzung zwischen Tatsachenbehauptungen und Werturteilen

Auch wenn der Titel von Artikel 10 EMRK unklar ist, so steht doch fest, dass diese Norm das Verbreiten von Meinungen und Informationen in gleicher Weise schützt. Während Tatsachenbehauptungen aber nachgewiesen werden müssen, um zulässig zu sein, ist es nicht vom Beweis ihrer Wahrheit abhängig, ob die Äußerung einer Meinung erlaubt ist oder nicht. Der EGMR dazu im Urteil im Fall Lingens: *„The existence of facts can be demonstrated, whereas the truth of value-judgements is not susceptible of proof.“*[1126] Es kommt daher ganz entscheidend darauf an, Behauptungen von Wertungen abzugrenzen, und diese Unterscheidung ist oft gar nicht so leicht. Trotz der großen Bedeutung dieser Abgrenzung trifft sie der EGMR oft „nicht oder nur sehr knapp, oder er stutzt sich auf die Anträge der Beschwerdeführer, die jedoch in den Erwägungen ebenfalls nur verkürzt wiedergegeben werden“,[1127] kritisiert ZIEHLER und stellt die Frage, ob es nicht zweckmäßiger wäre, auf diese Kategorisierung ganz zu verzichten. Aufgrund der komplexen Abwägung und auch, weil die Abgrenzung zwischen Tatsachenbehauptung und Werturteil alleine gar nicht ausschlaggebend für die

1124 Siehe dazu oben, S. 68.
1125 Siehe dazu oben, S. 86.
1126 Siehe dazu oben, S. 152.
1127 Ziehler, 2005, Tatsachenaussagen und Werturteile: Eine überholte Kategorisierung?, S. 3.

(Un-)Zulässigkeit einer Veröffentlichung ist, ist die Forderung nach anderen Kriterien durchaus verständlich. Der EGMR jedoch hat festgehalten, dass schon die Tatsache, dass diese Unterscheidung nicht vorgenommen wird, dazu führen kann, dass Entscheidungen getroffen werden, die mit Artikel 10 EMRK nicht vereinbar sind.[1128] Diese Unterscheidung ist folglich, wenn auch schwierig, so doch grundlegend bei der Beantwortung der Frage, ob eine Veröffentlichung zulässig ist oder nicht.

Ist eine Aussage wahr, ist deren Veröffentlichung folglich grundsätzlich erlaubt. Wird eine Äußerung dagegen als Behauptung eingestuft und erweist sie sich als falsch, fällt sie an sich nicht unter den Schutz der Meinungsfreiheit. Auch die Veröffentlichung wahrer Aussagen ist jedoch nicht immer zulässig. Eine Nachricht etwa, die das Leben von Menschen gefährdet oder von der Intimsphäre einer Person handelt, darf nur dann publiziert werden, wenn der Bericht mit der öffentlichen Funktion der betroffenen Person in einem unmittelbaren Zusammenhang steht. Und dann auch nicht immer. Hier spielen die Kriterien herein, die der EGMR ganz allgemein zu Persönlichkeitsschutz und Pressefreiheit festgelegt hat: Um wen handelt es sich? Besteht ein öffentliches Interesse?[1129]

Auch wenn die Wahrheit von Meinungen nicht nachgewiesen werden muss, so verlangt es der EGMR dennoch, dass auch diese auf einer nachprüfbaren und wahren Grundlage, einem Tatsachensubstrat, beruhen. Ist nicht klar, ob eine Äußerung als Wertung oder als Behauptung einzustufen ist, ist eine Tatsachenbasis zu isolieren und deren Wahrheitsgehalt zu erörtern. Wie die Zulässigkeit einer Behauptung hängt auch die Zulässigkeit einer Wertung vom Kontext ab, in dem sie getätigt wird. Wird ein Kommentar in einer aufgeheizten Situation veröffentlicht, ist der anzulegende Maßstab weniger streng als sonst.[1130] Berichtet ein Medium aufgrund einer wahren Begebenheit, steht die Wertung zu dieser aber in keinem Verhältnis und verneint das Gericht nicht an sich das Vorliegen einer Tatsachenbasis, spricht man von einem Wertungsexzess.[1131]

Wer eine Behauptung aufstellt, kann also dazu verpflichtet werden, deren Wahrheit nachzuweisen. Welche Elemente eines Beitrags wesentlich sind und folglich nachgewiesen werden müssen, entscheidet das Gericht in jedem einzelnen Fall. Diese Punkte zu antizipieren, ist für die Praxis einer Redaktion daher von großer Bedeutung. Auch wenn der Maßstab, der an die journalistische Sorgfalt angelegt wird, direktproportional zur Beeinträchtigung, die das Leben des

1128 Siehe dazu oben, S. 153.
1129 Siehe dazu oben, S. 130; 153.
1130 Siehe dazu oben, S. 155.
1131 Siehe dazu oben, S. 156.

Betroffenen durch die Aussage erfahren kann, steigt und bei Berichten über eine Person, die im Rampenlicht steht, der Sorgfaltsmaßstab abgesenkt sein kann,[1132] so sollte die Frage, ob eine Aussage beweisbar und damit beweispflichtig ist oder nicht dennoch nicht davon abhängen, wer von dieser betroffen ist und in welchem Kontext sie fällt.

4. Leitfaden für die journalistische Praxis

Im Folgenden wird versucht, sowohl herauszuarbeiten, wann Journalisten ihre Äußerungen beweisen müssen, als auch wie hoch der Sorgfaltsmaßstab angesetzt werden muss. Die Rechtsprechung des EGMR macht nämlich deutlich, dass die Berichterstattung das Ziel der Wahrheitsfreiheit nur dann in verantwortungsvoller Art und Weise verwirklichen kann, wenn sie sich an alle Vorgaben hält, die der Gerichtshof in Bezug auf den Schutz der Persönlichkeitsrechte macht.

Da diese Kriterien von der Rechtsprechung des EGMR abgeleitet, von diesem also erarbeitet wurden, gelten sie im gesamten Gebiet des Europarates. Es wird hier jedoch noch einmal darauf hingewiesen, dass dieser Kriterien von den nationalen Gesetzgebern umgesetzt werden. Dieser Leitfaden orientiert sich an der österreichischen Gesetzeslage, ist also in erster Linie für die Arbeit in Österreich relevant.

4.1 Prognosen und Schlussfolgerungen

Grundsätzlich nicht nachgewiesen werden müssen Prognosen und Schlussfolgerungen. Eine Schlussfolgerung aber kann dennoch beweisbar und somit beweispflichtig sein, dann nämlich, wenn sie auf naturwissenschaftlichen Gesetzen oder geschichtswissenschaftlich gefestigten Erkenntnissen beruht.[1133] Feldek etwa konnte die „faschistische Vergangenheit" Slobodníks nachweisen, weil dieser Mitglied der Hlinka-Jugend war und an einem terroristischen Kurs in einem Lager der Gestapo bei Sekule teilgenommen hatte.[1134]

4.2 Absicherung und Nennung der Quellen

Ist eine Aussage durch die Vorlage von Dokumenten beweisbar, besteht auch kein Zweifel daran, dass es sich um eine Tatsachenbehauptung handelt. In diesem Fall ist es generell im Interesse des Veröffentlichenden, seine Belege vorzulegen. Es

1132 Siehe dazu oben, S. 159.
1133 Siehe dazu oben, S. 156.
1134 Siehe dazu oben, S. 183.

kann sich dabei zum Beispiel um ein (rechtskräftiges) Urteil handeln. Schwieriger kann es da schon sein, die Wahrheit von Informationen nachzuweisen, an die man in Interviews kommt – es empfiehlt sich daher immer, diese Gespräche aufzuzeichnen, wobei auch zu berücksichtigen ist, dass das Gegenuber mit diesem Vorgang einverstanden ist, weil sonst die Vertraulichkeit des Gesprächs nicht gewahrt wäre – oder die Wahrheit von vertraulichen Informationen. Vor allem der investigative Journalist ist auf das Recht, seine Quellen geheim zu halten, angewiesen. Auch der EGMR bezeichnet den Schutz der journalistischen Quellen als einen wichtigen Pfeiler der Pressefreiheit.[1135]

4.3 Sprachliche Analyse

Wenn es um einzelne Begriffe geht, sollten Journalisten und Verleger genauso wie auch die Gerichte mehr Wert auf eine sprachliche Analyse legen. Im Fall Pfeifer gegen Österreich pochten die Richter Louicades und Schäffer zum Beispiel darauf, dass die Bedeutung des Begriffs „Jagdgesellschaft" genau analysiert wird.[1136] Nur dadurch kann sichergestellt werden, dass der Autor dasselbe meint wie der Durchschnittsempfänger, von dem als Rezipienten ausgegangen wird. Dieses Vorgehen würde allerdings eine genauere sprachliche Analyse voraussetzen. Diese wäre auch vertretbar, ist der Richter aus dem Land, in dem ein Beitrag erscheint, ja sowieso *ex officio* Mitglied des Senats. Was die Bedeutung einer Wortwahl betrifft, konnte dieser daher zu einem neutralen Berichterstatter bestellt werden. Die Bestellung eines Amtsgutachters wäre somit nur in Ausnahmefällen notwendig. Außerdem konnte man den Verfahrensparteien die Möglichkeit einräumen, Sachverständige zu nennen.

Auch in seinem Urteil Dichand u.a. gegen Österreich äußerte sich der EGMR dazu, wie ein Artikel formuliert war. Obwohl der Nationalratsabgeordnete Graff als Regierungsmitglied bezeichnet wurde, hielt der Gerichtshof fest, dass dies alleine keine unwahre Behauptung sei, müsse doch der gesamte Artikel gewertet werden, und in diesem werde die Funktion genau beschrieben.[1137]

4.4 Vorwurf einer Straftat

Generell darf man ohne einen entsprechenden Beleg (Urteil) auch niemandem vorwerfen, eine Straftat begangen zu haben. Im Urteil Sokolowski gegen Polen stufte der EGMR die Bemerkung, ein Politiker habe sich durch sein politisches

---

1135 Vgl. EGMR, 1996, Goodwin gegen Großbritannien, Par. 39.
1136 Siehe dazu oben, S. 187.
1137 Siehe dazu oben, S. 184.

Handeln des schweren Diebstahls an Bevölkerung und Gemeinwesen schuldig gemacht, aber eine zulässige Wertung ein. Aus dem Kontext werde klar, dass er dem Politiker J.K. keinen realen Diebstahl unterstellt habe.[1138] Im Gegensatz zum späteren Urteil im Fall Pfeifer, sah der EGMR in dieser Aussage keine unterstellte Nähe zu einer kriminellen Handlung. Auch im Fall Nilsen und Johnsen gegen Norwegen kritisierte der Gerichtshof lediglich den Vorwurf der absichtlichen Lüge.[1139]

Im Fall Pfeifer gegen Österreich dagegen hielt der EGMR fest, dass die Äußerung, Pfeifer sei Mitglied einer Jagdgesellschaft, die Professor P. in den Tod getrieben habe, einen Kausalzusammenhang zwischen dessen Verhalten und dem Selbstmord des Politologen suggeriere. Über einen solchen Zusammenhang dürfe nicht spekuliert werden.[1140] Dieses Urteil hat deutlich gemacht, dass es kein Werturteil sein kann, einen Menschen in die Nähe kriminellen Handelns zu stellen, allgemeingültige Kriterien hat der Gerichtshof jedoch auch mit dieser Entscheidung nicht ausgearbeitet.

4.5 Öffentliche Debatte

Auch wenn die Abgrenzung von Tatsachenbehauptungen und Werturteilen für sich stehen sollte, so vermischen sich diese Kriterien doch auch mit den anderen Grundsätzen, die für die Losung des Spannungsverhältnisses von Pressefreiheit und Persönlichkeitsschutz erarbeitet wurden, und hier insbesondere mit den Erkenntnissen der berühmt gewordenen „Caroline-Urteile".[1141] Auch diese dürfen bei der Veröffentlichung von Äußerungen daher nicht außer Acht gelassen werden: Oberschlick zum Beispiel durfte Haider als Trottel bezeichnen, was mit dem harschen Ton des Politikers und der öffentlichen Debatte begründet wurde.[1142] Im Urteil im Fall Pfeifer dagegen wurde bei aller politischen Bedeutung der Debatte darauf abgestellt, dass eine „Jagdgesellschaft" nachweisbar ist.[1143] Selbst im Urteil im Fall Lingens spielte die Tatsache, dass die Beiträge in der Zeit rund um die Nationalratswahl erschienen waren und Kreisky seinen politischen Gegner auch selbst angegriffen hatte, eine Rolle, wenn auch nur eine untergeordnete.[1144] Auch im Fall Nilsen und Johnsen gegen Norwegen berücksichtigte der Gerichtshof,

1138 Siehe dazu oben, S. 187.
1139 Siehe dazu oben, S. 180.
1140 Siehe dazu oben, S. 187.
1141 Siehe dazu oben, S. 130.
1142 Siehe dazu oben, S. 178.
1143 Siehe dazu oben, S. 187.
1144 Siehe dazu oben, S. 175.

dass der Professor sich aktiv an einer Debatte beteiligt hatte, und dass diese von öffentlichem Interesse war.[1145]

Auch im Fall Feldek gegen Slowakei begründete der EGMR die Zulässigkeit der Wertung unter anderem damit, dass die Vergangenheit Slobodníks eine Frage von öffentlichem Interesse war, weil sie während der Regierungsbildung 1992 aufkam und Slobodník als Minister gehandelt wurde.[1146]

4.6 Suggerierte Nähe zum NS-Regime

Dass Äußerungen, die eine Nähe zum NS-Regime aufzeigen, nicht automatisch unzulässig sind, machte der EGMR in seiner Entscheidung im Fall Scharsach und News Verlagsgesellschaft gegen Österreich deutlich. Einmal mehr berücksichtigte der Gerichtshof den politischen Kontext, in dem der Artikel erschienen war. Damit fiel auch das Argument, wonach die Bezeichnung nur dann gerechtfertigt ist, wenn die betroffene Person nach dem Verbotsgesetz verurteilt wurde.[1147] Wabl dagegen wurde verurteilt, weil er der Kronenzeitung „Nazi-Journalismus" vorwarf. Er hätte auch die Möglichkeit gehabt, den Behauptungen mit einer Unterlassungsklage zu begegnen, kritisierte der EGMR sein Vorgehen.[1148]

4.7 Höchstpersönlicher Lebensbereich

Einen Sonderfall stellen Behauptungen dar, die die Intimsphäre eines Menschen betreffen. Auch wenn sie belegt werden können, sind diese Äußerungen nur dann zulässig, wenn sie in einem unmittelbaren Zusammenhang mit dem öffentlichen Leben steht, und dieser Zusammenhang als wichtig genug eingestuft wird, um diesen Schutz auszuhebeln.[1149] So gab der EGMR den estnischen Gerichte Recht, die Tammer verurteilt hatten, und hielten fest, dass er seine Kritik auch ohne den Gebrauch von Beleidigungen ausdrücken hätte können.[1150]

4.8 Der zeitliche Zusammenhang

Auch die zeitliche Nähe zwischen einem Ereignis und dem Bericht darüber haben Einfluss auf dessen Zulässigkeit: Da Prognosen nicht nachweisbar sind, kann eine Behauptung, die sich auf zukünftige Ereignisse bezieht, keine Tatsachenaussage

1145 Siehe dazu oben, S. 180.
1146 Siehe dazu oben, S. 183.
1147 Siehe dazu oben, S. 185.
1148 Siehe dazu oben, S. 181.
1149 Siehe dazu oben, S. 157.
1150 Siehe dazu oben, S. 183.

sein und ist damit auch nicht dem Wahrheitsbeweis unterworfen. Strittig ist, ob es zulässig ist, Personen mit lange zurückliegenden Ereignissen zu konfrontieren. Im Fall Schwabe löste der EGMR diese Frage zu Gunsten des Beschwerdeführers, indem er feststellte, dass „*it should be possible in a democratic society to refer to previous offences committed by politicians, even when sentences have been served, suspended or waived.*“[1151]

4.9 Beleidigende Äußerungen

Auch für Werturteile gilt, dass der Journalist seine Kritik nicht in verletzender Art und Weise äußern sollte.[1152] Ob eine Äußerung beleidigend ist, hängt von der allgemeinen Wahrnehmung und auch von einer sprachlichen Analyse ab. Es ist dabei darauf abzustellen, was der Durchschnittsleser mit einem Begriff verbindet. Verunglimpfungen und Kränkungen fallen nämlich auch dann nicht in den Schutzbereich der Äußerungsfreiheit, wenn sie als Wertungen angesehen werden. Wie das Verbreiten falscher Behauptungen laufen Beleidigungen und Schmähkritik dem Ziel der freien Berichterstattung zuwider. Zudem gehören „verächtliche Werturteile, die weder einen sachlichen Kern haben, noch in den Rahmen einer sachlichen Auseinandersetzung fallen“,[1153] zu den von Rechtsprechung und Literatur anerkannten Eingriffen in den Intimbereich, mit denen die Würde des Menschen verletzt wird.[1154]

4.10 Die satirische Darstellung

Es ist schwierig festzustellen, ob eine Äußerung ein Wertungsexzess ist und daher nicht zulässig, oder ob es sich um eine satirische Darstellung handelt. Auch die Freiheit der Kunst hat der EGMR ja an Artikel 10 EMRK zu messen. Im Gegensatz zu einem Werturteil ist die Satire jedoch nicht von der Meinungsäußerungsfreiheit gedeckt, sondern von der Freiheit der Kunst. Diese geht weiter als jene der Presse. Nach dem Prinzip „*in dubio pro libertate*“ ist eine satirische Darstellung immer dann erlaubt, wenn sie nicht offensichtlich keine Satire ist.[1155]

1151 Siehe dazu oben, S. 178.

1152 Vgl. EGMR, 2000, Wabl gegen Österreich, Par. 40–41.

1153 Michael & Morlok, 2008, Grundrechte, S. 129.

1154 Vgl. Michael & Morlok, 2008, Grundrechte, S. 102–103.

1155 Vgl. Loock, 2005, Das allgemeine Persönlichkeitsrecht der öffentlichen Person in den Medien, S. 57; Gronau, 139.

4.11 Die Positionierung eines Beitrags

Allein aufgrund der Platzierung eines Beitrags kann ein Journalist einer Verurteilung nicht entgehen, wenn auch diese Einordnung ein Hinweis darauf ist, welchen Hintergrund eine Äußerung hat. Genauso wenig kann sich ein Medium darauf stützen, dass veröffentlichte Meinungen nicht mit der der Redaktion übereinstimmen, wenn diese die Rechte Dritter verletzen. Dieses rein formale Abgrenzungskriterium kann schon deshalb nicht herangezogen werden, weil dadurch die absurde Situation entstehen konnte, dass die Seite, auf der ein Beitrag platziert wird, darüber entscheidet, welche Bedeutung den Persönlichkeitsrechten zukommt. Auch wenn aus der Formulierung des Artikels deutlich wird, dass es sich um einen Kommentar handelt, muss geprüft werden, ob eine ausreichende Tatsachenbasis vorliegt, ob es sich um einen Wertungsexzess oder gar eine Beleidigung handelt. Auch dieses Tatsachensubstrat hat auf die gleiche Weise nachgewiesen zu werden, wie der Wahrheit einer Aussage an sich. Die alleinige Platzierung eines Berichts auf der Kommentarseite reicht nicht aus.

5. Die Bedeutung der Unterscheidung für die gerichtliche Verfolgung

Die Unterscheidung von Tatsachenbehauptungen und Werturteilen hat auch Auswirkungen auf die mögliche Sanktion einer Äußerung. Da die zivil- und strafrechtliche Verantwortlichkeit trotz aller europäischen Tendenzen auf staatlicher Ebene besteht, muss hier auf die nationalen Rechtsordnungen abgestellt werden. Wer sich in seinem Persönlichkeitsrecht verletzt fühlt, wendet sich nämlich zunächst an die nationalen Instanzen, nicht an den EGMR. Von Bedeutung ist diese Feststellung nicht nur für die Eruierung der Beweislast – jede Entscheidung für ein Werturteil befreit den Autor ja vom Beweis der Wahrheit – sie hat auch Einfluss darauf, welches Vorgehen überhaupt Aussicht auf Erfolg hat.

Alle europäischen Länder sehen sowohl das strafrechtliche Vorgehen gegen die mediale Verbreitung ehrenrühriger Tatsachen in ihren Rechtsordnungen vor als auch die Möglichkeit, Schadenersatz und die Verhinderung der Weiterverbreitung einzuklagen – dies auf zivilrechtlichem Weg. Theoretisch gibt es diese Möglichkeiten für jede Art der Kommunikation, nicht nur für die mediale.[1156]

1156 Siehe dazu oben, S. 166.

Zivilrechtlich entschädigungsfähig ist jedoch nur jener ideelle Schaden, der erheblich ist und ausreichend objektivierbar. Gefühlsschäden sowie Bagatelldelikte fallen unter das allgemeine Lebensrisiko, das jedem zuzumuten ist.[1157]

In dieser Arbeit kann dieser Aspekt nur gestreift werden, Bezug genommen wird auf die österreichische Gesetzeslage. Nicht zuletzt aufgrund der rechtsvereinheitlichenden Wirkung der EGMR-Rechtsprechung wird die Rechtsprechung in Europa in entscheidenden Fragen vereinheitlicht.

Damit der Verfasser eines Beitrags wegen Verleumdung verurteilt werden kann, muss eine Behauptung nachweislich unwahr sein. Auch die üble Nachrede setzt eine Tatsachenbehauptung voraus. Die Strafbarkeit besteht in diesem Fall aber schon dann, wenn es dem Täter nicht gelingt, die Wahrheit der von ihm aufgestellten Behauptung nachzuweisen. Der Straftatbestand der Beleidigung hingegen greift auch bei Werturteilen, die eine Nicht- oder Missachtung einer Person zum Ausdruck bringen.[1158]

Eine zivilrechtliche Gegendarstellung kann nur gegen eine Tatsachenbehauptung erwirkt werden, gegen eine Meinungsäußerung ist sie nicht zulässig. Die Veröffentlichung eines Widerrufs kann eine Partei erwirken, wenn die inkriminierte Behauptung in ein geschütztes Rechtsgut eingreift, nicht jedoch gegen unrichtige und unvollständige Tatsachenbehauptungen, Meinungsäußerungen und wahre, aber unzulässige Nachrichten aus dem höchstpersönlichen Lebensbereich. Beruht eine Meinung allerdings auf einem unrichtigen Tatsachensubstrat oder fehlen wichtige Tatsachen für die Meinungsbildung, kann dieser Anspruch geltend gemacht werden. Einen Unterlassungsanspruch gibt es nur gegenüber Falschmeldungen und gegen wahre Tatsachenbehauptungen, die den Intim- und Privatbereich einer Person zum Gegenstand haben. Die Veröffentlichung von Meinungsäußerungen kann dagegen nicht verhindert werden.[1159]

6. Die journalistische Sorgfalt

Im Gegensatz zu ihren Lesern, Sehern und Hörern erfüllen Journalisten ihre Wahrheitspflicht bisweilen schon dann, wenn sie sich ernsthaft um eine wahrheitsgemäße Berichterstattung bemühen und der Überzeugung sind, die Wahrheit zu veröffentlichen.[1160] Dieser Nachweis journalistischer Sorgfalt gilt neben dem Zugang zu Informationen, dem Quellenschutz und dem damit einhergehenden

---

1157 Siehe dazu oben, S. 167.
1158 Siehe dazu oben, S. 166.
1159 Siehe dazu oben, S. 167.
1160 Vgl. Mersch, 2013, Die journalistische Sorgfalt: on- und offline, S. 73.

Zeugnisverweigerungsrecht als ein wichtiges Privileg der Presse in einer demokratischen Gesellschaft.[1161] Begründet wird diese Relativierung der Beweispflicht zu Gunsten der Presse auch damit, dass es zu einer Einschränkung und Lähmung der Medien führen könnte, wenn sie alle ihre Aussagen nachzuweisen müssten. Auch daran wird deutlich, dass die Pressefreiheit weit mehr ist als nur eine Form der Äußerungsfreiheit.

Damit er die Sorgfalt erfüllt, die von ihm gefordert wird, muss ein Journalist neben den gesetzlichen Bestimmungen aber auch die allgemeinen Berufsgrundsätze beachten.[1162] An der Entwicklung von Blogs und *User Generated Content* wird deutlich, wie schwer dieses Privileg der Medien, das ja für auch Publizisten, Leserbriefschreiber oder eben User gilt, in die Persönlichkeitsrechte eingreifen kann. Obwohl auch sie ihre Meinung veröffentlichen und die Rechte Dritter auf diesem Wege negativ beeinflussen können, sind User und Blogger im Gegensatz zu Berufsjournalisten aber an keine Berufsgrundsätze gebunden, weshalb es schwer ist zu bestimmen, was in diesem Zusammenhang das objektiv zu verlangende Sorgfaltsmaß ist.[1163]

7. Ausblick

Auch wenn die Abgrenzung zwischen Tatsachenbehauptungen und Werturteilen in der journalistischen Praxis und vor allem, was die mögliche Sanktionierung einer Äußerung betrifft, eine wichtige Rolle spielen, kann sie nicht von den weiteren Kriterien isoliert werden, an denen die Zulässigkeit einer (medialen) Äußerung festgemacht wird. Die Frage, ob andere Kriterien wirkungsvoller wären, stellt sich daher nicht. Vielmehr ist der EGMR gefordert, dieser Abgrenzung in seiner Entscheidungspraxis mehr Aufmerksamkeit zu schenken und sich nicht nur auf die Anträge der Beschwerdeführer zu stützen. Auch auf eine mögliche Aufweichung der Persönlichkeitsrechte aufgrund der veränderten technischen Möglichkeiten des Web 2.0 haben die Gerichte – allen voran auch der EGMR – zu reagieren.

Abschließend ist anzumerken, dass es nicht nur gerichtliche Möglichkeiten gibt, gegen Persönlichkeitsrechtsverletzungen in der Presse vorzugehen. Wenn unwahre Behauptungen aufgestellt und verbreitet werden, bemühen immer mehr Betroffene die Gerichte nicht, sondern treten dem mit einer dezenten, aber gezielten PR-Arbeit entgegen. Die in den USA bereits seit langem eingesetzte

1161 Siehe dazu auch oben, S. 163.
1162 Mersch, 2013, Die journalistische Sorgfalt: on- und offline, S. 63.
1163 Siehe dazu oben, S. 162.

Litigation-PR wird auch in Europa immer wichtiger,[1164] beispielsweise werden dem „für den Fall passenden Medium mit der geeigneten Leserschaft"[1165] ganz gezielt Exklusivinterviews angeboten. So wird das Interview zum „Mittel des medialen Krisenmanagements."[1166] Auch hier gleicht sich das Vorgehen in Europa also dem amerikanischen an. Dass sich die nationale Rechtsprechung in den Vertragsstaaten unter dem Einfluss der Straßburger Judikatur zunehmend am angelsächsischen Beleidigungsrecht bzw. an der amerikanischen *Freedom-of-Expression*-Doktrin orientierte als an der kontinentaleuropäischen Tradition,[1167] hatte Berka schon im Jahr 1999 kritisiert.

1164 Vgl. Litigation-PR: Der Blog, 31.01.2014, Jahrelange Prozess-Schlachten vermeiden, o.S.

1165 Ziegler, 2007, Der Medien-Knigge, S. 195.

1166 Ziegler, 2007, Der Medien-Knigge, S. 195.

1167 Vgl. Berka, 1999, Persönlichkeitsschutz auf dem Prüfstand: Verfassungsrechtliche Perspektiven, S. 8.

Literatur- und Quellenverzeichnis

1. Rechtsprechungsverzeichnis

Deutsches Bundesverfassungsgericht (05.08.1966). Spiegel-Verlag Rudolf Augstein GmbH & Co KG gegen Deutschland. Teilurteil dt. VfGH vom 15.08.1966, Verfassungsbeschwerden Nr. 586/1962, 610/1963 und 512/1964. Verfügbar unter: www.spiegel.de/spiegel/print/d-46414150.html [21.09.2014]

EGMR (2015). Almeida Leitao Bento Fernandes gegen Portugal. Urteil vom 12.03.2015. Beschwerde Nr. 25790/2011. Verfügbar unter: hudoc.echr.coe.int/eng?i=001-152727 [16.09.2015]

EGMR (1985). Barthold gegen Deutschland. Urteil vom 25.03.1985. Beschwerde Nr. 8734/1979. Verfügbar unter: hudoc.echr.coe.int/eng?i=001-57432 [16.09.2015]

EGMR (2015). Delfi AS gegen Estland. Urteil vom 16.06.2015. Beschwerde Nr. 64569/2009. Verfügbar unter: hudoc.echr.coe.int/eng?i=001-155105 [16.09.2015]

EGMR (1997). De Haas und Gijsels gegen Belgien. Urteil vom 24.02.1997. Beschwerde Nr. 19983/1992. Verfügbar unter: hudoc.echr.coe.int/eng?i=001-58015 [16.09.2015]

EGMR (2002). Dichand u.a. gegen Österrreich. Urteil vom 26.02.2002, Beschwerde Nr. 29271/1995. Verfügbar unter: hudoc.echr.coe.int/eng?i=001-60171 [16.09.2015]

EGMR (2001). Feldek gegen Slowakei. Urteil vom 12.07.2001, Beschwerde Nr. 29032/1995. Verfügbar unter: hudoc.echr.coe.int/eng?i=001-59588 [16.09.2015]

EGMR (1996). Goodwin gegen Großbritannien. Urteil vom 27.03.1996, Beschwerde Nr. 17488/1990. Verfügbar unter: hudoc.echr.coe.int/eng?i=001-57974 [16.09.2015]

EGMR (2010). Gutierrez Suarez gegen Spanien. Urteil vom 01.06.2010, Beschwerde Nr. 16023/2007. Verfügbar unter: hudoc.echr.coe.int/eng?i=001-98844 [16.09.2015]

EGMR (1976). Handyside gegen Großbritannien. Urteil vom 07.12.1976, Beschwerde Nr. 5493/1972. Verfügbar unter: hudoc.echr.coe.int/eng?i=001-57499 [16.09.2015]

EGMR (2004). von Hannover gegen Deutschland (Nr. 1). Urteil vom 24.06.2004, Beschwerde Nr. 59320/2000. Verfügbar unter: hudoc.echr.coe.int/eng?i=001-61853 [16.09.2015]

EGMR (2012). Falter Zeitschriften GmbH gegen Österreich (Nr. 2). Urteil vom 18.09.2012, Beschwerde Nr. 3084/2007. Verfügbar unter: hudoc.echr.coe.int/eng?i=001-113137 [16.09.2015]

EGMR (2004). von Hannover gegen Deutschland (Nr. 1), nichtamtliche Übersetzung des deutschen Justizministeriums. Urteil vom 24.06.2004, Beschwerde Nr. 59320/2000. Verfügbar unter: hudoc.echr.coe.int/eng?i=001-139253 [16.09.2015]

EGMR (2012). von Hannover gegen Deutschland (Nr. 2). Urteil vom 07.02.2012, Beschwerden Nr. 40660/2008 und 60641/2008. Verfügbar unter: hudoc.echr.coe.int/eng?i=001-109029 [16.09.2015]

EGMR (2012). von Hannover gegen Deutschland (Nr. 2), nichtamtliche Übersetzung der deutschen Bundesregierung. Urteil vom 07.02.2012, Beschwerden Nr. 40660/2008 und 60641/2008. Verfügbar unter: hudoc.echr.coe.int/eng?i=001-110883 [16.09.2015]

EGMR (2013). von Hannover gegen Deutschland (Nr. 3). Urteil vom 19.09.2013, Beschwerde Nr. 8772/2010. Verfügbar unter: hudoc.echr.coe.int/eng?i=001-126362 [16.09.2015]

EGMR (1998). H.N. gegen Italien. Urteil vom 27.10.1998, Beschwerde Nr. 18902/1991. Verfügbar unter: hudoc.echr.coe.int/fre?i=001-88196 [16.09.2015]

EGMR (1993). Informationsverein Lentia et al. gegen Österreich. Urteil vom 24.11.1993, Beschwerden Nr. 13914/1988, 15041/1989, 15717/1989, 15779/1989, 17207/1990. Verfügbar unter: hudoc.echr.coe.int/eng?i=001-57854 [16.09.2015]

EGMR (1994). Jersild gegen Dänemark. Urteil vom 23.09.1994, Beschwerde Nr. 15890/1989. Verfügbar unter: hudoc.echr.coe.int/eng?i=001-57891 [16.09.2015]

EGMR (2001). Jerusalem gegen Österreich. Urteil vom 27.02.2001, Beschwerde Nr. 26958/1995. Verfügbar unter: hudoc.echr.coe.int/eng?i=001-59220 [16.09.2015]

EGMR (2012). Kaperzyński gegen Polen. Urteil vom 03.04.2012, Beschwerde Nr. 43206/2007. Verfügbar unter: hudoc.echr.coe.int/eng?i=001-110171 [16.09.2015]

EGMR (2006). Kobenter und Standard Verlags GmbH gegen Österreich. Urteil vom 02.11.2006, Beschwerde Nr. 60899/2000. Verfügbar unter: hudoc.echr.coe.int/eng?i=001-77786 [16.09.2015]

EGMR (2012). Kuchl gegen Österreich. Urteil vom 04.12.2012, Beschwerde Nr. 51151/2006. Verfügbar unter: hudoc.echr.coe.int/eng?i=001-115004 [16.09.2015]

EGMR (2014). Lillo-Stenberg und Saether gegen Norwegen. Urteil vom 16.01.2014, Beschwerde Nr. 13258/2009. Verfügbar unter: hudoc.echr.coe.int/eng?i=001-140015 [16.09.2015]

EGMR (1986). Lingens gegen Österreich. Urteil vom 08.07.1986, Beschwerde Nr. 9815/1982. Verfügbar unter: hudoc.echr.coe.int/eng?i=001-57523 [16.09.2015]

EGMR (2005). Melnychuk gegen Ukraine. Urteil vom 05.07.2005, Beschwerde Nr. 28743/2003. Verfügbar unter: hudoc.echr.coe.int/eng?i=001-70089 [16.09.2015]

EGMR (2007). Nikowitz und Verlagsgruppe News GmbH gegen Österreich. Urteil vom 22.02.2007, Beschwerde Nr. 5266/2003. Verfügbar unter: hudoc.echr.coe.int/eng?i=001-79572 [16.09.2015]

EGMR (2000). News Verlags GmbH & Co. KG gegen Österreich. Urteil vom 11.01.2000, Beschwerde Nr. 31457/1996. Verfügbar unter: hudoc.echr.coe.int/eng?i=001-58587 [16.09.2015]

EGMR (1999). Nilsen und Johnsen gegen Norwegen. Urteil vom 25.11.1999, Beschwerde Nr. 23118/1993. Verfügbar unter: hudoc.echr.coe.int/eng?i=001-58364 [16.09.2015]

EGMR (1985). Oberschlick gegen Österreich (Nr. 1). Urteil vom 23.05.1991, Beschwerde Nr. 11662/1985. Verfügbar unter: hudoc.echr.coe.int/eng?i=001-57716 [16.09.2015]

EGMR (1997). Oberschlick gegen Österreich (Nr. 2). Urteil vom 01.07.1997, Beschwerde Nr. 20834/1992. Verfügbar unter: hudoc.echr.coe.int/eng?i=001-58044 [16.09.2015]

EGMR (1991). Observer und Guardian gegen Großbritannien. Urteil vom 26.11.1991, Beschwerde Nr. 13585/1988. Verfügbar unter: hudoc.echr.coe.int/eng?i=001-57705 [16.09.2015]

EGMR (2004). Pedersen und Baagsgard gegen Dänemark. Urteil vom 17.12.2004, Beschwerde Nr. 49017/1999. Verfügbar unter: hudoc.echr.coe.int/eng?i=001-67818 [16.09.2015]

EGMR (2015). Peruzzi gegen Italien. Urteil vom 30.06.2015, Beschwerde Nr. 39294/2009. Verfügbar unter: hudoc.echr.coe.int/eng?i=001-155712 [16.09.2015]

EGMR (2007). Pfeifer gegen Österreich. Urteil vom 15.11.2007, Beschwerde Nr. 12556/2003. Verfügbar unter: hudoc.echr.coe.int/eng?i=001-83294 [16.09.2015]

EGMR (1995). Prager und Oberschlick gegen Österreich. Urteil vom 26.04.1995, Beschwerde Nr. 15974/1990. Verfügbar unter: hudoc.echr.coe.int/eng?i=001-57926 [16.09.2015]

EGMR (2013). Ricci gegen Italien. Urteil vom 08.10.2013, Beschwerde Nr. 30210/2006. Verfügbar unter: hudoc.echr.coe.int/eng?i=001-126795 [16.09.2015]

EGMR (2012). Rothe gegen Österreich. Urteil vom 04.12.2012, Beschwerde Nr. 6490/2007. Verfügbar unter: hudoc.echr.coe.int/eng?i=001-115005 [16.09.2015]

EGMR (2003). Scharsach und News Verlagsgesellschaft mbH gegen Österreich. Urteil vom 13.11.2003, Beschwerde Nr. 39394/1998. Verfügbar unter: hudoc.echr.coe.int/eng?i=001-61441 [16.09.2015]

EGMR (1992). Schwabe gegen Österreich. Urteil vom 28.08.1992, Beschwerde Nr. 13704/1988. Verfügbar unter: hudoc.echr.coe.int/eng?i=001-57757 [16.09.2015]

EGMR (1983). Silver et al. gegen Großbritannien. Urteil vom 25.03.1983, Beschwerden Nr. 5947/1972, 6205/1973, 7052/1975, 7061/1975, 7107/1975, 7113/1975, 7136/1975. Verfügbar unter: hudoc.echr.coe.int/eng?i=001-57577 [16.09.2015]

EGMR (2005). Sokolowski gegen Polen. Urteil vom 29.03.2005, Beschwerde Nr. 75955/2001. Verfügbar unter: hudoc.echr.coe.int/eng?i=001-68650 [16.09.2015]

EGMR (2009). Standard Verlags GmbH gegen Österreich (Nr. 2). Urteil vom 04.06.2009, Beschwerde Nr. 21277/05. Verfügbar unter: hudoc.echr.coe.int/eng?i=001-92865 [16.09.2015]

EGMR (2009). Standard Verlags GmbH gegen Österreich (Nr. 2), nichtamtliche deutsche Übersetzung. Urteil vom 04.06.2009, Beschwerde Nr. 21277/05. Verfügbar unter: www.ris.bka.gv.at/Dokument.wxe?Abfrage=Justiz&Dokumentnummer=JJT_20090604_AUSL000_000BSW21277_0500000_000 [12.08.2014]

EGMR (1979). Sunday Times gegen Großbritannien. Urteil vom 26.04.1979, Beschwerde Nr. 6538/1974. Verfügbar unter: hudoc.echr.coe.int/eng?i=001-57584 [16.09.2015]

EGMR (2001). Tammer gegen Estland. Urteil vom 06.02.2001, Beschwerde Nr. 41205/1998, Urteil vom 04.04.2001. Verfügbar unter: hudoc.echr.coe.int/eng?i=001-59207 [16.09.2015]

EGMR (1978). Tyrer gegen Großbritannien. Urteil vom 25.4.1978, Beschwerde Nr. 5856/72. Verfügbar unter: hudoc.echr.coe.int/eng?i=001-57587 [16.09.2015]

EGMR (2005). Ukranian Media Group gegen Ukraine. Urteil vom 29.03.2005, Beschwerde Nr. 72713/2001. Verfügbar unter: hudoc.echr.coe.int/eng?i=001-68648 [16.09.2015]

EGMR (2012). Verlagsgruppe News und Bobi gegen Österreich. Urteil vom 04.12.2012, Beschwerde Nr. 59631/2009. Verfügbar unter: hudoc.echr.coe.int/eng?i=001-115013 [16.09.2015]

EGMR (1994). Vereinigung demokratischer Soldaten Österreichs und Gubi gegen Österreich. Urteil EGMR vom 19.12.1994, Beschwerde Nr. 15153/1989. Verfügbar unter: hudoc.echr.coe.int/eng?i=001-57908 [16.09.2015]

EGMR (2000). Wabl gegen Österreich. Urteil vom 21.03.2000, Beschwerde Nr. 24773/94. Verfügbar unter: hudoc.echr.coe.int/eng?i=001-58516 [16.09.2015]

EGMR (2013). Wegrzynowski und Smolczewski gegen Polen. Urteil vom 16.07.2013, Beschwerde Nr. 33846/2007. Verfügbar unter: hudoc.echr.coe.int/eng?i=001-122365 [16.09.2015]

EuGH (28.03.1996). Gutachten 2/94 des Gerichtshofs nach Artikel 228 EGV. Verfügbar unter: eur-lex.europa.eu/resource.html?uri=cellar:3645916a-61ba-4ad5-84e1-7767433f326.0003.02/DOC_2&format=PDF [22.09.2014]

EuGH (17.12.1970). Urteil Internationale Handelsgesellschaft mbH gegen Einfuhr- und Vorratsstelle für Getreide und Futtermittel. Rechtssache Nr. 11/1970. Verfügbar unter: eur-lex.europa.eu/legal-content/DE/TXT/PDF/?uri=CELEX:61970CJ0011&from=DE [15.09.2014]

EuGH (14.15.1974). Urteil J. Nold, Kohlen- und Baustoffgroßhandel gegen Kommission der Europäischen Gemeinschaften. Rechtssache Nr. 4/1973. Verfügbar unter: eur-lex.europa.eu/legal-content/DE/TXT/PDF/?uri=CELEX:61973CJ0004&from=DE [15.09.2014]

EuGH (12.11.1969). Urteil Stauder gegen Stadt Ulm, Sozialamt (Ersuchen um Vorabentscheidung, vorgelegt vom Verwaltungsgericht Stuttgart), Rechtssache Nr. 29/1969. Verfügbar unter: curia.europa.eu/juris/showPdf.jsftext=&docid=87844&pageIndex=0&doclang=de&mode=lst&dir=&occ=first&part=1&cid=2706343 [15.09.2014]

Österreichischer OGH (2009). Medienrechtssache Natascha K gegen A GmbH, GZ 15 Os81/09i. Verfügbar unter: www.ris.bka.gv.at/Dokument.wxe?Abfrage=Justiz&Dokumentnummer=JJT_20090819_OGH0002_0150OS00081_09I0000_000 [21.01.2014]

Österreichischer OGH (2011). Urteil vom 16.06.2011, GZ 6Ob147/10a. Verfügbar unter: www.ris.bka.gv.at/Dokumente/Justiz/JJT_20110616_OGH0002_0060OB00147_10A0000_000/JJT_20110616_OGH0002_0060OB00147_10A0000_000.html [01.11.2014]

US Supreme Court (1937). Palko gegen Conneticut. Urteil vom 06.12.1937, Nr. 302 U.S. 319. In: Justia US Supreme Court (o.J.). Verfügbar unter: supreme.justia.com/cases/federal/us/302/319/case.html [04.02.2014]

2. Literaturverzeichnis

Ahrens, Klaus (2002). Persönlichkeitsrecht und Freiheit der Medienberichterstattung: Konfliktsituationen – Schutzanspruche – Verfahrensfragen. Berlin: Erich Schmidt Verlag

Anonym (1810–1820). Die Gedanken sind frei, Volksweise. Verfügbar u.a. unter: www.volksliederarchiv.detext305.html, o.J., o.S [08.09.2014]

Arai, Yutaka (2009). Article 10: Freedom of expression. In: Harris, David et al. (Hg.) (22009). Law of the European Convention on Human Rights, Oxford: Oxford University Press, S. 443–513

Badenhop, Johannes (2010). Normtheoretische Grundlagen der Europäischen Menschenrechtskonvention. Baden-Baden: Verlag Nomos

Berka, Walter (1982). Medienfreiheit und Persönlichkeitsschutz: Die Freiheit der Medien und ihre Verantwortung im System der Grundrechte. Wien/New York: Verlag Springer

Berka, Walter (1999). Persönlichkeitsschutz auf dem Prüfstand: Verfassungsrechtliche Perspektiven. In: Mayer, Heinz (Hg.), Persönlichkeitsschutz und Medienrecht. Wien: Verlag Manz

Berka, Walter (2005). Persönlichkeitsschutz und Massenmedien im Lichte der Grundfreiheiten und Menschenrechte. In: Koziol, Helmut/Warzilek, Alexander (Hg.). Persönlichkeitsschutz gegenüber Massenmedien. The Protection of Personality Rights against Invasions by Mass Media. Wien/New York: Verlag Springer, S. 493–538

Berka, Walter (2006). „Public Figures“ und „Public Interest”: Die ehrenschutzrechtliche Abwägungsentscheidung im Lichte der jüngeren Judikatur zu Art 10 EMRK, in Akyurek, Metin et al. (Hg.). Staat und Recht in europäischer Perspektive. Festschrift Heinz Schäffer. München/Wien: Verlag CH Beck, S. 91–108

Berka, Walter (2008). Medienrecht und Medienverantwortung in der Informationsgesellschaft. In: Karl, Wolfram/Berka, Walter (Hg.). Schriften des Österreichischen Instituts für Menschenrechte, Band 10, Medienfreiheit, Medienmacht und Persönlichkeitsschutz. Kehl/Straßburg/Arlington: NP Engel Verlag, S. 31–46

Berka, Walter (2010). Medienrecht und Freiheit der Meinungsäußerung. In: Internationale Strafrechtsgesellschaft, Arbeitsgruppe Österreichisch, und Österreichischer Juristenverband, Leitner, Michael/Lehner, Andrea (Red.), Medienrecht und Meinungsäußerung. Wien: Symposium 16. April 2010

Berka, Walter (2010). Media Governance zwischen Recht und Selbstregulierung. In: Koziol, Helmut et al. (Hg.). Medienpolitik und Recht. Media Governance,

Wahrhaftigkeitspflicht und sachgerechte Haftung. Wien: Jan Sramek Verlag, S. 45–62

Bundeministerium für Justiz (12.11.2009). Reden der Ministerin, Medienforum Linz 12.11.2009. Verfügbar unter: www.justiz.gv.at/web2013/html/default/2c94848524c8dc270124edaccfb20195.de.html [12.03.2010]

Bürgenthal, Thomas & Thürer, Daniel (2010). Menschenrechte. Ideale, Instrumente, Institutionen. St. Gallen/Zürich: Dike Verlag AG

Calliess, Christian (2002). Grundpflichten und Bürgerverantwortung in der Europäischen Konvention zum Schutze der Menschenrechte und Grundfreiheiten (EMRK). In: Bröhmer, Jürgen (Hg.). Der Grundrechtsschutz in Europa. Baden-Baden: Nomos Verlagsgesellschaft, S. 67–84

Der Spiegel (10.10.1962). Bedingt abwehrbereit, Der Spiegel Nr. 41/1962. Verfügbar unter: www.spiegel.de/spiegel/print/d-25673830.html [25.03.2014]

derStandard.at (19.05.2004). Ein bürgerliches Gerücht: Der Präsident & der kolportierte Scheidungsgrund, S. 1–3. Verfügbar unter: derstandard.at/1687995/Ein-buergerliches-Geruecht-Der-Praesident--der-kolportierte-Scheidungsgrund?_slideNumber=1&_seite=[12.02.2014]

dpa-Newskanal via sueddeutsche.de (07.02.2014). Expertin zu „Neknomination": Jugendliche wollen digitalen Applaus. Verfügbar unter: www.sueddeutsche.de/news/wirtschaft/medien-expertin-zu-neknomination-jugendliche-wollen-digitalen-applaus-dpa.urn-newsml-dpa-com-20090101-140207-99-03531 [09.02.2014]

EGMR (12.02.2008). Advisory opinion on certain legal questions concerning the lists of candidates submitted with a view to the election of judges to the European Court of Human Rights. Verfügbar unter: hudoc.echr.coe.int/sites/eng/pages/search.aspx?i=003-2268009-2419060 [15.09.2014]

EGMR (22.01.2010). Advisory opinion on certain legal questions concerning the lists of candidates submitted with a view to the election of judges to the European Court of Human Rights (No. 2). hudoc.echr.coe.int/sites/eng/pages/search.aspx?i=003-3004688-3312583 [15.09.2014]

Ehlers, Dirk (2009). Die Europäische Menschenrechtskonvention. Allgemeine Lehren der EMRK. In: Becker, Ulrich/Ehlers, Dirk (Hg.). Europäische Grundrechte und Grundfreiheiten. Berlin: De Gruyter Recht, S. 25–80

Eiffler, Sven-R. (1999). Die Auslegung unbestimmter Schrankenbegriffe der Europäischen Menschenrechtskonvention. Eine Untersuchung unter besonderer Berücksichtigung des Begriffs „Ordnung", Dissertation Humboldt-Universität Berlin. Aachen: Verlag Shaker

Engel, Christoph (2000). Die Europäische Grundrechtscharta und die Presse, in: Max Planck Institute for Research on Collective Goods, Zeitschrift für

Urheber- und Medienrecht (ZUM), 44/2000, S. 975–1006. Verfügbar unter: www.coll.mpg.de/publications/1207#_edn169 [15.02.2015]

Europäischer Gerichtshof für Menschenrechte (2014). ECHR 1959–2013, Overview. Verfügbar unter: www.echr.coe.int/Documents/Overview_19592013_ENG.pdf [13.09.2014]

Europäischer Gerichtshof für Menschenrechte (2014). Analysis of statistics 2013. Verfügbar unter: www.echr.coe.int/Documents/Stats_analysis_2013_ENG.pdf [14.09.2014]

Europäischer Gerichtshof für Menschenrechte (2014). Apply to the Court. Verfügbar unter: www.echr.coe.int/Pages/home.aspx?p=applicants&c=#n1357809840531_pointer [14.09.2014]

Europarat (2007). Struktur und Tätigkeit des Europäischen Gerichtshofs für Menschenrechte. Verfügbar unter: www.coe.int/T/D/Menschenrechtsgerichtshof/geschichte.asp#Verfahren [29.01.2014]

Europarat (2009). Die zur Zeit 46 Richter des EGMR. In: EGMR-E 3, Anhang. Kehl: N.P. Engel Verlag, S. 736. Verfügbar unter: www.eugrz.info/PDF/EGMR3/EGMR03-AnhRichter.pdf [29.01.2014]

Europarat (o.J.). The Margin of Appreciation. Verfügbar unter: www.coe.int/t/dgh /cooperation/lisbonnetwork/themis/echr/paper2_en.asp [18.01.2014]

Evers, Marco & Hülsen, Isabell (14.12.2009). Paradies für Despoten. In: Der Spiegel, 51/2009, S. 152

Fechner, Frank (72006). Medienrecht, Tübingen: UTB Mohr Siebeck Verlag

Gering, Sibylle (2012). Pressefreiheit in regionalen Menschenrechtssystemen. Rechtsvergleichende Analyse des Schutzes der Pressefreiheit im Menschenrechtssystem des Europarates und im interamerikanischen Menschenrechtssystem unter besonderer Berücksichtigung des Verhältnisses der Pressefreiheit zum Schutz des guten Rufs und der Privatsphäre. Hamburg: Verlag Dr. Kovač

Gerhart, Rudolf & Steffen, Erich (2002). Kleiner Knigge des Presserechts. Frankfurt am Main: Berliner Wissenschaftsverlag

Goring, Gilbert-Hanno (1988). Äußerungsfreiheit und Informationsfreiheit als Menschenrechte. Die Verankerung der Äußerungs-, Informations-, Presse- und Rundfunkfreiheit sowie das Zensurverbot in völkerrechtlichen Übereinkommen und in den Rechtsordnungen der KSZE-Staaten unter besonderer Berücksichtigung rechtsphilosophischer und rechtshistorischer Hintergrunde. Berlin: Duncker & Humblot

Grabenwarter, Christoph (^{4}2009). Europäische Menschenrechtskonvention. München: Beck Verlag

Grabenwarter, Christoph (2014). European Convention on Human Rights. Commentary. München: Verlag CH Beck

Grabenwarter, Christoph & Pabel, Katharina ([5]2012). Europäische Menschenrechtskonvention. München: Verlag CH Beck

Griss, Irmgard (2010). Geleitwort. In: Koziol, Helmut et al. (Hg.). Medienpolitik und Recht. Media Governance, Wahrhaftigkeitspflicht und sachgerechte Haftung. Wien: Jan Sramek Verlag, S. 1–3

Großheim, Bernd (01.08.2014). Neues Internetgesetz in Russland. Blogger unter Druck. Verfügbar unter: www.tagesschau.de/ausland/internetgesetz-russland-100.html [01.08.2014]

Gruber, Angelika (2005). Medienrecht und neue Medien. Mit besonderer Berücksichtigung des Internet. Wien: Lexis Nexis

Guradze, Heinz (1968). Die Europäische Menschenrechtskonvention. Konvention zum Schutz der Menschenrechte und Grundfreiheiten nebst Zusatzprotokollen. Berlin und Frankfurt: Verlag Franz Vahlen

Haß, Solveig (2006). Die Urteile des Europäischen Gerichtshofs für Menschenrechte. Charakter, Bindungswirkung und Durchsetzung, Dissertation Universität Köln. Frankfurt am Main: Verlag Peter Lang

Haug, Thomas (2011). Bildberichterstattung über Prominente. Unter besonderer Berücksichtigung der Zulässigkeit der gerichtlichen Beurteilung des Informationswertes von Medienberichten. Baden-Baden: Verlag Nomos

Hector, Pascal (2002). Die Charta der Grundrechte der Europäischen Union, in Bröhmer, Jürgen (Hg.). Der Grundrechtsschutz in Europa. Baden-Baden: Nomos Verlagsgesellschaft, S. 180–204

Heldrich, Andreas (2005). Persönlichkeitsschutz und Pressefreiheit nach der Europäischen Menschenrechtskonvention. In: Koziol, Helmut & Warzilek, Alexander (Hg.). Persönlichkeitsschutz gegenüber Massenmedien. The Protection of Personality Rights against Invasions by Mass Media. Wien/New York: Verlag Springer, S. 479–491

Herzog, Roman (06.09.1996). Die Rechte des Menschen. Erschienen in: Die Zeit. In: Matscher, Franz u.a. (Hg.) (2010). Ein Leben fur Recht und Gerechtigkeit: Festschrift für Hans R. Klecatsky zum 90. Geburtstag. Wien: Neuer Wissenschaftlicher Verlag, S. 319–326

heute.de (24.01.2014). Mosley-Prozess: Google muss Links zu Sexfotos entfernen. Verfügbar unter: www.heute.de/prozess-ex-motorsportboss-max-mosley-gegen-google-urteil-landgericht-hamburg-31424080.html [08.02.2014]

Hoffmann-Riem, Wolfgang (2002). Beleidigende Werturteile und wahrheitswidrige Tatsachenbehauptungen, Deutschland. In: Bundesministerium für Justiz (Hg.). Internationale Medienenquete – Pressefreiheit und Persönlichkeitsschutz in der Europäischen Union. Wien: Bundesministerium für Justiz, S. 33–58

Höhne, Thomas (2012). „Neue" Persönlichkeitsrechte in „neuen Medien". In: Berka, Walter et al. (Hg.), Persönlichkeitsschutz in elektronischen Massenmedien. Siebentes Rundfunkforum. Wien: Verlag Manz, S. 1–40

Informationsplattform Humanrights.ch (26.01.2014). Das 14. Zusatzprotokoll zur EMRK vom 13. Mai 2004 (in Kraft seit dem 1. Juni 2010). Verfügbar unter: www.humanrights.ch/de/internationale-menschenrechte/europarats-organe/egmr/reform/14.-zusatzprotokoll-emrk-kraft-1.-juni-2010 [13.09.2014]

Informationsplattform Humanrights.ch (17.04.2012). Der Europäische Gerichtshof für Menschenrechte unter Beschuss. Verfügbar unter: www.humanrights.ch/de/Instrumente/Nachrichten/Europarat/idart_9374-content.html [08.01.2014]

Informationsplattform humanrights.ch (29.06.2011). Neue EGMR-Verfahren. Verfügbar unter: www.humanrights.ch/de/Instrumente/Europarats-Organe/EGMR/Verfahren/index.html [22.01.2014]

Informationsplattform humanrights.ch (29.06.2011). EGMR: Wie kann man eine Beschwerde einreichen?. Verfügbar unter: www.humanrights.ch/de/Instrumente/Europarats-Organe/EGMR/Beschwerde-einreichen/index.html [15.02.2014]

Informationsplattform humanrights.ch (14.05.2014). Zusatzprotokolle zur Europäischen Menschenrechtskonvention. Verfügbar unter: www.humanrights.ch/de/internationale-menschenrechte/europarat-abkommen/zusatzprotokolle/ [13.09.2014]

Jagland, Thorbjørn (2012). Keine „ausufernde" Auslegung der Menschenrechte. Verfügbar unter: www.nzz.ch/aktuell/startseite/keine-ausufernde-auslegung-der-menschenrechte-1.15083573 [08.01.2014]

Jörges, Hans-Ulrich (2010). Den Kontinent journalistisch vereinigen: Warum wir eine Europäische Charta für Pressefreiheit brauchen. In: Welker, Martin et al. (Hg.). Pressefreiheit ohne Grenzen? Grenzen der Pressefreiheit. Köln: Herbert von Halem Verlag, S. 325–330

Juristische Methodik (2003ff.). Glossar. Verfügbar unter: www.recht-und-sprache.de/glossar_jm/index.htm?jmg_eff_util.htm [08.01.2014]

Karl, Wolfram (2004). Der europäische Menschenrechtsschutz. In: Neuhold, Hanspeter et al. (Hg.). Österreichisches Handbuch des Völkerrechts, Band 1 – Textteil. Wien: Verlags- und Universitätsbuchhandlung, S. 274–312

Kieser, Albrecht (18.06.2008). Auf Linie. Die Kölner Tagespresse im Nationalsozialismus. In: Neue Rheinische Zeitung, Online-Flyer Nr. 151 (auf der Grundlage einer Sendung des Autors in WDR 3, Sendereihe Themen der Zeit). Verfügbar unter: www.nrhz.de/flyer/beitrag.php?id=12530 [10.09.2014]

Keller, Helen & Müller, Amrei (2012). Das Zusammenspiel von Bundesgericht und EGMR analysiert aus dem Blickwinkel der Subsidiarität. In: «Justice - Justiz - Giustizia» 2012/1. Verfügbar unter: www.humanrights.ch/upload/pdf/120417_Richterzeitung_Keller_EGMR.pdf [08.01.2014]

Klöpfer, Michael (1996). „Innere Pressefreiheit" und Tendenzschutz im Lichte des Artikels 10 der Europäischen Konvention zum Schutz der Menschenrechte und Grundfreiheiten. Berlin: Verlag Duncker & Humblot

von Knobloch, Hans-Heinrich (2012). Der Schutz der Persönlichkeit im Internet. In: Leible, Stefan (Hg.), Der Schutz der Persönlichkeit im Internet. Stuttgart: Verlag Boorberg. S. 9–16.

Kokott, Juliane et al. (Hg.) ([3]2003). Grundzüge des Völkerrechts. Heidelberg: Verlag C.F. Müller, deutsche Ausgabe.

Kommenda, Benedikt (2005). Der Persönlichkeitsschutz gegenüber Massenmedien aus der Sicht eines Medienmitarbeiters. In Koziol, Helmut & Warzilek, Alexander (Hg.). Persönlichkeitsschutz gegenüber Massenmedien. Wien: Verlag Springer, S. 399–418.

Kommenda, Benedikt (29.01.2008). Schutz vor übler Nachrede geht vor Meinungsfreiheit. Die Presse, S. 12. Verfügbar unter: diepresse.com/home/recht/rechtallgemein/358345/Schutz-vor-ubler-Nachrede-geht-vor-Meinungsfreiheit [29.11.2013]

Korn, Gottfried (2003). Politik und Politiker als Objekte der Justiz. Ein europäischen Problem aus österreichischer Sicht. In: Langenbucher, Wolfgang R. (Hg.). Die Kommunikationsfreiheit der Gesellschaft. Wiesbaden: Westdeutscher Verlag/GWV Fachverlage, S. 263–283

Kotzur, Markus (2012). Gewissens-, Religions-Meinungsfreiheit. In: Pollmann, Arnd & Lohmann, Georg (Hg.). Menschenrechte. Ein interdisziplinäres Handbuch, S. 251–255

Kotzur, Markus (2012). Schutz des Privatlebens. In: Pollmann, Arnd & Lohmann, Georg (Hg.). Menschenrechte. Ein interdisziplinäres Handbuch, S. 249–251

Koziol, Helmut (2005). Der Schutz der Persönlichkeitsrechte gegenüber Massenmedien: Zusammenfassung und Ausblick. In: Koziol, Helmut & Warzilek, Alexander (Hg.). Persönlichkeitsschutz gegenüber Massenmedien. Wien: Springer, S. 661–679

Koziol, Helmut (2010). Öffentliche Aufgabe und Wahrhaftigkeitspflicht in der Berichterstattung - Gedankensplitter eines Privatrechtlers. In: Koziol, Helmut et al. (Hg), Medienpolitik und Recht. Wien: Jan Sramek Verlag, S. 81–98

Kräutler, Wolfgang (2007). Schutz vor medialen Übergriffen in Österreich. In: Ziegler, Senta (Hg.). Der Medien-Knigge. Wien: Verlag Signum, S. 213–236

Kühling, Jürgen (2006). Kommunikationsfreiheit (Meinungsäußerungs- und Informationsfreiheit). In: Heselhaus, Sebastian F. & Nowak, Carsten (Hg.). Handbuch der Europäischen Grundrechte. München: CH Beck Verlag, München, S. 648–690

Kühling, Jürgen (2006). Medienfreiheit (Rundfunk-, Presse und Filmfreiheit). In: Heselhaus, Sebastian F. & Nowak, Carsten (Hg.). Handbuch der Europäischen Grundrechte. München: CH Beck Verlag, S. 691–732

Lendl, Frederick (2005). Der EGMR uns die österreichische Rechtsprechung. In: Österreichische Juristenkommission (Hg.). Caroline und die Folgen: Medienfreiheit am Wendepunkt?. Wien/Graz: Neuer Wissenschaftlicher Verlag, S. 23–29

Lehofer, Hanspeter (07.10.2012). EGMR: Falter gegen Österreich (Nr. 2) - wenn Kritik an einer Richterin zur üblen Nachrede wird. Verfügbar unter: blog.lehofer.at/2012/10/egmr-falter-gegen-osterreich-nr-2-wenn.html [14.02.2014]

Lingens, Peter Michael (14.10.1975). Der Fall Peter. In: Nachrichtenmagazin Profil, S. 10–11

Lingens, Peter Michael (21.10.1975). Versöhnung mit den Nazis - aber wie?. In: Nachrichtenmagazin Profil, S. 18–23

Litigation-PR: Der Blog (31.01.2014). Jahrelange Prozess-Schlachten vermeiden. Verfügbar unter: www.litigation-pr-blog.de/2014/01/31/jahrelange-prozess-schlachten-vermeiden [27.02.2014]

Logemann, Anika (2004). Grenzen der Menschenrechte in demokratischen Gesellschaften. Die „demokratische Gesellschaft“ als Determinante der Grundrechtsschranken in der Europäischen Menschenrechtskonvention, Dissertation Universität Groningen. Baden-Baden: Verlag Nomos

Loock, Alexandra (2005). Das allgemeine Persönlichkeitsrecht der öffentlichen Person in den Medien. Eine Betrachtung mit interdisziplinären Bezügen. Europäische Hochschulschriften, Band 4289, Dissertation, Universität Hannover

Martin, Céline (2007). Grundrechtskollisionen. Basel: Verlag Helbing Lichtenhahn

Martin, Klaus (2007). Das allgemeine Persönlichkeitsrecht in seiner historischen Entwicklung. Hamburg: Verlag Dr. Kovac

Matscher, Franz (2001). Medienfreiheit und Persönlichkeitsschutz im Sinne der EMRK. In: Bundesministerium für Justiz (2002). Strafrechtliche Probleme der Gegenwart: Referate des 29. von der Vereinigung Österreichischer Richter veranstalteten Fortbildungsseminars aus Strafrecht und Kriminologie; Ottenstein 2001, Strafrechtliches Seminar, 29, 2001, Rastenfeld-Peygarten-Ottenstein; Vereinigung der Österreichischen Richter. Wien: 2002

menschenrechte.ac.at (1995). Prager und Oberschlick gegen Österreich. Kritik an einem Richter und das Recht auf freie Meinungsäußerung. In: Newsletter 1995/3/08, S. 121. Verfügbar unter: www.menschenrechte.ac.at/docs/95_3/95_3_08.htm [12.02.2014]

menschenrechtserklärung.de (o.J.). Allgemeine Erklärung der Menschenrechte. Verfügbar unter: www.menschenrechtserklaerung.de/historie-der-un-menschenrechtserklaerung-372/ [24.03.2014]

Mersch, Christopher (2013). Die journalistische Sorgfalt: on- und offline. Wien: Verlag Manz

Merten, Detlef & Papier, Hans-Jürgen (Hg.) (2006). Handbuch der Grundrechte in Deutschland und Europa. Heidelberg/München/Landsberg/Berlin: CF Müller Verlag

Meyer, Jürgen (Hg.) ([2]2006). Charta der Grundrechte der Europäischen Union. In: Baden-Baden: Nomos Verlagsgesellschaft, S. 195–205

Michael, Lothar & Morlok, Martin (2008). Grundrechte. Baden-Baden: Verlag Nomos

Mikich, Sonia & Otto, Kim (2010). Freiheit strengt an, ist aber schon – ein Beitrag über Möglichkeiten und Grenzen des kritischen Journalismus. In: Welker, Martin et al. (Hg.). Pressefreiheit ohne Grenzen? Grenzen der Pressefreiheit. Köln: Herbert von Halem Verlag, S. 78–88

Müller-Riemenschneider, Severin (2013). Pressefreiheit und Persönlichkeitsschutz. Zur Rechtsprechung von Bundesverfassungsgericht und Europäischem Gerichtshof für Menschenrechte. Hamburg: Verlag Kovac

Nikowitz, Rainer (03.09.2001). Aua! In: Profil, Nr. 36/2001, S. 124

orf.at (19.12.2013). Medien als Sprachrohr der Partei, o.S. Verfügbar unter: orf.at/stories/2211050/2211047/ [19.01.2014]

orf.at (09.02.2014). Krawalle bei Protesten gegen Regierung, o.S. Verfügbar unter: orf.at/stories/2217536/2217535/ [09.02.2014]

Österreichischer Gewerkschaftsbund (23.01.2014). Akademikerball: Journalistengewerkschaft kritisiert „Zensurmaßnahme“. Presseaussendung. Verfügbar unter: www.ots.at/presseaussendung/OTS_20140123_OTS0086/akademikerball-journalistengewerkschaft-kritisiert-zensurmassnahme [24.01.2014]

Österreichischer Presserat (2012). Grundsätze für die publizistische Arbeit. Ehrenkodex der Österreichischen Presse. Verfügbar unter: www.presserat.at/show_content.php?sid=3 [23.11.2013].

Österreichischer Presserat (02.12.2013). Verfahrensordnung der Beschwerdesenate des Österreichischen Presserates. Verfügbar unter: www.presserat.at/rte/upload/pdfs/verfahrensordnung_idf_vom_02.12.2013.pdf [16.02.2014].

Österreichischer Presserat (o.J). Mitteilungen und Beschwerden. Verfügbar unter: presserat.at/show_content.php?hid=4 [30.01.2015].

Papst Pius XII. (18.02.1950). La stampa cattolica e l'opinione pubblica. In: Edizioni della Radio Vaticana (1964), Documenti pontifici sulla stampa (1787–1963). Rom: Tipografia poliglotta vaticana, S. 210–218

Pfiffner, Brigitte & Bollinger, Susanne (02.02.2012). Ausufernde Interpretation der Menschenrechte. Verfügbar unter: www.nzz.ch/aktuell/startseite/ausufernde-interpretation-der-menschenrechte-1.14748269 [08.01.2014]

Polakiewicz, Jörg (1992). Die Verpflichtungen der Staaten aus den Urteilen des Europäischen Gerichtshofs für Menschenrechte. Heidelberg: Springer-Verlag

Pollmann, Arnd (2012). Menschenrechte, Grundrechte, Bürgerrechte. In: Pollmann, Arnd & Lohmann, Georg (Hg.). Menschenrechte. Ein interdisziplinäres Handbuch, S. 129–136

Prantl, Heribert (2010). Pressefreiheit – das tägliche Brot der Demokratie. Wert und Gefährdung eines Ur-Grundrechts. In: Welker, Martin et al. (Hg.). Pressefreiheit ohne Grenzen? Grenzen der Pressefreiheit. Köln: Herbert von Halem Verlag, S. 14–27

pressefreiheit-wissen.de (o.J.). Das Mutterland der Pressefreiheit: England. Verfügbar unter: pressefreiheit-wissen.de/geschichte/england.html [21.01.2014]

Profil.at (11.07.2004). Pornoaffäre: Traudich doch. Verfügbar unter: www.profil.at/articles/0428/560/86617/pornoaffaere-trau [20.01.2014]

Pürer, Heinz (2008). Medien und Journalismus zwischen Macht und Verantwortung. In: Medienimpulse, Heft 64, S. 10–16. Verfügbar unter: www2.mediamanual.at/themen/pdf/MI64_Puerer.pdf [19.01.2014]

Räker, Jan (2007). Die Veröffentlichung von Abbildungen Prominenter ohne deren Zustimmung – Führt das „Caroline-Urteil" des EGMR zu einem neuen juristischen Begriff?. In: Schierl, Thomas (Hg.), Prominenz in den Medien. Zur Genese und Verwertung von Prominenten in Sport, Wirtschaft und Kultur, S. 81–97. Köln: Verlag Halem

Rami, Michael (2008). Zwingt der Europäische Gerichtshof für Menschenrechte Österreich zu einer Änderung seines Medienrechts?. In Karl, Wolfram & Berka, Walter (Hg.). Schriften des Österreichischen Instituts für Menschenrechte, Band 10, Medienmacht und Persönlichkeitsschutz. Kehl/Straßburg/Arlington: NP Engel Verlag, S. 93–104

Reporter ohne Grenzen (12.02.2015). Rangliste der Pressefreiheit 2015 veröffentlicht. Verfügbar unter: www.reporter-ohne-grenzen.de/pressemitteilungen/meldung/rangliste-der-pressefreiheit-2015-veroeffentlicht, [14.02.2015]

Reporter ohne Grenzen (21.01.2014). ROG: Neues türkisches Internetgesetz würde Informationsfreiheit massiv einschränken. Verfügbar unter: www.

reporter-ohne-grenzen.de/presse/pressemitteilungen/meldung-im-detail/artikel/rog-neues-tuerkisches-internetgesetz-wuerde-informationsfreiheit-massiv-einschraenken/ [21.01.2014]

Reporter ohne Grenzen Österreich (24.01.2014). Ende der Pressefreiheit: Scharfe ROG-Kritik an Polizei-Zensur. Verfügbar unter: www.rog.at/ende-der-pressefreiheit-scharfe-rogkritik-an-polizei-zensur.html [24.01.2014]

Reporter ohne Grenzen Österreich (22.01.2014). Ukraine: ROG verurteilt Gewalt gegen Journalisten bei Protesten. Verfügbar unter: www.reporter-ohne-grenzen.de/presse/pressemitteilungen/meldung-im-detail/artikel/ukraine-rog-verurteilt-gewalt-gegenjournalisten-bei-protesten/ [04.02.2014]

Rhode, Lars (2004). Publizistische Sorgfalt und redaktionelle Rechtspflichten. Eine Inhalts- und Strukturanalyse unter Einbezug der neuen Medien. Dissertation, Universität Marburg. München: Verlag CH Beck

Röggla, Werner (2002). Pressefreiheit und justizieller Persönlichkeitsschutz in der EU. Ergebnisse einer Fragebogenerhebung über die Regelungen in den Mitgliedstaaten. In: Bundesministerium für Justiz (Hg.). Internationale Medienenquete – Pressefreiheit und Persönlichkeitsschutz in der Europäischen Union. Wien: Bundesministerium für Justiz, S. 15–29

Sandkühler, Hans Jörg (2014). Menschenwürde und Menschenrechte. Über die Verletzbarkeit und den Schutz der Menschen. Freiburg/München: Verlag Karl Alber

Schilling, Theodor (2004). Internationaler Menschenrechtsschutz. Universelles und europäisches Recht. Tübingen: Verlag Mohr Siebeck

Seethaler, Josef (2010). Öffentliche Aufgabe und Wahrhaftigkeitspflicht in der Berichterstattung: Kommunikationswissenschaftliche Aspekte. In: Koziol, Helmut et al. (Hg.). Medienpolitik und Recht. Wien: Jan Sramek Verlag, S. 65–80

Senn, Mischa Charles (2003). Grundrechtskollisionen im Kontext der Kommunikationsfreiheiten – das Beispiel satirischer Äußerungen. In: Langenbucher, Wolfgang R. (Hg.). Die Kommunikationsfreiheit der Gesellschaft. Wiesbaden: Westdeutscher Verlag/GWV Fachverlage, S. 340–357. Verfügbar unter: www.zkr.ch/files/Aufs_Publizistik_Senn.pdf [07.02.2014]

Schiwy, Peter (2010). Persönlichkeitsschutz und Pressefreiheit. In: Koziol, Helmut et al. (Hg.). Medienpolitik und Recht. Wien: Jan Sramek Verlag, S. 99–117

Schneiders, Benedikt (2010). Die Grundrechte der EU und die EMRK. Das Verhältnis zwischen ungeschriebenen Grundrechten, Grundrechtscharta und Europäischer Menschenrechtskonvention. Baden-Baden: Verlag Nomos

Schröder-Maiwald, Iris (2009). Medienumsatz steigt bis 2013 auf knapp 58 Milliarden Euro. Verfügbar unter: fachmedien.net/2009/10/medienumsatz-steigt-bis-2013-auf-knapp-58-milliarden-euro [20.11.2013]

Schumacher, Christian (2001). Medienberichterstattung und Schutz der Persönlichkeitsrechte. Abwägung der Grundrechtspositionen im Rechtsvergleich Österreich, Europäischer Gerichtshof für Menschenrechte und USA. Wien: Verlag Manz

Schwetzler, Angelika (2005). Persönlichkeitsschutz durch Presseselbstkontrolle. Unter besonderer Berücksichtigung des Ehrenschutzes, Dissertation Universität Passau. Berlin: Duncker & Humboldt

Spiegel Online (16.06.2015). Europäischer Gerichtshof für Menschenrechte: Forenbetreiber haftet für Beleidigungen der Nutzer. Verfügbar unter: www.spiegel.de/netzwelt/netzpolitik/gerichtshof-urteilt-zu-beleidigungen-in-nutzerforen-a-1039058.html [08.08.2015]

Spielmann, Dean (20.03.2014). UCL – Current Legal Problems (CLP) lecture: Whither the Margin of Appreciation? Verfügbar unter: www.echr.coe.int/documents/speech_20140320_london_eng.pdf [15.09.2014]

Steiner, Elisabeth (2010). Der Maßstab für den Menschenrechtsschutz im großen Europa. In: Matscher, Franz u.a. (Hg.) (2010). Ein Leben für Recht und Gerechtigkeit: Festschrift für Hans R. Klecatsky zum 90. Geburtstag. Wien: Neuer Wissenschaftlicher Verlag, S. 745–758

Swoboda, Ernst (1999). Das Recht der Presse. Handbuch für die Praxis. Wien: Verlag Medien und Recht.

Swoboda, Ernst (2005). Medienfreiheit – nur noch ein Schlagwort?, in Österreichische Juristenkommission (Hg.). Caroline und die Folgen: Medienfreiheit am Wendepunkt?. Wien/Graz: Neuer Wissenschaftlicher Verlag, S. 30–34.

Tiedemann, Paul (2006). Was ist Menschenwürde? Darmstadt: Wissenschaftliche Buchgesellschaft

Unterberger, Andreas (2010). Das Ende des Medienzeitalters. In: Koziol, Helmut et al. (Hg.). Medienpolitik und Recht. Media Governance, Wahrhaftigkeitspflicht und sachgerechte Haftung. Wien: Jan Sramek Verlag, S. 7–16

Vereinigte Bühnen Wien (2012). Musical Elisabeth, Part 5, Verfügbar unter: www.youtube.com/watch?v=XPe2qQ69MwY&list=PLE9CE8D17367824D8 [01.05.2014]

Walter, Christian (2009). Die europäische Grundrechtsidee. Geschichte und Entwicklung der Europäischen Grundrechte und Grundfreiheiten. In: Becker, Ulrich & Ehlers, Dirk (Hg.). Europäische Grundrechte und Grundfreiheiten. Berlin: De Gruyter Recht, S. 1–24

Walter, Christian (2014). Kommunikationsfreiheiten. In: Grabenwarter, Christoph (Hg.), Europäischer Grundrechteschutz. Baden-Baden: Verlag Nomos, S. 475–506

Wesel, Uwe (2008). Unantastbar. Verfügbar unter: www.zeit.de/2008/49/A-Pufendorf?page=all [12.03.2010]

Wieruszewski, Roman (2015). Freedom of expression and its limits - Was Voltaire right?, in ZEuS 1/2015

Wildhaber, Luzius (2008). Ruckblick auf 16 Jahre am Europäischen Gerichtshof für Menschenrechte. In: Hanschel, Dirk et al. (Hg.). Praxis des internationalen Menschenrechtsschutzes - Entwicklungen und Perspektiven. Stuttgart: Richard Boorberg Verlag, S. 34–42

Wilke, Jürgen (2002). Gewalt gegen die Presse. Episoden und Eskalationen in der deutschen Geschichte. In: Wilke, Jürgen (Hg.). Unter Druck gesetzt. Vier Kapitel deutscher Pressegeschichte. Köln: Verlag Böhlau, S. 129–198.

Zeder, Fritz (2010). Medienrecht im Spannungsfeld zwischen Meinungsfreiheit und Persönlichkeitsschutz: Die Sicht des Legisten. In: Internationale Strafrechtsgesellschaft, Arbeitsgruppe Österreichisch, und Österreichischer Juristenverband, Leitner, Michael & Lehner, Andreas (Red.), Medienrecht und Meinungsäußerung. Wien: Symposium 16. April 2010

zeit.de (24.01.2014). Google darf Sex-Fotos von Exmotorsportboss Mosley nicht zeigen. Verfügbar unter: www.zeit.de/digital/2014-01/google-mosley-sexfotos-urteil [08.02.2013]

Ziegler, Senta (2007). Der Medien-Knigge. Wien: Verlag Signum

Zihler, Florian (2005). Tatsachenaussagen und Werturteile: Eine überholte Kategorisierung?. Verfügbar unter: www.rwi.uzh.ch/lehreforschung/alphabetisch/weberr/archiv/herbstsemester2008/unterlagenmedienrecht/Artikel TatsachenaussagenundWerturteile.pdf [21.11.2013]

Zöchbauer, Peter (2011). Was Journalisten (nicht) dürfen. Verdachtsberichterstattung: Der Persönlichkeitsschutz einerseits und die Meinungsfreiheit andererseits kollidieren in besonderer Weise. In: Der Österreichische Journalist, 04+05/2011, S. 118–119. Verfügbar unter: www.journalist.at/archiv/2011-2/ausgabe-0405/was-journalisten-nicht-durfen [05.02.2014]

Zöchbauer, Peter (2012). Was Journalisten (nicht) dürfen. Die neue „Caroline"-Entscheidung des EGMR: Eine Trendwende? In: Der Österreichische Journalist, 04+05/2012, S. 110–111. Verfügbar unter: www.journalist.at/archiv/2012-2/ausgabe-04-052012-2/was-journalisten-nicht-durfen-2/ [05.02.2014]

Zöchbauer, Peter (2012). Was Journalisten (nicht) dürfen. Internationale Zuständigkeit bei Persönlichkeitsrechtsverletzungen im „Internet". In: Der Österreichische Journalist, 02+03/2012, S. 92–93. Verfügbar unter: www.journalist.at/archiv/2012-2/ausgabe-02-032012/was-journalisten-nicht-durfen-2/ [05.02.2014]

Völkerrecht, Europarecht und Internationales Wirtschaftsrecht

Herausgegeben von Peter Hilpold und August Reinisch

Band 18 Christoph Vedder (Hrsg.): Völkerrecht 2012. Richterliche Praxis und politische Realität. Beiträge zum 37. Österreichischen Völkerrechtstag 2012. Unter Mitarbeit von Manuel Indlekofer. 2013.

Band 19 Wolfgang Benedek / Hans-Peter Folz / Hubert Isak / Matthias C. Kettemann / Renate Kicker (Hrsg.): Bestand und Wandel des Völkerrechts. Beiträge zum 38. Österreichischen Völkerrechtstag 2013 in Stadtschlaining. 2014.

Band 20 Andrea Bockley / Ursula Kriebaum / August Reinisch (Hrsg.): Nichtstaatliche Akteure und Interventionsverbot. Beiträge zum 39. Österreichischen Völkerrechtstag 2014 in Klosterneuburg. 2015.

Band 21 Caroline U. Amann: The EU Education Policy in the Post-Lisbon Era. A Comprehensive Approach. 2015.

Band 22 Karl Edlinger: Die völkerrechtliche Klassifizierung bewaffneter Konflikte. Konflikttypen, Abgrenzungen sowie Rechtsfolgen und deren Auswirkungen auf die Planung und Durchführung militärischer Operationen. 2016.

Band 23 Elisabeth Parteli: Pressefreiheit und Persönlichkeitsschutz. Ein Leitfaden für die journalistische Praxis. Das Spannungsverhältnis zwischen der Freiheit der Äußerung und dem Schutz der Persönlichkeitsrechte unter besonderer Berücksichtigung der Abgrenzung von Tatsachenbehauptung und Werturteil der Rechtsprechung des Europäischen Gerichtshofs für Menschenrechte zu Artikel 10 EMRK. 2017.

www.peterlang.com

www.ingramcontent.com/pod-product-compliance
Ingram Content Group UK Ltd.
Pitfield, Milton Keynes, MK11 3LW, UK
UKHW021901290926
8980IPUK00015B/992